ルードルフ・オットー

Rudolf Otto: Ursprung der Religionswissenschaft

宗教学の原点

澤井義次 著

慶應義塾大学出版会

はじめに

宗教学という学問は、十九世紀後半から二十世紀初頭にかけて、ヨーロッパで誕生した。そうした経緯もあって、宗教学研究において用いられてきた宗教概念およびその枠組みは、西洋のキリスト教文化の伝統を背景に構築されてきた。宗教学的な枠組みがキリスト教文化の中で形成され展開されたこともあり、宗教学の概念とその意味は西洋の宗教文化の影響を受けて、その文化的な様相を反映してきた。宗教学の概念的枠組みは、近代ヨーロッパの宗教、とりわけプロテスタンティズムとその文化の影響を受けながら構築されたのである。宗教学の概念的枠組みに関するこうした認識にもとづき、現代の宗教学界では、特に一九九〇年代以後、これまで用いられてきた宗教概念の再検討がなされている。それは端的に言えば、従来のキリスト教神学に根ざす宗教学の概念的枠組みの再検討を意味する。

本書で取り上げるルードルフ・オットー（Rudolf Otto　一八六九年九月二五日—一九三七年三月六日）は、十九世紀末から二十世紀前半にかけて、宗教学の確立に寄与した宗教研究者の一人であり、現代の

図1　ルードルフ・オットー
（マールブルク大学図書館蔵）

宗教学に大きな足跡を残した。現代の宗教学へのオットーの影響については、広く知られているところであるが、たとえば、グスタフ・メンシング（Gustav Mensching　一九〇一―一九七八）、フリードリヒ・ハイラー（Friedrich Heiler　一八九二―一九六七）、ヨアヒム・ワッハ（Joachim Wach　一八九八―一九五五）、ミルチャ・エリアーデ（Mircea Eliade　一九〇七―一九八六）など、数多くの宗教学者たちが彼の宗教論の影響を受けている。オットーの宗教研究については、生前から賛否両論があり、相反する評価を受けてきたが、その研究が現代の宗教学の展開において重要な位置を占めてきたことは明らかである。オットーはプロテスタントのルター派神学者であるとともに、ドイツのマールブルク大学における組織神学の教授でもあった。彼は一九二八年、マールブルク大学を退職する前の最終講義において、学生たちに向かって自分自身を「敬虔なルター派信者」（pietistischer Lutheraner）と呼んだと言われる。[01] 彼はキリスト教神学研究とともに、宗教哲学研究や比較宗教的な研究もおこなったが、それら全ては、彼独自のキリスト教神学研究として有機的に連関している。そうした研究の歩みを振り返ったうえで、彼が自分を「敬虔なルター派信者」と表現したことからもわかるように、ルター派信仰はオットーの著作全てを貫いている。彼はキリスト教神学の研究分野ばかりでなく、宗教学の研究分野においても、後世に多大な影響を与えてきたし、今日もなお、さまざまな影響を与え続けている。彼が宗教研究において用いた「聖」(Heiligkeit)や「ヌミノーゼ」(das Numinöse)さらに「絶対他者」(das ganz Andere)などの宗教概念は、現代の宗教学においても、批判も含めて、宗教について議論するうえでのキータームとして用いられている。

さらにオットーの宗教思想は、イスラーム哲学・東洋哲学の井筒俊彦や臨床心理学の河合隼雄なども参加したエラノス会議に影響を与えたことで知られる。エラノス会議とは、一九三三年、オランダ人女性のオルガ・フレーベ＝カプテイン(Olga Fröbe-Kapteyn 一八八一―一九六二)によって創設され、一九八八年まで毎年八月下旬、スイスのマッジョーレ湖畔のアスコナで開催された国際会議である。この集まりを「エラノス」(eranos)と命名したのはオットーであった。当時、フレーベ＝カプテインは四十代で、父親から膨大な遺産を受け継いだ。彼女は哲学、宗教(特にインドの宗教)、深層心理学に関心を抱いていたこともあり、友人であったオットーに東洋と西洋の対話の場となるような会議の開催について相談した。その際、オットーはその会議を、食事を共にしながら歓談する「会食」を意味する古典ギリシア語の「エラノス」(ἔρανος)と命名した。[02]

宗教学は、キリスト教神学と密接不可分な関わりをもちながらも、十九世紀後半から二十世紀前半にかけて、キリスト教神学から次第に分離・独立していった学問分野である。オットーが活躍した時代は、まさに宗教学がキリスト教神学から分離・独立していく過渡期にあった。そうした学問的状況において、オットーは自らがルター派神学者であることを自覚したうえで、キリスト教神学研究をおこなった。また同時に、インド思想を中心とした比較宗教的研究は、オットーのキリスト教神学研究において、一つの重要な研究領域を成していた。キリスト教を宗教文化的な基盤としていたヨーロッパ世界において、彼は東洋における諸宗教も「宗教」として認め、「宗教」としてのインド宗教思想に関する理解を比較宗教的な手法から蓄積していったのである。現代の宗教学の研究動向の中で、オットーの業績を捉えかえすとき、彼の宗教論はまさに「宗教学」の原点として位置づけることができるだろう。

現代の宗教学の地平において、オットーが生み出し構築していったさまざまな宗教概念の妥当性を検討することは、極めて重要な研究課題の一つである。「宗教学」(Religionswissenschaft)という独立した学問が成立し展開していった十九世紀末から二十世紀初期にかけて、オットーが用いた宗教の諸概念は、現在もなお、世界的に幅広く宗教学界で用いられている。だが、それらは西洋文化の宗教ばかりでなく非西洋文化の宗教を理解するうえで、方法論的にどれだけ有効性あるいは妥当性をもっているのだろうか。こうした問いかけによってオットーの宗教概念とその枠組みを再考すること自体が、宗教学の今後のあり方を考えるうえで意義深いことであると言えるだろう。

現代の宗教学にとって、オットーの宗教研究は注目すべき事実を内包している。すでに示唆したように、彼は生涯、自分自身がプロテスタント神学者であることを自覚しながら、インド宗教思想の研究に真摯に取り組んだ。他宗教との比較研究をとおして、自らが信仰するキリスト教の真理性あるいは絶対性をいっそう深く理解することができるとオットーは考えていた。インドの宗教思想に深い関心を抱くようになった直接的な契機は、一九一一年から一二年にわたる東洋への旅にあった。その旅の中で、まずインドに立ち寄ったオットーはインドの宗教およびその思想に心を惹きつけられた。当初、南インドへの旅も予定していたが、日程が足りないと判断したため取りやめ、北インド滞在を延ばした。それほどにオットーは実際にインドの宗教文化に接して魅せられたのだ。

大航海時代以後、ヨーロッパ社会には、インドや中国さらに日本などのアジア諸国をはじめ、アフリカなどの非西洋社会との文化交流をとおして、世界の諸地域の宗教や言語に関する情報がもたらされていた。十九世紀半ばから、英訳書としてサンスクリット語文献を中心としたインドの数多くの古典が西洋社会に紹介され、インド文化に関する知識は広まっていた。こうした背景のもと、オットーはインド宗教思想も研究するようになったが、それはあくまでキリスト教神学研究部門に位置づけられるものであった。

本書では、宗教学がキリスト教神学から次第に分離・独立していく時代に活躍したオットーの宗教研究を、宗教学の原点として捉え、その宗教論の特徴の全貌について考察する。オットーはいわば三つの〈顔〉をもっていた。まず、キリスト教神学研究に真摯に取り組む、ドイツのプロテスタント神学者としての〈顔〉である。次に、新カント学派の哲学の立場から、宗教理解のための理論的基盤を構築し、宗教における非合理的な要素と合理的な要素のアプリオリな関わりを分析するうえで、「ヌミノーゼ」の概念などを駆使し、宗教の本質を明らかにしようとした宗教哲学者としての〈顔〉。さらには、東洋への旅を契機として、特にインドの宗教思想に関心をもつようになり、キリスト教と他宗教の比較宗教的な研究によって、自分自身が信仰するキリスト教の真理性あるいは絶対性を明らかにしようとした、宗教研究者としての〈顔〉である。このようにオットーはキリスト教の思想と信仰を研究するばかりでなく、インドの宗教思想を中心に東洋の宗教にも学的関心をもっていた。したがって、彼はキリスト教神学者であると同時に宗教哲学者でもあり、さらには宗教研究者でもあった。ところが、従来のオットー研究では、これら三つの〈顔〉がそれぞれ別々の視点から考察されてきた傾向がある。

本書では、これまで蓄積されてきたオットー研究の成果を踏まえながら、三つの〈顔〉を可能なかぎり有機的に連関させて、彼の宗教論の全体像を明らかにしたい。それによって、オットーの思想の全貌が明らかになっていくだろう。彼のキリスト教神学研究や宗教哲学研究に見られるおもな特徴を明らかにするとともに、インド宗教思想を中心とした彼の比較宗教研究を掘り下げて検討することによって、私たちは現代の宗教学において、オットーの宗教研究がもつ意義と課題をいっそう深く掘り下げて理解できるだろう。本書の目的は、オットーの多岐にわたる宗教研究を総合的に考察し、その宗教研究の全貌を可能なかぎり明らかにすることにある。本年（二〇一九年）はオットーの生誕一五〇年に当たる。本書の刊行が今後のオットー研究、さらには現代の宗教学の進展に少しでも寄与することができるなら、これに勝る喜びはない。

ルードルフ・オットー　宗教学の原点❖目次

序章　宗教学の誕生——十九世紀ドイツの神学と宗教学

二十世紀前半、ルードルフ・オットー、ナータン・ゼーデルブロム（Nathan Söderblom　一八六六—一九三一）さらにフリードリヒ・ハイラーのようなリベラルなキリスト教神学者たちは、世界の諸宗教との比較研究という視野に立ち、「ヌミノーゼ」や「聖なるもの」の経験をキリスト教の思想と信仰の中心に据えた。彼らのキリスト教神学研究において注目すべき点は、聖なるものの経験をキリスト教の中心に据えたばかりでなく、それ以外の全ての宗教の中心にも据えたことにあった。

今日もなお、現代の宗教学において、オットーの名は聖なるものの経験を説いた宗教学の古典的名著『聖なるもの——神的なものの観念における非合理的なもの、および合理的なものとそれとの関係について』（*Das Heilige: Über das Irrationale in der Idee des Göttlichen und sein Verhältnis zum Rationalen*）の著者として世界的に知られている。ルター派神学者でマールブルク大学の組織神学教授でもあったオットーは、キリスト教神学研究はもとより、長年にわたってインドの宗教思想を中心とした宗教研究にも取り組んだ。今日、世界の宗教研究者のあいだで、オットーのそうした宗教研究をその全貌において解明しようとする研究がおこなわれるようになってきた。そうした中、彼の宗教研究を現代の宗教学の原点として捉えるとき、オットーの宗教論を理解するためには、インド宗教思想研究も踏まえて、彼の比較宗教的な研究の視座を把握することが不可欠であると言わなければならない。

序章では、まず十九世紀ドイツを中心に、いかに宗教学が誕生していったのか、その歴史と思想的背景を概観しておきたい。そのことによって、オットーの宗教研究の背後に伏在する諸要因を明らかにすることができるだろう。さらに、オットーについて考察を始めるにあたり、現代の宗教学におけるオットーに関する研究動向を紹介し、オットー宗教論への予備的考察としたい。

1　宗教学の誕生

オットーがインド宗教思想に関心を抱くようになる以前、ヨーロッパの学界には、すでに長年にわたるインド思想研究の蓄積があった。十五世紀以後、ヨーロッパ社会には、インドなどのアジア諸国やアフリカといった非西洋社会との文化交流をとおして、世界の諸地域の宗教や言語に関する情報がもたらされていた。インドを訪れたヨーロッパの商人やキリスト教宣教師の中には、サンスクリット語やインド思想を学ぶ人々が増えていた。ヨーロッパにおいて、学問分野としてのインド学は十八世紀に成立したが、西洋諸国の中でも特にイギリスはインドを統治するために、その文化・宗教・思想の理解に努めていた。当時のヨーロッパは、未知の東洋的叡智に憧れを抱いており、インド学の成立には、そうしたことも影響していた。

インド学の礎を築いたのは、一七八四年にベンガル・アジア協会を創設したウィリアム・ジョーンズ（William Jones　一七四六―一七九四）であった。東インド会社の書記チャールズ・ウィルキンズ（Charles Wilkins　一七四九―一八三六）はサンスクリット語を学び、一七八五年、ヒンドゥー教の聖典『バガヴァッド・ギーター』（*Bhagavad-gītā*）を英訳した。これは、近代においてサンスクリット語から西欧の言語に翻訳された最初の文献であった。その後、インド文化や思想に対する関心によって、ジョーンズをはじめヘンリー・トーマス・コールブルック（Henry Thomas Colebrooke　一七六五―一八三七）、シュレーゲル兄弟、すなわち兄のアウグスト・ヴィルヘルム・フォン・シュレーゲル（August Wilhelm von Schlegel　一七六七―一八四五）と弟のカール・ヴィルヘルム・フリードリヒ・フォン・シュレーゲル（Karl Wilhelm Friedrich von Schlegel　一七七二―一八二九）などによって、インド古典研究が本格化し、インド学研究の成果が次々と生み出された。

近代の宗教学はフリードリヒ・マックス・ミュラー（Friedrich Max Müller　一八二三―一九〇〇）によって創始された。ミュラーは一八五〇年にオックスフォード大学のサンスクリット学教授に迎えられ、ヴェーダ聖典や比較言語学などの研究をおこなった。彼は東洋における諸宗教の聖典を英訳した全五十巻から成る「東方聖典叢書」（Sacred Books of the East　一八七九―一九一〇）を編集・出版したことで有名であるが、インドの宗教思想をヨーロッパ社会に紹介した。ミュラーが「東方聖典叢書」を出版したことは、まさに宗教学という学問的基盤が確立されたことを意味している。ミュラーは比較言語学の視点から、東洋と西洋の宗教を比較するとともに、古代インドの神話や思想の研究をとおして、宗教の起源や進化を探究しようとした。このように彼は「宗教学」を一つの独立した学問として誕生させたと言えるだろう。ミュラーは比較言語学、比較神話学、比較宗教学という学問の祖とも言われるが、著書『宗教学入門』(*Introduction to the Science of Religion* 一八七三)は「宗教学」(the Science of Religion)の語を書名に用いた最初の著書であった。ゲーテの言葉「一つの言語しか知らない者は、いかなる言語も知らない」になぞらえて、「一つの宗教しか知らない者は、いかなる宗教も知らない」とミュラーが述べたことは広く知られているが、その言葉からもわかるように彼は、宗教の比較研究の意義を強調した。十九世紀半ば頃から、インド・ヨーロッパ語族のルーツを求めて研究がなされる中、英訳書としてサンスクリット語文献を中心とした数多くのインドの古典が西洋社会に紹介され、インド文化に関する知識が拡大していった。インド学の誕生は、まさに比較言語学の成立と密接不可分の関係にあった。十九世紀末までは、宗教学の関心は宗教の起源にあったが、二十世紀以降は、あまり宗教の起源の問題が重視されなくなった。そうした変化はあったものの、宗教学はその暗黙の前提として、キリスト教を最高の宗教形態とみなすものの見方をその基盤に据えていた[01]。

このようにヨーロッパ社会において、インド宗教思想の研究が蓄積されていた状況の中で、オットーはキリスト教神学研究や宗教哲学研究とともに、インド宗教思想研究にも従事するようになった。現代の宗教学では、さまざまなオットー研究がおこなわれてきたが、彼のインド宗教思想理解については、本格的な研究はなされていない。キリスト教神学者であったオットーをインド宗教研究へと強くいざなったのは、東洋への旅の中でインドを訪問したことであった。インド訪問でオットーは、ヒンドゥー教の中でも、特にバクティ（bhakti 信愛）を説くヴィシュヌ派の信仰に関心を抱いた。バクティを説くヴィシュヌ派伝統の信仰の様態を自分の目で見て、それを「インドの恩寵の宗教」（die Gnadenreligion Indiens）と呼び、その宗教をキリスト教とパラレルをなすものとして解釈した。[02] インドの宗教を学ぶことによって、自らが信仰しているキリスト教の真理性あるいは絶対性をより深く理解することができると、オットーは考えたのである。

当時のヨーロッパのインド哲学研究者のあいだでは、ヴェーダーンタ哲学と言えば、シャンカラ（Śaṅkara　約七〇〇―七五〇）の不二一元論がよく知られていたが、オットーはラーマーヌジャ（Rāmānuja 一〇一七―一一三七伝承）の哲学とともに、シャンカラの哲学にも関心を抱いていた。実際、彼は著書『西と東の神秘主義――本質解釈のための比較と区別』（*West-östliche Mystik: Vergleich und Unterscheidung zur Wesensdeutung*　一九二六）を執筆して、シャンカラの哲学をマイスター・エックハルト（Meister Eckhart 一二六〇頃―一三二八頃）の哲学と比較考察することによって、その特徴を明らかにしている。ところが、シャンカラの思想がヨーロッパ社会においてよく知られていたのに比べると、人格神信仰すなわちバクティの意義を強調した限定不二一元論を説くラーマーヌジャの思想は、まだ知られていなかった。ラーマーヌジャの思想をヨーロッパの学界に初めて紹介したのはオットーであり、宗教学者のフィリップ・C・アルモンド（Philip C. Almond）も指摘しているように、オットーはインドのバクティ研究に関して、まさにドイツにおける草分け的存在であった。[03]

オットーがバクティの救済論的意義を説くヴィシュヌ派およびラーマーヌジャの思想に最初に出会ったのは、一九一一年、東洋への旅の途上、はじめてインドを訪問したときであった。そのことを彼は著書『ヴィシュヌ=ナーラーヤナ――インドの神・神秘主義文献』(*Vischnu-Nārāyana: Texte zur indischen Gottesmystik* 一九一七)の冒頭で、「ヴィシュヌとの最初の出会い」(Erste Begegnung mit Vischnu)と題して記している。[04] 宗教学者のハンス・ロールマン(Hans Rollmann)も述べているように、「不二一元論ヴェーダーンタに関するドイッセンの著作は、ドイツにおいて、この哲学伝統がインド哲学の唯一の権威的なものであるとの印象から、神学者や宗教史学者を排除したが、それに対して、ヴィシュヌ派とラーマーヌジャを紹介したのは、ルードルフ・オットーであった」。[05] ロールマンが指摘するように、ドイツの東洋学者で哲学者でもあったパウル・ドイッセン(Paul Deussen 一八四五―一九一九)は、特にシャンカラの不二一元論ヴェーダーンタ哲学に関心をもって、インド哲学に関する著作を出版した。一方、オットーは当時ドイツでは、まだ知られていなかったラーマーヌジャの思想やバクティの思想をヨーロッパの学界に紹介し、そのことによって特に一九三〇年代、ヨーロッパの学界で注目を浴びた。こうした事実からも、オットー宗教論の全貌を解明するためには、彼のインド宗教思想への関心に注目することが不可欠であることがわかる。

オットーはキリスト教神学研究の中に比較宗教的な視点を取り込んだ。彼自身が信仰しているキリスト教の教えをより深く理解するために、他宗教の研究をとおして、キリスト教の真理性あるいは絶対性を探究しようとしたのだ。オットーと同時代に生きたエルンスト・トレルチ（Ernst Troeltsch 一八六五―一九二三）も、キリスト教神学における他宗教研究の重要性を認識していたし、「「宗教史学派」の教義学」（Die Dogmatik der “religionsgeschichtlichen Schule” 一九一三）などの諸論考に見られるように、比較宗教的な視座からの神学研究の意義を強調していた。ところが、宗教学者ヨアヒム・ワッハの指摘を俟つまでもなく、トレルチはオットーと違って、必ずしもキリスト教以外の諸宗教の思想に関する十分な知識をもっていたとは言えない。今日、宗教の事実に関する価値中立的な研究としての宗教学は、その学的展開の過程において、キリスト教の信仰およびその真理性あるいは絶対性を前提としたキリスト教神学から分離・独立していった学問領域であると理解されている。しかし同時に、キリスト教神学の視点から見れば、トレルチが指摘するように、宗教学が「ヨーロッパ・アメリカ文化の特殊な産物」として形成されるに伴い、それはさまざまな教派のキリスト教神学、とりわけプロテスタント神学を宗教学の影響力が及ぶ軌道の中へ引き入れていった。そのことによってプロテスタンティズム内の亀裂を深めることになり、宗教に距離を置く教養人の心を十分に惹きつけることができない状況をも生み出していった。[06] そうしたキリスト教神学の学問的状況の中で、オットーは東洋への旅をとおして、さらにインドの伝統的な宗教思想文献の翻訳をとおして、インドの宗教思想を中心に他宗教の理解を積極的に深めていった。彼のインド宗教思想研究は、彼自身の学的関心としては「宗教学」研究ではなく、あくまでもキリスト教神学研究の一部分を成すものであった。ところが実際には、彼の代表的な著書『聖なるもの』はキリスト教神学の研究書であるとともに、宗教学の古典的名著であるという学問的評価が一般的になされている。このことは現代の宗教学の地平から捉えなおすと、オットーのキリスト教神学研究が宗教学的視座と密接不可分に連関して展開していったことを示唆している。

2　近代宗教学の成立とオットー宗教論

十九世紀後半から二十世紀前半にかけて、宗教学が独立の学問として成立するのに先立って、ヨーロッパ社会には大航海時代以来、アジアなどにおけるキリスト教以外の諸宗教に関する知識が蓄積され、非西洋世界における未開社会の発見によって、ヨーロッパの学界では、宗教の起源や歴史への関心が高まっていたのは、既述のとおりである。デイヴィッド・ヒューム（David Hume 一七一一―一七七六）やフリードリヒ・ヘーゲル（Friedrich Hegel 一七七〇―一八三一）などの哲学者たちは、哲学的思惟の中で、宗教の発展史を論じた。こうした時代の動きの中で、宗教学は非西洋社会における諸宗教に関する膨大なデータにもとづきながら、キリスト教を含む諸宗教伝統を比較研究の視座から理解しようとした。ところが、世界の宗教史をめぐる宗教学説の展開を振り返ってみると、ごく初期の宗教学の基本的な概念的枠組みは、一神教を判断基準とした宗教の「進化」という視点から構築され、その枠組みにおいては、キリスト教が宗教進化の最高段階に位置づけられていた。宗教学が啓蒙主義の影響のもとに成立したという歴史的な経緯もあって、宗教学における歴史解釈には、啓蒙主義以降、西洋世界の中で支配的であった近代的な歴史観、すなわち進歩史観がさまざまな形で影響を及ぼしていた。しかし一九二〇年代以降、そうした進歩史観を構築することが不可能なことが明らかとなり、宗教の進歩史観は次第に後退していった。

このように宗教学説史の一部分を回顧するだけでも、宗教史の記述はある種の判断基準あるいはパースペクティヴを伴っていたことが見てとれる。宗教史では、時間的にも空間的にもかけ離れた諸宗教の歴史を物語ることになるため、視座を変えたり、あるいは視点をずらしたりすると、おのずと宗教史の記述内容も違ってくる。このように宗教史を捉えなおすと、宗教学者でシカゴ大学教授であったジョナサン・Z・スミス（Jonathan Z. Smith　一九三八―二〇一七）による次の指摘は、従来の宗教史学に対する批判として一定の妥当性をもっていると言えるだろう。「宗教のデータは存在しない」。宗教とはただ、研究者の研究の産物にすぎない[07]」。しかし、ここで留意しなければならないのは、必ずしもスミスが言うように「宗教のデータは存在しない」わけではなく、宗教学者の解釈を支える「事実」あるいは「データ」の素材的契機それ自体は存在するという点である。そうした素材的契機がその宗教的・文化的なコンテクストから乖離して解釈されるとき、それはしばしばスミスが言う「研究者の研究の産物」となってしまう危険性を孕んでいる。ただし、たとえそれが「研究の産物」であったとしても、宗教の記述は少なくとも、具体的な宗教現象によって表現される事物事象、すなわち宗教的リアリティを特定のパースペクティヴから捉えた一つの「語り」であることに変わりはない。それは宗教史が宗教の歴史を語るという言語行為によって構成されているからである。宗教史に関する記述は、宗教の歴史的展開を物語るという言語行為に応じて修正され、繰り返し再記述されていく。

すでに触れたようにオットーはキリスト教神学研究や宗教哲学研究ばかりでなく、比較宗教的な研究、特にインド宗教思想研究もおこなった。詳しくは次章以降で論じるが、彼がインドの神秘主義思想に特に関心を抱くようになり、キリスト教思想との比較研究に取り組んだ代表的な著書に『西と東の神秘主義』や『インドの恩寵の宗教とキリスト教――比較と区別』（*Die Gnadenreligion Indiens und das Christentum: Vergleich und Unterscheidung* 一九三〇）のほか、『ヴィシュヌ＝ナーラーヤナ』や『ラーマーヌジャの教説――インドの神・神秘主義文献』（*Siddhānta des Rāmānuja: Ein Text zur indischen Gottesmystik* 一九一七）などがある。

オットーが生きた十九世紀後半から二十世紀前半にかけて、ヨーロッパ世界では、東洋の諸宗教に関する情報がかなり蓄積されていた。彼が後にドイツ語に翻訳する『バガヴァッド・ギーター』も十九世紀半ばに英訳されていた。オットーはルター派神学者でありながら、キリスト教神学の枠組みの中に比較宗教的な視点を取り込んだ。一九一一年一〇月初旬から翌年七月末にかけて、東洋への旅に出たオットーは、インドや日本の宗教文化に触れ、仏教やヒンドゥー教を知った。そのことで、東洋と西洋の宗教の歴史的展開における「平行性」の視座を具体的に意識するようになり、人類は「共通の宗教感情」を有しており、世界の諸宗教の思想やその展開には共通性がみられると考えるようになった。

たとえば、『西と東の神秘主義』において取り上げられたのは、東洋と西洋の「神秘主義」の中でも、特に古典的な二つの主要類型、すなわちシャンカラとエックハルトの思想であった。オットーは神秘主義を「不思議な精神現象の本質」として捉え、インドの不二一元論ヴェーダーンタ哲学者のシャンカラの思想が、東洋における神秘主義思想の主要類型の一つであると考えた。オットーの神秘主義研究の中核には、「絶対他者（全く他なるもの）」（das ganz Andere）という宗教概念があった。この「絶対他者」とは、宗教における「俗なるもの」と対比される「聖なるもの」のアプリオリで非合理的な本質、すなわち「ヌミノーゼ」の体験を有機的に構成する要素の一つである。インドの古ウパニシャッド聖典では、「絶対他者」としての最高実在ブラフマンは「（表現不可能な）驚き」であるとオットーは指摘し、それは「非ず、非ず」（neti neti）という否定的な言説によって表現され、「まさに唯一であり、第二のものがない」実在であるとしている。ウパニシャッドのこうした「絶対他者」がキリスト教神学における「神の単一性」の思想を明示しているとオットーは捉えた。ところが、古ウパニシャッド思想には、キリスト教神学が前提とする超越神と人間存在の関係構造は存在しない。それはウパニシャッドの存在論的な本質構造が、シャンカラが強調したように、最高実在ブラフマンと個的存在の本質としてのアートマンの一体性にあるからである。このことからも、オットーが古ウパニシャッド思想の中に、キリスト教思想が説く一神教的な意味あいを読み込んで解釈しようとしていたことがわかる。

ウパニシャッド聖典のこうしたテクスト解釈に見られるように、インドのヒンドゥー教思想をキリスト教思想との「平行性」において捉えようとしたオットーは、シャンカラが不二一元論思想の中で言及した高次の無属性ブラフマンを、低次の有属性ブラフマンすなわち人格的な主宰神の過度の高まりとして捉え、そのうえで、存在世界と人間存在のあり方を理解するという有神論的な解釈を提示した。また、インド宗教思想の中でオットーが関心をもったのは、シャンカラの思想ばかりでなく、最高神ヴィシュヌへの信仰、すなわちバクティ（信愛）を強調したラーマーヌジャの思想であった。ラーマーヌジャの思想はキリスト教の思想と相似的だと捉えたオットーは、キリスト教神学の視点から、ラーマーヌジャの思想に強く惹きつけられた。このようにインド宗教思想をめぐるオットーの宗教論には、彼の神学的あるいは宗教哲学的視座がかなり反映されている。ただ、オットーの宗教論をその全貌において理解するためには、キリスト教神学研究の射程内に取り込んだ比較宗教的な視点の特徴を明らかにすることが不可欠となる。したがって、オットーの宗教研究をめぐる諸問題は、従来の宗教概念およびその概念的枠組みを東洋の宗教文化的なコンテクストの中に位置づけながら、意味論的あるいは解釈学的に捉えなおす必要があると思われる。

3　オットー宗教論の受容と展開

宗教学研究で特に一九九〇年代以後、従来の概念的枠組みが再検討されるにしたがい、オットーの宗教論も新たな地平から再考されてきた。オットーは、宗教体験は社会、文化、人間の心理など、他のいかなるものにも還元できないと説き、宗教の独自性を強調した。宗教をその根底から支える宗教体験の次元にまで立ち戻って、宗教の本質を捉えようとしたのである。この次元は概念的把握が届かない、宗教の非合理的な部分である。彼はラテン語の「ヌーメン」（numen「神性」の意）から「ヌミノーゼ」（das Numinöse）という語をつくり、宗教の非合理的な側面を表現しようとした。この概念は現代の宗教学でも広く使用されており、現代の宗教学に対するオットーの貢献の一端が窺えよう。彼が教鞭を執ったマールブルク大学は、一五二七年に世界初のプロテスタント系大学として設立され、その後、ヨーロッパにおけるプロテスタント神学研究の中心として、キリスト教神学研究を牽引してきた。また、キリスト教神学研究の中に取り込まれた比較宗教研究についても、マールブルク大学はヨーロッパの宗教学をリードしてきた。

　オットーが現代の宗教学者たちに及ぼした影響は大きいが、ここでは例として、二、三の代表的な宗教学者について簡潔に述べておくことにしよう。たとえば、グスタフ・メンシングは、一九六九年九月、マールブルク大学で開催されたオットー生誕百周年記念の講演会において、自身の研究生活と仕事の基盤をオットーに負っていると述べている。[08] オットーとの出会いの後、メンシングはかなり明確にオットーの立場に立つようになり、キリスト教を諸宗教の完成態とみなし、他の宗教よりも優越していると捉えた。また、オットーの弟子であると同時に、宗教の独自性を認める「理解の宗教学」の推進者を自認していた。マールブルク大学において、オットーの同僚として比較宗教史を教えたフリードリヒ・ハイラーは、『祈り』（*Das Gebet*）の著者として知られているが、オットーと類似した立場に立脚していた。一九二〇年、マールブルク大学神学部には、「比較宗教史・宗教哲学講座」が開設され、オットーの配慮によって当初からハイラーがその講座を担当した。オットーは「聖なるもの」を宗教の核心に据えることによって、西洋のキリスト教ばかりでなく東洋の諸宗教も研究の射程に取り込むことができたが、ハイラーもオットーと同じように、「祈り」を宗教の核心に据えることによって、西洋のキリスト教ばかりでなく東洋の諸宗教の特質を理解しようと試みたのだ。ハイラーもオットーと同じようにキリスト教神学者として、諸宗教に対するキリスト教の優位性を主張していた。[09]

ハイラーの弟子であったヨアヒム・ワッハは、シカゴ大学で宗教学を教え、宗教学のシカゴ学派の創始者であると言われる。ワッハは「聖なるもの」の経験の現象学的分析をするための宗教学的枠組みを構築するうえでオットーの理論に依拠していた。ワッハは晩年、マールブルク大学の組織神学の教授職に招聘されたが、逝去する数日前に、その招聘を断ったと言われている。[10] ワッハの死後まもなく、シカゴ大学の教授となったミルチャ・エリアーデは、著書『聖と俗』(*Das Heilige und das Profane* 一九五七)の冒頭で、オットーの『聖なるもの』を取り上げて、その「聖なるもの」に関する方法論的枠組みを引き継いだ形で、自らの宗教学的枠組みを構築している。とりわけ、宗教学の方法論として興味深い点は、エリアーデがオットーの言う「聖なるもの」を構成する非合理的な側面、すなわち「ヌミノーゼ」に注目するばかりでなく、その合理的な側面も配慮することによって、「聖なるもの」をその多様な全貌において解明しようとしたことである。[11]

オットーの宗教論をめぐる近年の研究動向にも注目しておきたい。二〇一二年十月、ドイツのマールブルク大学において、四日間にわたって開催された国際会議「ルードルフ・オットー——神学・宗教哲学・宗教史学」に、世界各国からオットー研究者四六名が集まり、[12]オットーの宗教論が主著『聖なるもの』を中心として受け入れられたとの認識を共有したうえで、従来のキリスト教神学や宗教哲学の立場ばかりでなく、宗教学の立場からも捉えなおすことが、オットー宗教論をその全貌において解明するためには不可欠であるとの見解が共有された。筆者も講師の一人として招かれ、インド宗教思想を中心としたオットーの比較宗教的な視座について、「ルードルフ・オットーのインド宗教思想に関する視点」というテーマで講演した。[13]さらに二〇一三年十一月下旬、ボルティモアで開催されたアメリカ宗教学会（American Academy of Religion）では、パネル・ディスカッションとして「ヌミノーゼの系譜」が企画され、アメリカ宗教学会を代表するオットー研究者たちがパネリストとして加わった。この企画はマールブルク大学での国際会議の研究成果を踏まえて、オットーの宗教研究を宗教学的に検討するために設けられたものである。筆者もパネリストの一人として招かれ、「神秘主義の一類型としてのインド宗教思想に関するルードルフ・オットーの視座」のテーマで発表した。[14]

さらに二〇一七年、オットーの主著『聖なるもの』（一九一七）の出版から百年を記念して、論文集『「聖なるもの」の百年——ルードルフ・オットーの基盤的著作への寄与』が、「テイオン——宗教文化研究」叢書（Theion: Studien zur Religionskultur）の第三二巻として出版された。[15]また、『聖なるもの』の百周年記念版が二〇一四年に、オットーの著書を出版してきたミュンヘンのベック社から、マールブルク大学の組織神学教授であったヨルク・ラウスター（Jörg Lauster　一九六六―。現在・ミュンヘン大学教授）とその弟子ピーター・シュッツ（Peter Schüz　一九八三―）の編集で刊行された。「あとがき」としてドイツの社会学者ハンス・ヨアス（Hans Joas　一九四八―）が「世俗的な聖性――ルードルフ・オットーはいかに現実的なのか」（Säkulare Heiligkeit: Wie aktuell ist Rudolf Otto?）を寄せているが、その中でオットーの『聖なるもの』が刊行された当時、聖性をめぐってエミール・デュルケム（Émile Durkheim　一八五八―一九一七）やウィリアム・ジェームズ（William James　一八四二―一九一〇）などがおこなった議論を踏まえ、『聖なるもの』を「歴史的コンテクスト化」（historische Kontextualisierung）によって、すなわち、歴史的コンテクストに位置づけることで、理解すべきであることを説いている。[16] ちなみに現在、『オットー書簡集』の編集がクラーツを中心に進められているが、それが出版されることによって、オットー宗教論への理解がいっそう深まることが期待されている。

最後に日本での近年の動向として華園聰麿、前田毅、木村俊彦、藤原聖子、藁科智恵、筆者（澤井義次）などによる研究が見られる。[17] 華園はオットーの主著『聖なるもの』や『西と東の神秘主義』の邦訳者としても知られ、長年にわたって宗教現象学を研究してきたオットー研究の第一人者である。『宗教現象学入門』（二〇一六年）の「オットーの宗教学における人間学的理解」は、「ヌミノーゼ」や「感情」さらに「畏怖」など、オットーの主要な概念を人間学の視点から探究している。前田毅はオットーの異文化への旅の経験がオットー宗教学の原風景となっているとの問題意識から、マールブルク大学の「オットー・アルヒーフ」におけるオットーの書簡や手記などを丹念に精査した貴重な研究を労作『聖の大地——旅するオットー』（二〇一六年）にまとめている。木村俊彦は『ルドルフ・オットーと禅』において、オットーの禅理解を神秘主義と連関させて論じている。藤原聖子はオットーとデュルケムの「聖」概念を手がかりとして、宗教研究の最初期にどのような近代固有のパースペクティヴが形成されたのかを探究した『「聖」概念と近代——批判的比較宗教学に向けて』（二〇〇五年）を刊行している。さらに藁科智恵は『聖なるもの』を当時の歴史的コンテクストに置きなおし、当時の宗教的・精神的状況を明らかにする試みを、博士論文「神学と宗教学の狭間で——R・オットー『聖なるもの』をめぐって」（二〇一七年）としてまとめた。最後に筆者はオットーのインド宗教思想を中心として彼の宗教論とその特徴を研究してきた。

このように近年、オットーの幅広い内容の宗教論の全貌を明らかにするために、キリスト教神学や宗教哲学の研究者ばかりでなく宗教学者のあいだでも研究が展開されている。こうした近年の研究動向からも、オットー研究は新たな段階に入っていると言えるだろう。従来の宗教学的概念が再検討されている今日、オットーの宗教論は、宗教の本質を問い直すうえで重要な示唆を与えてくれるだろう。

第一章　キリスト教神学者としての生涯

ルター派神学者であるオットーの宗教研究には、すでに彼の生前から賛否両論があり、さまざまな評価を受けてきた。オットーには数多くの著作があるにもかかわらず、特に主著『聖なるもの』だけが注目されて、その内容をめぐって議論が展開されたことにも原因があったのかもしれない。これまでも、『聖なるもの』はキリスト教神学の書であるとか、宗教現象学的な書であるとか、相異なる評価がされてきている点については、第三章で詳論する。本章では、オットーがキリスト教ばかりでなく他宗教の思想を扱っている場合でも、彼の宗教研究の性格は、本質的にキリスト教神学にあったことを明らかにしておきたい。

そのために、ここでは、プロテスタントのルター派神学者として、特にインド宗教思想に関する宗教学的研究に関心をもったこと、さらに新カント派哲学に影響を受けて宗教哲学研究をおこなったことに着目したい。そのうえで、先人のフリードリヒ・シュライアーマッハー（Friedrich Daniel Ernst Schleiermacher　一七六八—一八三四）、同時代人のトレルチ、エトムント・フッサール（Edmund

Gustav Albrecht Husserl 一八五九―一九三八）との交流や影響関係、さらに宗教史学派との関わり合いについて論じることにしたい。

1 オットーの生涯――伝統からリベラルへ

オットーは一八六九年九月二五日、旧プロイセンのハノーヴァー州パイネに生まれた。父親のヴィルヘルムは、パイネで毛織物工場を経営していた。一家はルター派キリスト教徒で、一三人兄弟姉妹の一二番目に生まれたオットーは、一八八四年、ルター派教会で堅信礼を受けている。ルター派の教義と信仰は、オットーの人格形成に大きな影響を与え、彼は当初、牧師になることを望んでいた。オットーはゲッティンゲン大学に提出した履歴書の中で、次のように記している。「すでにパイネの最初の学校（高等小学校）時代に、私には「牧師」になろうとの思いが生まれていた。そして早い時期にその思いは確固たる決心になった」。前田毅も指摘しているように、厳格なルター派の家庭に育ったオットーにとって、「この宗教的素地は、かれの宗教理解の基層をなすものとして、生涯にわたって通奏低音として響き続ける」ことになった[01]。

オットーは一八八八年五月、当時、ルター派の保守主義的なキリスト教神学の牙城であったエアランゲン大学神学部に入学した。フィリップ・アルモンドも指摘しているように、一八八九年の春、本格的にキリスト教神学研究を始めようとしたとき、オットーは一つの選択を迫られた。ゲッティンゲン大学へ行きたいという友人と一緒にゲッティンゲン大学に移るか、それとも一人でエアランゲン大学に留まるかという選択であった。結果として、オットーは友人とともにゲッティンゲン大学へ行くことを選択したが、このことをオットーは「私の神学的視座においてばかりでなく、人生においても、新たな段階」が始まったと述懐している。[02] その当時、キリスト教神学の世界にも、歴史学的な研究が目立つようになり、宗教史学派の影響が大きくなっていた。ゲッティンゲン大学に学んだオットーは、そうした歴史学的な研究に次第に関心を抱くようになっていった。その結果、キリスト教こそが唯一の真理であるとの聖書的権威のみを強調する、それまでの伝統的で聖書主義的な神学の視座から、歴史的・批判的な方法も採り入れたリベラルで歴史学的な視点へと、オットーの宗教観が微妙に変化していった。

一八八九―九〇年の冬学期、エアランゲン大学に戻って以降、オットーは新ルター派神学のエアランゲン学派を設立した組織神学者、フランツ・ラインホルト・フランク（Franz Reinhold von Frank　一八二七―一八九四）のもとで学んだ。フランクは信仰の内面だけでなくその外的な側面にも注目した。フランクに学んだ後、オットーは宗教の主体的な側面とともに客観的な側面にも留意するようになった。また聖書に対する保守的な捉え方も、フランクのリベラルな聖書解釈の影響を受けて変化した。オットーの宗教的なものの見方のルーツはフランクの視点にあったと言えるだろう。とりわけ注目すべき点は、オットーがフランクをとおして、シュライアーマッハーの著作を知ったことにある。ドイツのリベラルなキリスト教神学者なら誰もが、シュライアーマッハーに多かれ少なかれ影響を受けたと言われるが、オットーが彼から受けた影響は特に顕著であった。後でも触れるが、その一つの現れとして、オットーは一八九九年、シュライアーマッハーの『宗教論』(*Über die Religion*)の出版百周年記念版を自ら編集・出版している。シュライアーマッハーは宗教を形而上学や倫理に還元することができない「独自のもの」(sui generis)とみなし、宗教の本質とは「思考でも行為でもなく、直観であり感情である」と述べている。シュライアーマッハーのこうした宗教観を、オットーはその後の研究の基盤に据えた。フランクとの出会いをとおしてシュライアーマッハーの神学を知ったことは、オットーの神学形成にとって極めて重要な影響を与えることになった。[03]

一八九一年の夏、オットーはゲッティンゲン大学神学部に履修登録し、一八九九年までそこで神学を学んだ。おもにテオドール・フォン・ヘーリンク(Theodor von Häring 一八四八―一九二八)のもとで組織神学を学び、ヘーリンクの人柄とともにその学問的姿勢に感化を受けた。ヘーリンクは当時、ドイツ神学界を代表していたアルブレヒト・リッチュル(Albrecht B. Ritschl 一八二二―一八八九)の後継者として、ゲッティンゲン大学の組織神学の教授であった。ちなみに、オットーは著書『聖なるもの』をヘーリンクに献呈しているが、これはヘーリンクから学問的な刺戟を受けたオットーが、いかに彼を尊敬していたかを窺わせる。

オットーは一八九八年、ゲッティンゲン大学に学位請求論文「ルターにおける聖霊と言葉」(Geist und Wort bei Luther)を提出し、同年七月九日、神学博士(Licentiatus theologiæ)の学位を取得した。

この論文はその年のうちに、『ルターにおける聖霊観』（*Die Anschauung vom heiligen Geiste bei Luther*）として出版された。[04]この著書で示された「聖霊」概念への関心は、『聖なるもの』（第一四章「ルターにおけるヌミノーゼ」）においてばかりでなく、『西と東の神秘主義』など、それ以後の著書においても、彼の宗教論において重要な論点を成している。生まれ育った環境であるルター派的伝統によって培われたキリスト教の教義解釈およびルター派の信仰が、オットーの宗教論を構築するうえで、大きな影響を及ぼしたのだと言えよう。翌年の一八九九年、彼はゲッティンゲン大学の講師になるが、同大学で次第に影響力を増していた、いわゆる「宗教史学派」（Religionsgeschichtliche Schule）からも影響を受けた。新約聖書が成立した背景の研究が進んで、隣接する諸宗教の存在も明らかになるにつれて、キリスト教も歴史的文脈から切り離された宗教ではないことをオットーは認識するようになった。

オットーは一九〇二年、『イエスの生涯と活動――歴史批判的な解釈』（*Leben und Wirken Jesu nach historisch-kritische Auffassung*）を出版した。その序において、彼はイエスの生涯と活動には二つのイメージがあると述べ、一つは「教会の伝統」（die kirchliche Tradition）を示すものであり、もう一つは「批判的な歴史研究」（die kritische Geschichtsforschung）を経て生まれるものであると論じた。彼は後者の視点から捉えた人間イエスのイメージを明らかにしようとして、歴史批判的な立場からのイエス理解を試みたのだが、[05]そのことがリベラルなキリスト教神学的アプローチにもとづいているとして、ベルリンの高等宗教法院で問題となり、ルター派教会によって、キリスト教神学の正教授職から締め出されることになった。一九一五年にルター派教会に許されてはじめて、ブレスラウ大学の教授職に就くことができたが、それまでは大学の私講師(Privatdozent)の職しかなかったため、オットーは一時期はキリスト教神学研究を諦めて、パリで教会の牧師になるか、それとも宣教師になって中国に渡ることも考えたという。しかし、神学者のエルンスト・トレルチからの励ましもあって、キリスト教神学研究に留まることにした。[06] その後、一九三四年に出版した『神の国と人の子』(*Reich Gotes und Menschensohn*)の中で、オットーはイエスの生涯と活動について再び取り上げ、神の国に関するイエスの説教の独自性を明らかにするなど、原始キリスト教に関する自らの見解を修正している。

オットーはゲッティンゲン大学において、正教授職から締め出されていた時期は、おもに宗教哲学の研究に取り組んだ。特にシュライアーマッハーとイマヌエル・カント(Immanuel Kant 一七二四―一八〇四)の哲学に関心をもち、それらの哲学の枠組みを宗教理解のための理論的基盤とした。一九〇四年にゲッティンゲン大学の哲学講師だったレオナルド・ネルゾン(Leonald Nelson 一八八二―一九二七)に出会ったことが、オットーにとってカントの後継者ヤーコプ・フリードリヒ・フリース(Jakob Friedrich Fries 一七七三―一八四三)の哲学に触れるきっかけとなった。フリースは、妥当な知識は理性や合理的な経験からだけでなく、「感情」(Gefühl)あるいは「感得」(Ahndung; Ahnung)からも獲得されると考え、合理的で経験的な知識の妥当性は、「真理感情」(Wahrheitsgefühl)にもとづいていると論じていた。オットーは一九〇四年、宗教哲学に関する最初の著書『自然主義的世界観と宗教的世界観』(*Naturalistische und religiöse Weltansicht*)を出版し、カントとフリースの哲学の立場から、自然諸科学からの宗教の自律性を論じた。ちなみに、この年に、オットーはゲッティンゲン大学の准教授となり、一九一四年までその立場のままだった。一九〇九年には、『カントとフリースの宗教哲学とその神学への適用』(*Kantisch-Fries'sche Religionsphilosophie und ihre Anwendung auf die Theologie*)を出版した。オットーはフリースの新カント主義哲学が彼自身のプロテスタント神学研究の哲学的基盤になりうると考えた。オットーの「宗教的アプリオリ」(Religiöses Apriori)や「予覚」(Divination)の概念がフリースの哲学に影響を受けたものであり、『聖なるもの』はおもにフリースの哲学的枠組みに依拠して執筆されたと言える。オットーはフリースの宗教的解釈を修正して自らの宗教観や宗教概念を構築していった。フリースの哲学の視座が、オットーのキリスト教神学研究の理論的基盤を成したのである。[07]

オットーは一九三三年に、英語圏を中心に、年に一度、一流の神学者や哲学者が講義をおこなってきたことで有名なギフォード講義の講師に招かれたものの、健康上の理由から直前になって、その招待を辞退したが、予定していた講演テーマは「道徳律と神の意志」(Sittengesetz und Gottesville)であった。またインドのカルカッタ大学からも、「比較宗教学」(Comparative Religions)の講義を依頼されていたが、やはり健康上の理由で断っている。[08] オットーは晩年のほぼ十年間、宗教倫理に研究テーマを絞って、聖なるものに調和した宗教倫理のあり方を探究した。また政治家としても、一九一三年から一九一八年までプロイセン領邦議会で自由党所属の議員として活動した。宗教的実践家としても、宗教間の相互理解を促進するための「宗教的人類同盟」(Religiöser Menschheitsbund)の設立にだ。

情熱を傾けた。さらに、聖なるものの理解を踏まえて、プロテスタントの礼拝の改革にも取り組んだ。

オットーは一九三七年三月六日、マールブルクで逝去した。享年六七歳であった。直接の死因は、マールブルクの病院に入院して八日後に罹った肺炎であったが、実際には二十年間にわたる深刻な動脈硬化症が彼の命を奪ったと言えよう。さらにオットーは亡くなる前年の一九三六年には、一年中、特に鬱症状に悩まされていたという。[09] 一九三六年四月末、オットーは弟子のスウェーデン人牧師のバーガー・フォーレル（Birger Forell 一八九三―一九九三）に宛てた手紙の中で、次のように記している。「私は一〇週間、ひどいインフルエンザに罹り、身体が弱くなったのでほとんど動けません。もう仕事もできず、ほとんど一日中、横になっています」。[10] また一九三六年五月三一日付の同じくフォーレル宛の手紙では、自分の苦痛を次のように記している。「私たちはとても困難な時期を過ごしてきました。ヨハンネ（オットーの姉）は三月に事故に遭い、私自身はインフルエンザに罹って、三カ月間、病に臥せっていたので、どうしてよいかが分かりませんでした」。[11] 一九三六年一〇月上旬、オットーはマールブルク近郊のシュタウフェンベルクへハイキングに出かけたが、そのとき、ある家の塔の上へ登ろうとして、六〇フィート（約一八メートル）の高さから転落して足を骨折した。これが事故であったのかどうかはわかってはいない。

マールブルク市内の墓地にあるオットーの墓石には、「聖なるかな、聖なるかな、聖なるかな、万軍の主」（Heilig, Heilig, Heilig, ist der Herr Zabaoth）という「イザヤ書」（第六章三節）の碑文が刻まれている。マールブルク大学での最終講義において、自分自身を「敬虔なルター派信仰者」と呼んだことはすでに述べたが、これが示唆しているように、彼はルター派プロテスタントであるという自覚に根ざしながら、人間存在の本質を人類共通の普遍的な宗教的経験に求めた。キリスト教神学研究が同時に宗教学の研究として評価されてきた点が、オットー宗教論の特徴を理解するうえで重要なポイントであると言えよう。

2　「キリスト教神学」としての宗教研究

オットーはキリスト教以外のさまざまな宗教に関する著作を数多く著したが、自分自身の学問的立場を「宗教学」研究とは捉えておらず、あくまで「キリスト教神学」研究だと考えていた。主著『聖なるもの』も彼自身にとっては、キリスト教神学研究の一環であった。彼にとっては宗教研究自体は研究の目標ではなく、キリスト教神学において神の啓示にもとづくキリスト教の真理を探究するためのものとして位置づけられていた。オットーはすでに一九〇九年、『カントとフリースの宗教哲学とその神学への適用』において、次のように述べている。

キリスト教神学の課題とは、次のようなものである。すなわち、この基盤のうえに、キリスト教の本質と精神を把握して提示すること、また、それを批判的に洗練させて形成・展開して、教義の形式で実践・奨励し伝達することである。後者は、まさにキリスト者たる人によってのみ、すなわち、その「自由な判断力」を論証できることではなく、ただ感じることができるようなキリスト教の真理を是認する人によってのみ、実行することができる。キリスト教がまさにその他のどんな宗教形態よりも優れていると認められるならば、宗教全般との本質的親和性や連関において理解されるならば、それゆえ、宗教哲学が再び正しいアプローチを与えるような宗教史や宗教の比較を背景にして、キリスト教が理解されるならば、このことはただ真に学問的に成し遂げられる。[12]

さらに『宗教論集――『聖なるものの観念』への補遺』(*Religious Essays: A Supplement to 'The Idea of the Holy'* 一九三二)では、次のように明言している。

『聖なるもの』における研究の方向性は、キリスト教神学に向けられたものであって、宗教史学あるいは宗教心理学に向けられたものではない。聖なるものの探究によって、さらに非合理的な内容とともに合理的な内容の相互作用に関する探究によって、同書は聖書とりわけ新約聖書において啓示された神の経験に関するより良い、かつより明確な理解を準備しようと試みたのである。[13]

ここで明言しているように、『聖なるもの』はオットーにとってあくまでキリスト教神学研究を目的に執筆されたものであったが、それは現在では宗教学の古典的名著として定着しており、実際、そのような側面を有していることは確かである。この点に関するオットーの発言は、彼の宗教論の特徴を理解するうえで重要である。さらに『カントとフリースの宗教哲学とその神学への適用』においては、次のようにも述べている。現代の「神学」(Theologie) は「宗教学」(Religionswissenschaft) であり、「キリスト教神学はキリスト教的な宗教学である」[14]。つまり、オットーが理解する「キリスト教神学」とは、宗教研究において、特にキリスト教を研究対象として扱う「宗教学」を意味する。したがって、オットーの立場からすれば、キリスト教神学はキリスト教を研究する宗教学であって、キリスト教神学ではない宗教学は実際には存在し得ないことになる。このことから、オットーの宗教研究はキリスト教神学におけるキリスト教の絶対性を理論的基盤に据えた宗教学、すなわち「キリスト教的な宗教学」であり、『聖なるもの』は本来的に「聖なるものの探究」によって、さらに「非合理的な内容とともに合理的な内容の相互作用に関する探究」によって、「聖書とりわけ新約聖書において啓示された神の経験に関するより良い、かつより明確な理解」を意図したキリスト教神学研究を目指したものであったことがわかる。

『ヴィシュヌ＝ナーラーヤナ』の序において、オットーは次のようにも述べている。「この著書の目的は「インド学的」(indologisch) なものでも「宗教史学的」(religionsgeschichtlich) なものでもなく、「宗教誌的」(religionskundlich) かつ神学的 (theologisch) なものであることをご理解いただきたい。私がこうした宗教形態に関心があるのは神学者としてである」[15]（強調は原文どおり）。このようにオットーは、自分の宗教研究はキリスト教神学研究のためにあることを強調している。彼にとって他宗教の研究は、キリスト教神学への重要な導入部であったばかりでなく、キリスト教理解にとって不可欠な一つの研究領域であった。キリスト教と世界の諸宗教との比較研究をおこなうことで、他宗教の思想を理解し、それによって、自らのキリスト教思想への理解をいっそう深化させることができる。つまり、オットーにとって、諸宗教の比較研究はキリスト教神学研究の一環であったのだ。

オットーと同時代人のキリスト教組織神学者エルンスト・トレルチはいわゆる「宗教史学派」の中心的メンバーとして、一九〇二年、『キリスト教の絶対性と宗教史』（*Die Absolutheit des Christentums und die Religionsgeschichte*）を出版し、キリスト教の絶対性を中核として、キリスト教と諸宗教の関わりを論じているが、オットーがトレルチよりも早くキリスト教以外の諸宗教に関心を抱いていたことは注目に値する。宗教史学派は十九世紀末から二十世紀初頭のドイツで成立・展開したプロテスタント神学者たちの集団で、新約学のウィリアム・ヴレーデ（William Wrede 一八五九―一九〇六）やトレルチなど、宗教史学の方法を適用した聖書解釈をおこなっていた。ゲッティンゲン大学を中心に自由主義神学の学的傾向を急速に展開させたことで知られており、オットーも彼らと接触をもっていた。宗教史学派によれば、「神学とは宗教のただ一つの側面、すなわち、合理的、概念的さらに体系的な側面にすぎない」[16]。この学派のいう「宗教」の概念は、シュライアーマッハーの思想に淵源するものであり、宗教の本質を非合理的な経験として捉え、ただ単にキリスト教の教義史を記述するのではなく、一つの宗教としてのキリスト教史を記述することを目指していた。宗教史学派はキリスト教神学内の一つの運動として始まったが、その方法があまりにラディカルであったために、結果的に、伝統的なキリスト教神学の枠を越えるものになっていったのである。

宗教史学派は、おもに二つの特徴をもっていた。[17] 第一の特徴は、その「歴史」理解の仕方にあった。宗教史学派は、伝統的な文献学的研究が聖書内文書の文献学的・歴史的批判にだけ終始したものであったことに対する不満から、文献資料を越えた「歴史的事実」を解明しようとした。そのために、伝統的な文献学を踏まえながらも、当時の歴史学や関連諸学の方法を用いたのであり、諸宗教の「比較」研究を学問的な姿勢として有していた。第二の特徴は、「宗教」と「神学」の明瞭な差異を強調した点である。この学派が言う「宗教」とは思弁的反省行為あるいはその結果としての「神学」ではなく、「社会学的事実としての「民衆の宗教性」と「儀礼」の総体」を意味した。[18]「民衆の宗教性」への眼差しから、無媒介的な心理現象としての宗教に目を向けたと言えよう。オットーは一八九九年にゲッティンゲン大学の講師になった頃から、伝統的なキリスト教神学の枠組みを修正して、宗教史学派が用いていた諸宗教の「比較」研究という方法論を採用し、独自のキリスト教神学研究を進めるようになった。すでに述べたように、こうした背景のもとで、『イエスの生涯と活動』を出版し、それがベルリンの高等宗教法院で問題視されたのである。

オットーが「神学」と「宗教史」の関わりをどのように捉えていたのかを理解するうえで、次の発言は注目に値する。それは晩年、キリスト者の読者を意識して書いた著書『インドの恩寵の宗教とキリスト教』における記述である。二つの宗教を比較研究する場合、「神学」と「宗教史」という二つの異なる立場があると述べたうえで、彼は両者の違いを次のように論じている。

神学は「宗教史」ではない。それは——神学を発展させた全ての宗教においては——宗教の機能そのものである。神学は、宗教の外側に存在するのではなく、本質的に必然として宗教そのものから生まれ出るものである。また、自己の宗教について判断するにせよ、他の宗教について判断するにせよ、神学は俗的な学問の判断ではなく、自らの信仰的な叙述を含んでいる。神学の根本的カテゴリーは、インドにおいてもキリスト教においても「啓示」のカテゴリーである。しかし、宗教史はこのカテゴリーを使わないし、それを認識してもいない。宗教史は「諸宗教」を、学問とか芸術の諸分野の現象などと同様に、人類の文化史の経過における人間精神固有の所産として把握し解釈しようとする。[19]

つまり、「神学」と「宗教史」の根本的な違いは、「啓示」(Offenbarung)のカテゴリーを認めるかどうかにあるとオットーは言う。「啓示」にもとづく神学は「本質的に必然として宗教そのものから生まれ出るもの」であり、そこには信仰的な叙述も含まれる。一方、宗教史は諸宗教を「人類の文化史の経過における人間精神固有の所産」として解釈しようとする。こうしたオットーのものの見方を踏まえて、その宗教論の枠組みを捉えなおすと、宗教史学派の影響のもとに採用した比較宗教的な方法は、彼のキリスト教神学研究の中で、神の啓示にもとづくキリスト教の真理を他宗教の教えに照らしながら幅広くかつ深く理解するための一つの研究手法であったと解釈することができる。

3　「神学」の語に込められた意味

当時のドイツの学問的状況の一端を知るために、アドルフ・フォン・ハルナック（Adolf von Harnack 一八五一―一九三〇）の講演に言及しておきたい。オットーが著書の中で自分自身を宗教学者ではなく、キリスト教神学者であると主張したことの意味あいを窺い知ることができるからである。ドイツの「宗教学」（Religionswissenschaft）の成立が語られるとき、ハルナックが一九〇一年、ベルリン大学の神学部長としておこなった講演「神学部の課題と一般宗教史」（Die Aufgabe der theologischen Fakultäten und die allgemeine Religionsgeschichte）が取り上げられる。オットーと同じルター派神学者であったハルナックは、その講演の中で「この宗教〔キリスト教〕を知らない者は宗教を知らない。この宗教をその歴史とともに知っている者は全ての宗教を知っている」と主張した。近代宗教学の祖と言われるマックス・ミュラーが「宗教学」の意義を説いた言葉を逆手にとって、「一般宗教史」の存在意義を完全に否定したのだ。さらに、その講演の中で、ハルナックは「聖書以外に、ホメロスやヴェーダさらにコーランの重要性とは何なのだろうか」とも語っている。[20] 二十世紀初頭の学問的状況を考慮すれば、ハルナックのこの主張は、「「宗教」を研究する「学問」を自任する「神学」の立場からこうした異議が出されたこと自体には何らの不思議もない」と言えよう。[21] 実際に、ハルナックのこの講演が最大の原因となって、ドイツにおける「宗教学」の制度的確立が遅れたと、従来はみなされてきた。

しかし、ハルナックは一九一九年の講演「神学部の意義」(Die Bedeutung der theologischen Fakultäten) では、大学における「宗教学」の意義を認めるにいたっている。[22] ハルナックが立場を変えた原因は、「彼が学問的に基礎づけられ、かつ人間の内奥の宗教的次元をも取り扱うことが可能な分野として「宗教学」を理解するようになっていたことである」とも考えられる。しかし同時に、「一九年のこの講演は、ヴァイマール共和国最初期に大学神学部の廃止が議論されていた時期になされたものであり、福音主義神学の立場から神学部の生き残り戦略として「学問的に中立な宗教学」という含意が援用されていたことも示している」とも見ることができる。[23] ちなみに、ドイツ最初の「宗教学」講座は、一九一〇年のベルリン大学福音主義神学部における「一般宗教史および宗教哲学」講座であった。さらに、オットーが教えていたマールブルク大学福音主義神学部に「宗教史」講座が設置されたのは一九二〇年のことであった。その講座の教授として招聘されたのは、カトリック教会出身のフリードリヒ・ハイラーであった。

このように、オットーが活躍した当時のドイツにおける「神学」と「宗教学」の関わりに少し注目するだけでも、オットーが言う「神学」(Theologie) の語に込められた微妙な意味あいを窺い知ることができるだろう。宗教学者の田丸徳善が論じているように、オットーが自分の宗教研究を「神学的」(theologisch)と呼んでいることからも、ルター派キリスト教の伝統を受け継いた彼の「神学」理解がきわめて特異であったことは明らかである。オットーの立場からすれば、神学研究とは「宗教が自らに関して、宗教自体に由来するカテゴリーを用いて」考察するしかたを意味していた。[24]彼のキリスト教神学研究は、宗教(特にキリスト教)の独自性の思想にもとづいており、その方向性に沿って、宗教論が構想されている。こうした点を踏まえてオットーの宗教論を捉えると、彼が言う「神学」の語は、かなり幅の広いものであり、その語は少なくとも二つの主要な問題群を含意している。田丸の言葉を借りれば、一つの問題群は「宗教と他の諸分野(形而上学、道徳、科学的世界観など)との関係」であり、もう一つの問題群は「キリスト教と諸宗教との関係」である。オットーは生涯にわたって、これら二つの主要な問題群に関心をもち続けたことは言うまでもないが、前半生には、むしろ第一の問題群が前面にあったのに対して、『聖なるもの』(一九一七)を境として、後半生においては、第二の問題群への関心が次第に高まったと言えるだろう。[25]

　オットーのキリスト教神学研究において、比較宗教的な視点と密接に連関していたのは、先に挙げた第二の問題群への関心に伴う宗教研究、すなわち、東洋への旅をとおして非西洋文化における宗教、とりわけインドの宗教思想に関心を抱き、キリスト教との比較研究をおこなったことである。序章で述べたように、一九一一年から一二年の東洋への旅でインドを訪問したことから、オットーはサンスクリット語を学びはじめた。インドへの旅は、オットーにとってそれまでとは違った新しい宗教研究の段階に向かう決定的な契機となった。

一八九九年、ゲッティンゲン大学の私講師になったオットーは、先に述べたようにシュライアーマッハーの『宗教論』初版（一七九九年）の出版百周年を記念して同書を再刊し、序文とあとがきを寄稿した。一九〇三年には、論考「いかにシュライアーマッハーは宗教を再発見したのか」（Wie Schleiermacher die Religion wiederentdeckte）を雑誌『キリスト教世界』（*Die christliche Welt*）に発表し、シュライアーマッハーの宗教論の本質を論じた。シュライアーマッハーは宗教独自の領域が「感情」（Gefühl）にあることを説き、その当時の合理主義的な思想傾向の中で、神や絶対者などのように理性的認識を超えた対象への志向的経験としての「感情」を中心とした神学論を展開した。シュライアーマッハーのこうした洞察をオットーは高く評価した。さらに、シュライアーマッハーの宗教論を哲学的に根拠づけるという意味において、オットーに思想的基盤を提供したのは、フリースの新カント主義哲学であった。『カントとフリースの宗教哲学とその神学への適用』において、オットーは形而上学とは異なり、宗教には「心情と意志」（Gemüt und Willen）にその生命があると説いた。さらにオットーはフリースの哲学に言及し、次のように述べている。

それ〔無限なもの〕は、私たちには理解できないものである。しかし、理解できないものに私たちは感情（Gefühl）で到達することができる。感情は私たちに知識（Wissen）と信仰（Glauben）とともに、これら二つを結びつけて一体にする第三種の認識（Erkenntnis）、すなわち「感得」

（Ahnen）を与えてくれる。[26]

つまり、人間は無限なものを理解することができないが、それを「感得」（Ahnen, Ahnung, Ahndung）することはできるというのである。フリースはこの「感得」に関して、「感情」（Gefühl）において生起する事象に関する曖昧な予感のことであり、それは明確な根拠にもとづくものではなく、ただ感じ取るという把握のしかたを意味するとしている。フリース自身は『知識、信仰、感得』（*Wissen, Glaube, und Ahndung* 一八〇五）において、「純粋感情による認識（die Erkenntnis durch reines Gefühl）を、私は有限なものにおける無限なものの感得と呼ぶ」[27]と述べている。フリースの言葉を援用すれば、「感得」とは「純粋感情による認識」のことである。彼は「概念（Begriff）は知識に属し、理念（Idee）は信仰に属し、純粋感情（das reine Gefühl）は感得に属している」[28]と言い、さらに感情の意義について次のように論じている。

有限なものと無限なものの関係は、知識の概念でも信仰の理念でも、私たちには理解することができない。そのことに関しては、言い表すことのできない感情だけが、私たちに依然、残されているだけである。[29]

オットーはフリースのこうした感情に関する議論を踏まえて、フリースとシュライアーマッハーが「その感情面による宗教の認識」という点で共通の見解をもっていたと述べている。フリースは『知識、信仰、感得』において、シュライアーマッハーの『宗教論』を引用して、「宗教にとっての感情の評価」についてシュライアーマッハーと同様の見解を示していると指摘し、オットーは「「感得」(Ahndung) という彼〔フリース〕固有の学説は、シュライアーマッハーの「宇宙の直観と感情」(Anschauung und Gefühl der Universums) と密接に関係している」と述べ、こうした宗教の理解において、鋭く対立する傾向にある二人の哲学者は一致していたと論じている。ただし、オットーによれば、フリースが言う「感得」とは、カントの判断力批判にもとづいて哲学的に提示されたものであったのに対して、シュライアーマッハーが言う「直観と感情」はむしろ「思いつき」(Einfälle) による「予覚」(Divination) であったとして、両者のあいだに概念的な意味理解の違いを見いだしている。[30]ここでフリースは、「認識」の範囲をカントが言う悟性に限定することなく、「知識」(Wissen)、「信仰」(Glaube)、「感得」(Ahndung) にまで広げて、その全ての機能に精神における等しい価値と妥当性を与えている。つまり、「感得」に「感性的なものと超感性的なものとの断絶」、すなわち「知識と信仰の断絶を架橋する役割」を与えているのだ。[31]

純粋に理念に向かう形式的な形而上学および思弁的神学では、「心情と意志」に生命をもつ宗教を理解することは不可能である。オットーの議論を要約すれば、「理念は経験を奪われている。ところが宗教は経験である。それゆえ理念そのものは宗教の現実には届かない。この理念は予感的感情によってはじめて具象的な内実を獲得しうる」[32]ということになる。オットーは、フリースの哲学の中に、宗教の具象的な内実を理解するための哲学的根拠を見いだしたのである。『聖なるもの』の出版までの数年間、オットーはキリスト教神学における「新フリース主義」(Neufriesianismus) を代表する人物の一人とみなされていた。この学派には、オットーの友人のヴィルヘルム・ブーセット (Wilhelm Bousset　一八六五―一九二〇) も属していた。[33]

さらに、オットー宗教論の根本を成す「聖」を理解するうえで重要なことは、彼がスウェーデンの神学者で宗教学者でもあったナータン・ゼーデルブロムと知友になり、しばしば書簡をやり取りしたことである。ゼーデルブロムとの出会いは、オットーの神学的パースペクティヴに大きな影響を与えた。ゼーデルブロムはオットーの『聖なるもの』が一九一七年に出版される以前の一九一三年、論文「聖性」(Holiness) を『宗教倫理事典』(*Encyclopædia of Religion and Ethics*) に発表していた。一般的にオットーの『聖なるもの』が聖性に関する術語の嚆矢とみなされているが、ゼーデルブロムの論考が最初であったと言える。「聖性」の中で、ゼーデルブロムは聖性の概念が神概念よりも本質的であり、真の宗教は「聖と俗の区別」(a distinction between holy and profane) を伴うと論じている。また「聖なるもの」(the holy) の概念を伴わない神の観念は宗教ではないとし、教会全体において、「聖」(holy) はただ単に倫理的な言葉になったのではなく、おもに神的、超自然的な力を示唆している」と述べ、さらに「宗教的であるのは、何かが聖であるとみなす人間である」と論じている。[34]ゼーデルブロムのこうした聖なるものの視点は、自らの神の聖性に関する体験にもとづいていた。ゼーデルブロムもオットーも、ともにシュライアーマッハーの影響を受けていたが、ゼーデルブロムが説いたこうした聖概念は、オットーの聖概念へと継承されていった。聖概念については、第三章で立ち戻り詳しく論じるが、その前に次章では、オットーの宗教論の原点ともなった東洋への旅について考察したい。

ともあれ、キリスト教神学者としてのオットーは、ルター派信仰に根ざしながら神の啓示にもとづくキリスト教の真理を探究すると同時に、比較宗教的な視点からも、人類共通の普遍的な「聖なるもの」の経験に人間存在の本質を求めた。

キリスト教以外の諸宗教を学ぶことによって、キリスト教の真理性をいっそう深く理解することができると確信していたのである。

第二章　東洋への旅——原点としてのインド

一九一一年秋から一九一二年七月まで、オットーは東洋を旅した。まず、インドを皮切りにビルマ、日本、中国などのアジア各地を訪れ、帰路にはシベリアを横断した。東洋への旅のはじめに立ち寄ったインドではその宗教思想に多大な影響を受けた。オットー宗教論は、そのときのインドでの体験が原点にあると言えよう。本章では、オットーの神学研究において、インド体験さらにはインド宗教思想への関心がどのような意味をもっていたのかを明らかにしたい。

1　オットーと旅

前章で紹介したようにオットーはキリスト教神学者として、ゲッティンゲン大学（一八九九—一九一五）、ブレスラウ大学（一九一五—一九一七）、マールブルク大学（一九一七—一九二九）においてプロテスタントの組織神学を教えたが、それと同時に、学生時代から世界各地を旅し、キリスト教以外の諸宗教の事実を知るために、それらの宗教がどのように信仰されているかを現地で直接、見聞していた。キリスト教神学者として、キリスト教以外の宗教が信仰されている地域で、諸宗教の具体的なあり方を調査したわけであり、まさに宗教のフィールドワークをおこなったと言える。オットーのこうした行動は、比較宗教的な研究の意義を認めたうえで、キリスト教神学の枠組みの中に比較宗教的パースペクティヴを導入したことと深く結びついている。おもな旅行先を挙げると、次のとおりである。一八八九年の期末休暇に英国を旅している。一八九一年の期末休暇にギリシア、一八九五年の春にエジプト、エルサレム、アトス山、一九〇〇年の期末休暇にロシアに旅している。一九一一年にはテネリフェ島と北アフリカへ旅行し、さらに一九一一年、アメリカのオバーリン大学でハスケル講演をおこなうために、アメリカも訪れている。一九二七―二八年にはバルカン半島、小アジア、セイロン、インド、パレスチナに赴いているが、この旅行は、インド訪問がおもな目的であった[01]。

彼の生涯を丹念に記述したラインハルト・シンツァー(Reinhard Schinzer)が、「オットーは神学者では最初の世界旅行者になった、と言っても間違いなかろう[02]」と述べているように、当時、キリスト教の神学者の中で、世界各地へ、しかもしばしば何ヵ月にも及ぶ大旅行をした研究者は、オットー以外にはいなかった。オットーは旅をとおして、各地域の生きた宗教に自ら触れ、異文化の諸宗教において、生き生きとした宗教的感情がもつ重要性を認識することになった。前田毅は、オットーが旅先から送った手紙や旅日記の内容を読み解くことによって、オットー宗教論の原像を探究しているが、オットーにとって旅がどのような意義をもっていたのかについて、次のように論じている。

これらの旅がオットー宗教学の構築、宗教理念の醸成に果たした、その意義は大きい。ルター派の神学生として出立したオットーは、異教世界との心揺らぐ出会いのなかで、宗教哲学の理念の衣もぬぎ捨て、宗教学者へと姿を変えてゆく。そして、異界の招きにおののき綴られた数多くの旅路の記《しるし》は一様に、宗教理解のラディカルな変容物語を生き生きと語り告げている。ともあれ、そこに記された旅するオットーの心象は、オットー宗教学の原像を読みとる手立てとして注目され、宗教理念の裸像を読み解く鍵として貴重である。[03]

前田が示唆するように、異文化への旅はオットーにキリスト教と他宗教との比較を促した。同時に、異文化あるいは他宗教との出会いの中で、キリスト教神学の枠組みの中に次第に比較宗教的な知見が導入されていった。異文化における他宗教を自らの目で確かめ、その生きた宗教を学ぶことによって、オットーはキリスト教の教えと信仰をより深く理解し、それがキリスト教の絶対性を確認するための契機にもなった。したがって、旅をとおして彼が見聞した諸宗教の事実に関する記述は、オットー宗教論の原像を読みとるためにも重要だと言える。

すでに示唆したように、一九一一年からの東洋への旅におけるインド訪問はオットーにキリスト教以外の宗教の生きたリアリティとの出会いをもたらした。さらにその経験は、その後、オットー宗教論の理論的基盤を構築するための重要な契機となった。前田が指摘するように、それがオットーをルター派神学者から宗教学者へと変貌させたと言えるかもしれない。つまり、それによってキリスト教神学の枠組みの中に比較宗教的な視座が導入されたのだが、逆に言えば、キリスト教以外の宗教を知ることによって、それまでのキリスト教神学者としての自覚をいっそう確固なものにしたとも言えるだろう。それは他宗教を理解することによって、オットー自らがルター派の教えと信仰をより深く理解するための契機になったからだ。

比較宗教的な視点を意識するようになると、オットーの神学研究はいっそう研ぎ澄まされていった。オットーはルター派神学者としてキリスト教の真理を探究するのと同時に、自らの神学的枠組みの中に、世界の諸宗教の伝統を射程に入れた比較宗教的パースペクティヴを構築していった。キリスト教神学の枠組みを保ちながらも、世界各地への旅の中で発酵・醸成された諸宗教の理解をとおして、「聖」概念に根ざす宗教理解を深めていったのだ。一九一二年、オットーは東洋を旅しているときに宗教博物館の構想を得ていたが、それは一九二七年にマールブルク大学に創設された「マールブルク宗教博物館」(die Marburger Religionskundliche Sammlung)として実現した。このことも、旅の経験が彼の比較宗教学的パースペクティヴに与えた影響の一端を示している。

2　東洋への旅におけるインド体験

ここでオットーの東洋への旅に言及するまえに、まず、彼が一九一一年三月から夏にかけておこなった「テネリフェ島と北アフリカへの旅」に触れておかなければならない。それはオットーがその旅において、宗教における「聖なるもの」の意義を認識するようになったからである。モロッコの沿岸都市モガドール（現在のエッサウィラ）において、あるシナゴーグでの礼拝の経験をとおして、オットーの「聖」概念が誕生したと言われる。そこでの「聖なるかな」の三唱に深い感動を覚えたことを、次のように記している。

時は安息日。とてつもなく汚い暗いポーチですでに、私たちは祈禱の「お祈り」と聖書朗読を、シナゴーグから教会やモスクに伝えられた、あのなかば歌うような、なかば唱えるような鼻音の詠唱を耳にしていた。美しい響きで、ライトモチーフのように交互に入れかわり続く規則的な明確な転調と抑揚が容易に聞き分けられる。一語一語言葉を解き分かち意味を理解しようと、耳ははじめは無駄骨を折ったが、もうそんな徒労を断念しようとしたその矢先、突然声のもつれが溶け――荘厳なおののきが五体を貫き――一斉に、澄んだ声で、きっぱりとはじまる。

Kadosch Kadosch Kadosch Elohim Adonai Zebaoth/ Male'u haschamajim wahaarez kebodo!

（聖なるかな、聖なるかな、聖なるかな、万軍の主、その栄光は全地に満つ！）

サン・ピエトロ大聖堂で枢機卿たちの Sanctus, Sanctus, Sanctus を、クレムリンの大聖堂で

Swiat, Swiat, Swiatを、エルサレムで総主教のHagios, Hagios, Hagiosを、私は耳にしたことがある。いずれの言葉で響きはじめようと、およそ人の口をついて出るかぎりなく崇高なこの言葉は、その底にねむる超俗的なるものの秘義を、途方もないおののきをこめてよび醒まし揺り動かし、いつも人の魂の奥底を打つ。ここ、このみすぼらしい場所では、ここ以外のどこでよりも激しく、このかぎりなく崇高な言葉は、イザヤをはじめて聞き知った言葉で、その最初に譲りうけた民の口から響きはじめる。同時にこの民の非運が激しく心胸に迫ってきた。[04]

この「聖なるかな」の三唱を聞いた体験が、「聖」概念の原風景であったかどうかはわからない。しかし少なくとも、これ以降、東洋への旅がオットー宗教論の展開に広がりと深みをもたらしたことは明らかである。東洋の諸宗教を理解した後、彼のキリスト教の神学的枠組みは比較宗教的パースペクティヴを内包させるようになった。オットーの東洋への旅は、一九一一年一〇月から翌年六月まで続いた。インド、ビルマ、日本、中国を訪れ東洋の諸宗教に出会ったこの旅をとおして、シャンカラのヴェーダーンタ思想やヨーガ思想、さらに仏教思想など、インドの宗教思想に深い理解を示すようになったことからも、この旅がオットー宗教学、とりわけインド宗教研究の原点となったことは明らかである。

オットーは一九一一年十月一二日、トリエステの港から東洋への旅に出発し、三週間の航海の末、一一月二日にカラチに到着した。当初は北インドばかりでなく、南インドへも行くつもりであったが、当初の旅程を変更して、北インド中心の滞在になった。その旅程の変更について、オットーはカラチに到着して五日後の一九一一年一一月七日、姉のヨハンネ・オットマー（Johanne Ottmer）宛に手紙を書いている。一八六一年生まれのヨハンネは医学を学び、医学博士のエルンスト・オットマー（Ernst Ottmer）と結婚した。ところが、一九〇四年に夫が自死したために未亡人になり、その後、一人娘のマルガレーテ・オットマー（Margarete Ottmer）と一緒に小さなアパートで生活していたが、オットーの母親が亡くなった後、彼のアパートへ移って、彼が亡くなる一九三七年まで一緒に住んでいた。その姉に宛てた手紙の中で、オットーは次のように記している。

> 一九一一年十一月七日〔六日〕（月）、カラチにて
>
> 明日、十一月七日（火）、ラホールに向けて出発します。インドの南〔への旅〕は全て諦めました。かなり注意深く何かを見ようとすると、南インドへ出かけるのは全く不可能です。私の旅の計画は次のようなものになっています。すなわち、ラホール、アーグラー、デリー、バナーラス、コーチ・ビハール、ダージリンとチベットの一部、カルカッタ、ジャガンナート、それにバリパーダを訪れます。その後、ラングーンに向かい、そこから、おそらく日本に行くことになります。旅の行き先については、ヒュッベ博士（Dr. Hübbe）が地図で示してくれるでしょう。〔傍点は、オットー自身による〕[05]

彼の東洋への旅は、渡航資金となっていた基金の要請もあって、訪問地では「一種の文化使節として行動すること」を余儀なくされたので、さまざまな制約もあったようだ。オットーは「報告書」において、次のように記している。

世界漫遊旅行につきものの散漫な観察の宿命を免れより深い洞察を得るために、南部訪問はすべて犠牲にして、インド旅行を、インダスとガンジス、シッキムのヒマラヤの容易に行ける処、テースタ峡谷、カリンポン、そして南方ではプリーまでだけに限定し、マユルバンジ県の小都市バリパーダに足を踏み入れた。[06]

オットーは当初、予定していた南インドへの訪問を全て取り止め、訪問地をインドの宗教を理解するために重要な場所だけに限定した。インドでは、ヒンドゥー教徒、イスラーム教徒、シーク教徒、パーシー教徒と対話した。こうしたインド体験は、その後のオットーにとって、インド宗教思想研究においても、さらに比較宗教的な研究においても、きわめて意義深いものであった。とりわけ重要なことは、東洋と西洋の宗教の比較から、諸宗教の「展開の平行性」の視点を見いだしたことであった。オットーはたとえ東洋と西洋のあいだに実際の文化的交流がなかったとしても、諸宗教の展開は平行性を示すと考えるようになった。そうした比較宗教的な着眼点は、インド体験を含む東洋への旅をとおして認識され、人類共通の普遍的な宗教的経験に関する宗教史的パースペクティヴとして展開していったものである。一九一二年四月一一日、日本を訪れたオットーは、東洋と西洋の宗教の展開が相似していることについて、日本アジア協会で講演した。それがオットーの比較宗教的なアプローチを試みた論考としてたびたび引用される「東洋と西洋の宗教の展開における平行性」(Parallelisms in the Development of Religion East and West　一九一二)である。さらに一九二四年秋、オットーはオバーリン大学(アメリカ・オハイオ州)におけるハスケル講義の講師として招聘されて渡米した。その講義では、キリスト教におけるエックハルトの思想とヒンドゥー教におけるシャンカラのヴェーダーンタ哲学の比較考察をおこなった。その内容は、増補修正したうえで後に『西と東の神秘主義』として出版された。この比較哲学的な論考は、東洋と西洋における宗教の「展開の平行性」の法則を方法論的な基盤として、比較宗教論を展開したものであった。

図２　オットー（右）と旅の同伴者フォーレル（左）　1927年、インドのバンガロールにて（マールブルク大学図書館蔵）

オットーは一九二七年十月一八日から翌二八年二月三日に再度インドに滞在している。このときの旅は、ドイツ学術助成協会の補助金によって可能になった。前回の旅において、訪問を断念していた南インドへも、このときは足を延ばした。この旅には、オットーの弟子のスウェーデン人牧師バーガー・フォーレルが同行した。インド滞在の後はそのままエジプト、パレスチナ、トルコへと一九二八年五月一四日まで旅を続けた。帰国後、この長旅についてまとめた報告書の題目は「一九二七年十月一八日から二八年五月一四日におよぶ、インド、エジプト、パレスチナ、小アジア、コンスタンティノープルへの宗教学的目的の研究旅行に関する報告」である。

3　オットーのインド宗教研究

オットーが取り組んだ宗教研究の領域は、大きく分けると三つに分類することができる。キリスト教神学研究、宗教哲学研究、さらに東洋の宗教、特にインド宗教思想を中心とした宗教学的研究である。これら三つの研究領域はキリスト教神学研究を基盤として、それぞれ密接不可分に有機的な相互連関を成しており、一つのまとまりとしてオットーの宗教論を構成していると言えるだろう。

まず、キリスト教神学研究は、言うまでもなく宗教哲学研究と密接に結びついている。おもな著作としては、主著と言われる『聖なるもの』のほかに、処女作である『ルターにおける聖霊観』や『カントとフリースの宗教哲学とその神学への適用』など数多くある。また晩年の一九三〇年代になると、宗教と倫理の関係に関心が向けられ、倫理学に関する著作が生まれてくることも注目すべき点であろう。

インド宗教思想研究を中心とした宗教学的研究では、論文の数も含めると実に数多くの著作を執筆している。著書および論文〔書評を除く〕を発表年順に挙げると、次のとおりである。

一九一二年
「東洋と西洋の宗教の展開における平行性」"Parallelisms in the Development of Religion East and West" (*The Transactions of the Asiatic Society of Japan*, 40)

一九一三年
「宗教の展開の平行性」"Parallelen der Religionsentwicklung" (*Frankfurter Zeitung*, April 1)

一九一六年
a 『ニヴァーサのディーピカー〔住まいの燈〕──インドの救済論』*Dīpikā des Nivāsa: Eine indische Heilslehre* (Tübingen: J.C.B. Mohr)
b 「全ての師の教え──サンスクリット語からの翻訳」"Aller Meister Lehren, aus dem Sanskrit" (*Zeitschrift für Missionskunde und Religionswissenschaft* 31)
c 「アルタ・パンチャカすなわち五つの項目」"Artha-pañcaka oder die fünf Artikel" (*Theologische Studien und Kritiken* 89)
d 「インドの敬虔性について」"Von indischer Frömmigkeit" (*Die Christliche Welt* 30)

一九一七年
a 『ヴィシュヌ゠ナーラーヤナ──インドの神・神秘主義文献』*Vischnu-Nārāyana: Texte zur*

indischen Gottesmystik (Jena: E. Diederich)

b　『ラーマーヌジャの教説——インドの神・神秘主義文献』*Siddhānta des Rāmānuja: Ein Text zur indischen Gottesmystik* (Jena: E. Diederich)

c　「ラーマチャンドラのバクティ・シャタカム〔バクティ百頌〕」“Bhakti-Hundertvers (Bhakti-Śatakam) von Rāma-Candra” (*Zeitschrift für Missionskunde und Religionswissenschaft* 32)

一九二二年

a　「ラビンドラナート・タゴールの父性的な宗教から」“Aus Rabindranath Takkurs väterlicher Religion” (*Die Christliche Welt* 36)

b　「神秘主義と信仰の敬虔性の関係のために」“Zum Verhältnisse von mystischer und gläubiger Frömmigkeit” (*Zeitschrift für Theologie und Kirche* 3)

一九二三年

『ヌミノーゼに関する論文集』*Aufsätze das Numinose betreffend* (München: C.H. Beck)

一九二四年

「東と西の神秘主義」“Östliche und westliche Mystik” (*Logos* 13)

一九二五年

a　「マイスター・エックハルトの神秘主義——東洋の神秘主義との相違」“Meister Eckehart’s Mystik im Unterschiede von östlicher Mystik” (*Zeitschrift für Theologie und Kirche* 6) b　「インドの有神論」“Indischer Theismus”（*Zeitschrift für Missionskunde und Religionswissenschaft* 40）

一九二六年

『西と東の神秘主義——本質解釈の比較と区別』*West-östliche Mystik: Vergleich und Unterscheidung zur Wesensdeutung*（Gotha: L. Klotz）

一九二八年

a　「ラビンドラナート・タゴールの理解のために——古代インド神学の一断片」“Zum Verständnis von Rabindranath Tagore: Ein Stück altindischer Theologie”（*Die Hilfe* 34）

b　「キリスト教とインドの恩寵の宗教——比較」“Christianity and the Indian Religion of Grace: A Comparison”（*National Christian Council Review*, New Series 6. 一九二六年にウプサラでおこなった「オラウス・ペトリ講座」（Olaus Petri Lectures）での講演内容）

一九二九年

a　『キリスト教とインドの恩寵の宗教』*Christianity and the Indian Religion of Grace*（Madras: Christian Literature Society for India）

b　「インド神学の一断片——ヤームナ聖者の「三種の証明」からの翻訳」“Ein Stück indischer Theologie: Übertragen aus Yāmunamuni's 'Dreifacher Erweis'”（*Zeitschrift für Theologie und Kirche* 10）

c　「人格的ヴェーダーンタの意識現象」“Bewusstseins-Phänomenologie des personalen Vedānta”（*Logos* 18） d　「人格的ヴェーダーンタにおける魂の証明の方法」"Die Methoden des Erweises der Seele im personalen Vedānta"（*Zeitschrift für Religionspsychologie* 2）

一九三〇年

a　『インドの恩寵の宗教とキリスト教——比較と区別』*Die Gnadenreligion Indiens und das Christentum: Vergleich und Unterscheidung*（Gotha: L. Klotz）

b　『インドの恩寵の宗教とキリスト教——比較と区別』*India's Religion of Grace and Christianity: Compared and Contrasted*（London: Student Christian Movement Press; New York: Macmillan. 原書a *Die Gnadenreligion Indiens und das Christentum* の英訳書）

c　「ラーマーヌジャ」"Rāmānuja"（*Die Religion in Geschichte und Gegenwart* 4）

d　「ブラフマー神の寺院にて」"In Brahmas Tempel"（*Münchener Neueste Nachrichten*, 1, April 7）

e　「インドにおける放蕩息子?——インドの宗教とキリスト教の類似と相違」"Der verlorene Sohn in Indien?: Ähnlichkeit und Unterschied indischer und christlicher Religion"（*Münchener Neueste Nachrichten*, 3, October 9）

一九三一年

a　『ラビンドラナート・タゴールの信条』*Rabindranath Tagore's Bekenntnis*（Tübingen: J.C.B. Mohr）

b　『宗教論集——『聖なるものの観念』への補遺』*Religious Essays: A Supplement to "The Idea of the Holy*"（London: Oxford University Press）

c　「ラビンドラナート・タゴールの「私の宗教」」"'Meine Religion' von Rabindranath Tagore"（*Westermanns Monatshefte* 75）

一九三二年

a　『神とアーリア人の神々』*Gottheit und Gottheiten der Arier*（Giessen: Alfred Topelmann）

b　『西と東の神秘主義——神秘主義の本質に関する比較分析』*Mysticism East and West: A Comparative Analysis of the Nature of Mysticism*（New York: Macmillan. 一九二六年の *West-östliche Mystik* の英訳書）

c　『超世界的なものの感情——センスス・ヌミニス〔ヌミノーゼ感覚〕』*Das Gefühl des Überweltlichen: sensus numinis*（München: C.H. Beck）

d　「ヴァルナ讃歌」"Hymne an Varuna"（*Die Christliche Welt*, 46）

一九三四年

a　『「バガヴァッド・ギーター」の原型』*Die Urgestalt der Bhagavad-Gītā*（Tübingen: J.C.B. Mohr）

b　「ナーラーヤナ——その由来と類義語」"Nārāyana, seine Herkunft und seine Synonyme"（*Zeitschrift für Missionskunde und Religionswissenschaft* 49）

c　「神秘主義と信仰の敬虔性」"Mystische und gläubige Frömmigkeit"（*Commemoration Volume of the Science of Religion in Tokyo Imperial University*, Tokyo: Herald Press)

一九三五年

a 『崇高な神の歌——「バガヴァッド・ギーター」』*Der Sang des Hehr-Erhabenen: Die Bhagavad-Gītā*（Stuttgart: W. Kohlhammer）

b 『「バガヴァッド・ギーター」の教え』*Die Lehrtraktate der Bhagavad-Gītā*（Tübingen: J.C.B. Mohr）

c 「クリシュナの歌」"Krishna's Lied"（*Zeitschrift für Missionskunde und Religionswissenschaft* 50）

一九三六年

a 『カタ・ウパニシャッド』*Die Katha-Upanishad*（Berlin: Alfred Topelmann）

b 「カタ・ウパニシャッドの原型」"Die Katha-Upanishad in ihrer Urgestalt"（*Zeitschrift für Missionskunde und Religionswissenschaft* 51）

c 「自然神から婚姻神秘主義へ」"Vom Naturgott zur Brautmystik"（*Zeitschrift für Missionskunde und Religionswissenschaft* 51）

*没後の出版

一九三八年

「ルードルフ・オットーの手紙——インドとエジプトへの旅」"Briefe Rudolf Ottos von seiner Fahrt nach Indien und Ägypten"（*Die Christliche Welt* 52）

一九三九年
『ギーターの原型――最高神の歌』 *The Original Gītā: The Song of the Supreme Exalted One*（translated and edited by J.E. Turner, London: Allen and Unwin）
一九四八年
『リグ・ヴェーダのヴァルナ讃歌』 *Varuna-Hymnen des Rig-Veda*（*Religionsgeschichtliche Texte*, Heft 1）
一九五一年
『東洋の神秘主義と西洋の神秘主義』 *Mystique d'Orient et mystique d'Occident*（Paris: Payot. 一九二六年の *West-östliche Mystik* の仏訳書）

この主要著作リストからも、オットーが生涯にわたって、インド宗教思想研究に多くの時間を費したことが明らかであろう。その内容は、次の四つに分類することができる。

(1)　ヴィシュヌ派関係のサンスクリット文献（一九一六ａｃ、一九一七ａｃ、一九二九ｂ、一九三五ｃ）、『カタ・ウパニシャッド』（一九三六ａｂ）、あるいは『バガヴァッド・ギーター』（一九三四ａ、一九三五ａｂ、一九三九）などのサンスクリット語聖典の翻訳研究

(2)　インド宗教思想の解釈学的研究（一九一六ｂｄ、一九一七ｂ、一九二三ｂ、一九二五ｂ、一九二九ｃｄ、一九三〇ｃ、一九三一ｂ、一九三二ａｃ、一九三四ｂ、一九三六ｃ）

(3) タゴール研究（一九二二a、一九二八a、一九三一ac）
(4) インド宗教思想、特にヴェーダーンタ派とキリスト教の比較研究（一九一二、一九一三、一九二四、一九二五a、一九二六、一九二八b、一九二九a、一九三〇abc、一九三二b、一九三四c）

オットーは主著『聖なるもの』を出版した一九一七年に、ヒンドゥー教に関する二冊の著作とサンスクリット語文献の翻訳研究を出版している。このことについては、これまであまり注目されてこなかったが、オットー宗教論の特徴を理解するうえで極めて重要であろう。ここから彼がキリスト教神学研究や宗教哲学研究を進めると同時に、インド宗教思想も平行して研究していたことがわかる。この点に、オットーの根本的な研究姿勢が象徴的に示されている。キリスト教神学および宗教哲学とともに、インド宗教思想を同時に研究するというやり方を、オットーは生涯にわたって貫いた。彼が亡くなる前年に発表した論考が、インドの『バガヴァッド・ギーター』および『カタ・ウパニシャッド』に関する研究論文であったことは、彼の神学研究における宗教学研究の重要性を如実に物語っていると言える。ちなみに、一九一一年から翌年にかけての東洋への旅以後、オットーはインド独立運動に関心を抱いたようで、ラビンドラナート・タゴール（Rabindranath Tagore 一八六一—一九四一）とも親交を結んだ。タゴールがマールブルクで講演した際には、オットーが通訳を務めている。

オットーのインド思想研究文献の中で邦訳されているのは、次の二冊の著書、すなわち、『西と東の神秘主義』（原書出版一九二六年、邦訳書『西と東の神秘主義』人文書院、一九九三年）と『インドの恩寵の宗教とキリスト教』（原書出版一九三〇年、邦訳書『インドの神と人』人文書院、一九八八年）である。前者は無属性ブラフマンの知識によって解脱に到達することができることを説いたシャンカラの思想と中世キリスト教におけるマイスター・エックハルトの思想を比較考察することによって、その類似点と相違点を明らかにしたものである。一方、後者はインドのヴィシュヌ派における人格神信仰をキリスト教信仰と比較考察したもので、ラーマーヌジャの思想に代表される、バクティ（信愛）を強調するインドのヴィシュヌ派の宗教を「恩寵の宗教」と捉え、キリスト教と相似をなしているとみなしている。ヒンドゥー教におけるバクティ研究、あるいはラーマーヌジャの宗教思想について、ドイツで最初の本格的な研究をおこなったのは、すでに述べたように、オットーであった。現在も、宗教研究者のあいだで広く読まれている宗教学事典『宗教――その歴史と現在』（*Die Religion in Geschichte und Gegenwart* 第二版）の項目「ラーマーヌジャ」（Rāmānuja　一九三〇）もオットーが執筆したものである。

さらにヒンドゥー教の数ある聖典の中でも、最も重要な聖典の一つと考えられてきた『バガヴァッド・ギーター』をドイツ語に訳したのもオットーである。『バガヴァッド・ギーター』は、オットーによれば、「ヒンドゥー教の「バクティの宗教」（Bhakti religion）の根本的な教義を示す文献」（強調は原文どおり）であるが、「『バガヴァッド・ギーター』の現在の姿は、その原型（its original version）ではない」という。現在の『バガヴァッド・ギーター』はインド古代の叙事詩『マハーバーラタ』

第六巻の二三―四〇章に当たるが、元来、クリシュナ神を最高神と仰ぐバーガヴァタ派の聖典であったものが『マハーバーラタ』に取り入れられたと考えられている。今日、広く読まれている『バガヴァッド・ギーター』は、元来は最高神への「バクティ」（信愛）を説くものであったという解釈にもとづいて、オットーは独自の文献学的な方法によって、その文献の「原型」を明らかにしようと試みた。オットーによれば、『バガヴァッド・ギーター』の原型は、バクティ宗教の教えの書物ではなく、単純に「極めて壮大な叙事詩的な語りの断片」であった。つまり、それは具体的な戦いの場において、クリシュナ神がアルジュナに語った言葉を記したもので、その状況に関する詩節がテクストの原型であり、その残りの部分は後になって挿入されたものだと考えたのである。しかし、『バガヴァッド・ギーター』の原型を解明しようとするオットーのこうした試みは、宗教学者のエリック・シャープ（Eric Sharpe）やインド学者のフランクリン・エドジャートン（Franklin Edgerton）も指摘しているように、西洋のインド学者からもヒンドゥー教徒の研究者からも承認されてはいない。07

『バガヴァッド・ギーター』の原型を解明しようとしたオットーの試みを支持したのは、当時よく知られたインド哲学者のリヒャルト・ガルベ（Richard Garbe 一八五七―一九二七）であった。オットーが師と仰いだガルベは、一九〇五年、『バガヴァッド・ギーター』のドイツ語訳を出版したが、その序において、『バガヴァッド・ギーター』の成立史について興味深い見解を述べている。『バガヴァッド・ギーター』は元来、バーガヴァタ派の聖典であって、サーンキヤ哲学を基盤とした一神教的な教えはウパニシャッドやヴェーダーンタ哲学の汎神論と相容れないものであった。さらに、汎神論的な内容をもつ一七〇詩節が後世に付加されたが、その原型はサーンキヤ哲学を中核とした一神教的な教えであったというのである。ちなみにオットーによれば、ガルベが再現した『バガヴァッド・ギーター』の原型テクストは、この宗派の「力、印象深さ、美しさ、さらに高尚さ」を示しているという。しかし、インド学者のヘルマン・ヤコービ（Hermann G. Jacobi　一八五〇―一九三七）などの批判もあって、ガルベの学説は支持されなくなった。[08]だがオットーは『バガヴァッド・ギーター』の内容は、キリスト教の『新約聖書』、特に「ヨハネによる福音書」に匹敵する意味あいをもつとみなしていた。

4　キリスト教神学研究とインド宗教思想研究

オットーのインド宗教思想研究の内容について論じてきたが、ここでは、彼にとってそれがどのような意義をもっていたのかについて考察しておきたい。彼の宗教研究の意図に照らして、『聖なるもの』などの一連の著作を捉えなおすと、それらがインド宗教思想などを扱ったものであっても、彼の宗教研究が一貫して神学的な志向性にもとづいていたことが明らかになる。そこでは、キリスト教をはじめ全ての宗教が合理的あるいは概念的カテゴリーだけでは理解しきれない、いわゆる「ヌミノーゼ」的体験に根ざしていることが論究されている。「ヌミノーゼ」とはすでに述べたように、本来的な意味での「聖なるもの」を言い表すために、オットー自らが造語したものである。彼の宗教論によれば、世界の諸宗教は確かに異なる宗教思想や目的をもっているが、そうした中にも、全ての宗教に共通する類似した側面が存在している。人間存在の信仰には、本質的に共通性があるというわけである。

オットーはキリスト教神学的枠組みの中で諸宗教のあいだの共通性を認識すると同時に、キリスト教の優位性も主張していた。宗教現象の核心であり、宗教の判断基準とする「聖なるもの」は、合理的な要素と非合理的な要素が複合的に結びついたものである。その結びつきはキリスト教と東洋の諸宗教のあいだで相似しているが、その結びつきのあり方によって、高次な宗教にもなれば、低次な宗教にもなるという。オットーは『聖なるもの』において、次のように述べている。

二つの要素〔合理的な要素と非合理的な要素〕が現実に存在していて、しかも健全で完全な調和のもとにあることは、これまた宗教の卓越性を測る尺度であり、さらに言えば本来の宗教的な尺度として、そうである。この尺度から見ても、キリスト教は地球上の姉妹宗教に絶対に勝る宗教である。深い、非合理的な根底の上に、透明で明白なその概念と感情と体験の明るく輝く建物が一際高く聳え立っている。非合理的なものは土台であり縁であり横糸であるに過ぎないが、これによってキリスト教につねに神秘主義的な深みを保証し、宗教が神秘主義そのものになり果てたり、肥大化することがない程度で、神秘主義の重々しい調子と陰影を与えているのである。このようにしてキリスト教はみずからの諸要素の健全な関係のもとで自己形成し、典型的な形態となった。09

つまり、「合理的要素と非合理的要素の結びつき」という宗教の尺度から見れば、キリスト教においてこそ合理的要素と非合理的要素が「健全で完全な調和のもとにある」のであり、キリスト教こそがまさに「地球上の姉妹宗教に絶対に勝る宗教」であるというのである。オットーにとって、インド宗教思想の研究は、ただ単にインド学研究とかインド哲学研究という学問的な関心からおこなわれたものでも、諸宗教の比較研究という宗教学研究を目的としたものでもなかった。それはキリスト教神学者として、あくまでもキリスト教神学研究を目的としたものであったことが、ここから読み取れる。

オットーは『聖なるもの』を出版した一九一七年、マールブルク大学神学部におけるキリスト教組織神学の教授職に就き、一九二九年まで在職した。その間、キリスト教神学の研究者であるという自己認識のもとで、キリスト教神学研究の一環としてインド宗教思想研究を進めていった。彼は自らの研究態度について、次のように述べている。

『聖なるもの』における私たちのおもな関心は、宗教史学的または宗教心理学的のものではなく、神学的なもの、詳しく言えば、キリスト教神学的なものであった。すなわち、聖なるものとその非合理的ならびに合理的な内容と、両者の結合および交互作用を研究して、聖書特に新約聖書における神体験をより鋭くより良く理解することに備えようとしたのである。[10]

ここに引用した文章にも記されているように、たとえ研究の内容が宗教学のように見えたとしても、それはオットーにとって「聖書特に新約聖書における神体験をより鋭くより良く理解すること」を目的としたものであった。宗教研究のおもな関心は、あくまでも「キリスト教神学的なもの」だったのである。『聖なるもの』を出版した一九一七年に、彼はヒンドゥー教に関する著書『ヴィシュヌ＝ナーラーヤナ』も出版しているが、その序において、同書はインド学的あるいは宗教史学的な研究を目的とするのでなく、「宗教誌的」(religionskundlich) かつ「神学的」(theologisch) な研究を目的としたものであると述べている。このようにオットーの宗教研究の意図は、あくまでも「聖書特に新約聖書における神体験」を掘り下げて理解することにあったと言える。[11]

5　日本訪問――禅の思想との出会い

オットーは東洋への最初の旅において、インドの後はビルマを経て日本を訪問している。約五週間の日本滞在では、ドイツ政府の命を受けていたこともあり、日本政府や大使館への挨拶回りなどのほか、講演や寺院の訪問など、忙しい日々を過ごしたようだ。まず東京では、哲学会は例会の翌日の一九一二年三月二八日、オットーの講演のために臨時の講演会を開催している。そこでオットーは「進化論と宗教」という題目で講演しているが、そのことは『六大新報』（四四五号、明治四五年四月七日号）において、次のように報じられている。

哲学会はオットー博士の為めに其翌二十八日に臨時会を開きて博士の講演を請はれたり博士は進化論と宗教てう題下に流暢なる独逸語を以て「苟くも万有に内在する汎神的の神を立つる文明の宗教は毫も進化説と矛盾するものに非らず未開時代の宗教は不可思議物の中に神の力を求めたるも開明の宗教は世界の事々物々の中に神の力を認め、無限なる超自然の力は自然界の中に働きつゝありとてゲーテ、シルレル等諸家の語を引証し、進化論は還つて宗教の発達を助くるものなりと論断し……[12]

『六大新報』によれば、オットーはゲーテやマックス・シェーラー（Max Scheler　一八七四―一九二八）の言葉を引用しながら、「無限なる超自然の力」が自然界の中には働いており、進化論は宗教の発達を助けると語ったという。この新聞記事からも、オットーが「宗教は宗教とともに始まる」という彼の世界宗教史論に関する考えを述べたことを窺い知ることができる。ちなみに、この記事の「無限なる超自然の力」とは、いわゆる「ヌミノーゼ」のことを指していると考えられる。

一九一二年四月一一日には、すでに述べたように、日本アジア協会において、「東洋と西洋の宗教の展開における平行性」を講演している。その具体的な内容については、後で詳論したい。さらに四月二七日には高野山を訪れ、翌二八日に高野山大学において、学生や僧侶たちに対して「予の日本宗教観」を講演している。『六大新報』（四五二号、明治四五年五月二六日号）は、そのときの様子を次のように報じている。

オットー博士演説　今回独政府の命を受けて世界各国の宗教視察の途にある独逸ゲチンゲン大学教授オットー博士は去る四月二十七日登山し本大学を訪問せられ翌二十八日大学第一号教室に於て「予の日本宗教観」と題して長時間に亘り警句を吐かれたり。[13]

オットーは日本に滞在中、日本の生活習慣をはじめ、諸宗教の思想や信仰を貪欲に学ぼうとした。たとえば、禅の道場では、老師たちと宗教について対話し、坐禅の手ほどきも受けている。そのことについて、『超世界的なものの感情』（*Das Gefühl des Überweltlichen* 一九三二）に収録された論文「坐禅におけるヌミノーゼな体験」（Numinoses Erlebnis im Zazen）の中で、オットーは次のように記している。

私は京都〔オットーは「東京」と記しているが、誤記と思われるので、「京都」に修正した〕の閑寂な禅院で尊敬すべき老師に対して、「禅の根本理念」は何か、と問うてみた。このような問い方をされたので、老師は「理念」をもって答えざるを得なかったのであろう。彼はこう言った、「輪廻と涅槃とは違ってはおらず同一である。各人はみずからの心の中で仏心（Buddhaherz）を見いだすべきだ、と私たちは信じています」と。しかしながら、実際にはこれもまた要諦ではない。なぜならば、それはいまだ「言われた」ものであり、「教え」であり、まだ伝えられるものだからである。しかしながら、禅の眼目は根本‐理念ではなくして、根本‐経験であり、この経験は概念のみならず、理念そのものをも拒むものなのだ。禅はみずからの本質を次のような契機のもとに露わにする。すなわち禅の芸術家たちがみずからの師の容貌、挙措、態度、顔の表情や身振り手振りにおいて、言葉を用いずに、全く比類ないほどに透徹して眼前に描いたものである。[14]

坐禅に関しては、これと同じことが、『ヌミノーゼに関する論文集』(*Aufsätze das Numinose Betreffend* 一九二三)に収録された論文「ヌミノーゼの非合理なものの極致としての坐禅について」(Über Zazen als Extrem des numinosen Irrationalen)でも論じられている。ここに引用した文章が示すように、彼は京都で禅の老師と対話する中で、禅思想における「坐禅」という修行形態がもつ宗教的意義を深く理解する機会をもった。オットーが「坐禅」に深い関心を抱いたことは彼の宗教論から容易に推測することができる。西洋の宗教研究者としてはじめて老師の指導のもとで坐禅を実践したオットーは、そのことをとおして禅思想を理解したと言えるかもしれない。[15] オットーが論じるように、禅の眼目は「根本‐理念」(Grund-*Idee*)ではなくして、根本‐経験(Grund-*Erfahrung*)であり、この経験は概念のみならず、理念そのものをも拒むものなのだ」。ヌミノーゼの体験としての禅的体験それ自体は「根本‐経験」であり、だからこそ、その本質は「師の容貌、挙措、態度、顔の表情や身振り手振りにおいて、言葉を用いずに」表現される。オットーの坐禅に関する議論は、彼の宗教論の中核を成す「ヌミノーゼ」体験の言説不可能性を明示している。

ちなみに、オットーはドイツへ帰国した後も、一貫して禅思想に関心を抱いていたようで、禅の神秘主義を大乗仏教の神秘主義の究極のものとみなすようになった。彼の日本訪問から十年余りの歳月が経った一九二五年、マールブルクに近いハイデルベルク大学において、哲学を学んでいた日本人留学生の大峡秀榮（一八八三―一九四六）は、アウグスト・ファウスト講師の協力を得て、禅テクストのドイツ語版、Schûej Ôhasama, *Zen: Der lebendige Buddhismus in Japan*（『禅――日本における生きた仏教』）を出版した。大峡は鈴木大拙の師として知られた釈宗演（一八六〇―一九一九）の法嗣に当たる釈宗活の居士であった。その大峡の著書に対して、オットーは「緒言」（Geleitwort）を寄せている。この書には、禅宗史の概説に関する序に続いて、白隠「和讃」、僧璨「信心銘」、永嘉「証道歌」のドイツ語訳、さらに、三一の公案が掲載されている。[16]

オットーが日本滞在後に新たに展開した宗教論を捉えかえすと、『六大新報』の記事を読むだけでも、日本に滞在中、日本の宗教伝統を代表する聖地や寺院などを訪れ、いかに日本の宗教を積極的に学ぼうとしたのかを推し量ることができるだろう。

6　東洋への旅の意義

東洋への旅は、オットーの人生において、おもに次の三つの点で極めて意義深いものであった。第一に、それによって、異文化における諸宗教を理解するには、様々な宗教関係の文物を収集するのが有効だという発想を得たことである。異文化の宗教理解において、言葉はもちろん不可欠であるが、それと同時に、言葉ではうまく伝わらない側面を「もの」によって把握することは重要なことである。東洋への旅をとおして気づいたそうした発想は、後にマールブルク大学における「マールブルク宗教博物館」の創設につながった。第二の点は、「宗教人類同盟」の構想を抱くようになったことである。東洋への旅をとおして、教義や信仰の違いを超えて、宗教者同士が相互に協力することの大切さを認識したからである。その最初の公式の会合は、一九二二年八月一日、八つの宗教の代表者が参加して、ベルリン近郊のヴィルヘルムスハーゲンで開催されている。第三の点は、すでに述べた二点と密接不可分に連関しているが、オットーがキリスト教以外の宗教思想の研究により深く関わるようになったことである。東洋への旅から彼が学んだのは、異文化における諸宗教を深く理解することによって、自らの宗教すなわちキリスト教をよりいっそう深く理解することができるということであった。それは、キリスト教がキリスト者の人生において重要な役割を担っているのと同じように、彼自身が実際に見聞した東洋の諸宗教がその地の人々の生活の中で重要な位置にあることを体験したことが、大きく影響している。オットーは東洋への旅をとおして、世界の宗教的多元状況を、いわば「体験知」として自覚したからこそ、マールブルク宗教博物館の構想も宗教人類同盟の構想も実現したと言えるだろう。さらに『聖なるもの』の出版以降の後半生において、キリスト教と他宗教との比較研究の比重が増したが、このことは彼の学的関心がそれまでのキリスト教神学研究の中に、比較宗教研究の成果を積極的に取り込んでいくという方向へと移行していったことを物語っていると言えよう。

ここでは、第一と第二の点、すなわち、オットーの「マールブルク宗教博物館」の創設と「宗教人類同盟」の構想をめぐって論じておきたい。まず、マールブルク大学における宗教博物館の創設について、オットーは東洋への旅において、異文化における諸宗教に出会ったことで、宗教の理解には文献ばかりでなく、「もの」、つまり非言語的な事物も重要だと自覚するようになった。宗教の核心は言葉で十分に表現することができない部分があり、その宗教に関連する具体的な事物は視角をとおして宗教理解への一助となる。そのようにして東洋への旅先で、オットーの心の中に博物館の構想が芽生えたのである。オットー研究で世界的に知られる宗教学者のマルティン・クラーツ(Martin Kraatz　一九三三―　前マールブルク大学宗教博物館長)は、オットーの「宗教博物館」構想について、次のように述べている。

旅によって、オットーは、キリスト教以外の諸宗教の文化生活、日常生活を知るようになり、諸宗教の古典的、権威的テクストのもっぱら文献学的な研究では不十分だと思うようになった。かれは、テクスト研究を補うものとして、その時代状況の研究と、諸宗教の非言語的表現手段、芸術作品の研究、儀礼と習俗の対象 Gegenstand の研究をおこなった。[17]

クラーツは、さらに次のようにも述べている。

組織神学教授オットーは、みずからの幾度かの旅で、見ること、触れること、嗅ぐこと、聞くことが、知的思考を補い知性とまったく同じ価値をもった認識手段であることを経験してからは、諸宗教をたんにテクストによって知るだけでなく、宗教の感性的な表現形態をも知ることができるようにすることが不可欠だと感じていた。研究者が己の感覚でもって把握するものは、しばしば宗教意識の直接的な表現でさえあり、いずれにしろ屈折されていない表現である。一方、多くの宗教研究者が贔屓にしている記述された言葉は、たかだか思考によって隔てられた産物にすぎない。[18]

オットーは、クラーツの言葉を援用すれば、「諸宗教をたんにテクストによって知るだけでなく、宗教の感性的な表現形態をも知ることができるようにすることが不可欠だ」と認識したのである。旅先で、宗教的信仰の様相を自分の目で見て、自分の手で触れたことで、宗教の「感性的な表現形態」による宗教理解の重要性を痛感したのだと言えよう。オットーのこうした認識は、前田毅も指摘するように、「当時の書斎派宗教研究者、ましてや神学部の組織神学者にとっては決して自明なものではなかった[19]」。オットーは『聖なるもの』を出版した一九一七年、マールブルク大学に移り、前任者のヴィルヘルム・ヘルマン（Wilhelm Herrmann　一八四六―一九二二）の後を継いで組織神学講座を担当した。マールブルクにおいて、彼は東洋への旅先で芽生えた「宗教博物館」構想を実現しようと努力を積み重ね、ついに一九二七年、マールブルク大学の創立四百年記念祭に際して「マールブルク宗教博物館」（Die Marburger Religionskundliche Sammlung）を創設したのである。[20]

この宗教博物館の名称に使用されている「宗教誌的」（Religionskundlich）という語は、宗教の本質や構造に関する理論的・体系的な宗教研究を意味する「宗教学的」（Religionswissenschaftlich）とはちがって、宗教の事実の観察や収集および整理をおこなう宗教研究を意味する。「宗教誌的」の語を「神学的」（theologisch）の語と組み合わせていることは注目すべき点であろう。彼にとって「宗教誌的」とは、宗教をもっぱら「現象」として「外から」、すなわち「それ自体は宗教的でないカテゴリーによって」考察する「純粋に現象学的な」方法である。一方、「神学的」とは「宗教がみずからに関して、宗教自体に由来するカテゴリーを用いて」考察する方法である。[21] つまり、「宗教誌的」研究と「神学的」研究は相補的な関係にあると言えるだろう。

オットーは、マールブルク大学の組織神学教授になった最初の数年間は、同僚からも学生からも高く評価された。ところが、カール・バルト（Karl Barth　一八八六―一九六八）の弁証法神学が流行するようになった一九二二年以降は、神学部の学生たちはブルトマン（Rudolf Karl Bultmann　一八八四―一九七六）の神学に関心をもち、マルティン・ハイデガー（Martin Heidegger　一八八九―一九七六）の哲学講義を聴講するようになった。オットーの『聖なるもの』が一九一七年に出版されてから二年後の一九一九年、バルトが『ローマ書講解』（*Der Römerbrief*）を出版すると、学生たちの関心は次第にオットーから離れていった。それほど弁証法神学が学生たちに与えた影響は大きかった。ブレスラウ大学において、オットーと同僚であったブルトマンは、一九二一年、マールブルク大学に移ってきた。彼はオットーの『聖なるもの』が主張する宗教理解に批判的であった。ブルトマンとの確執もあってか、マールブルク大学神学部におけるオットーの立場は微妙なものになっていった。前田毅は、この状況を以下のように説明している。「時の神学生にとっては、オットーの神学は、自由主義神学や歴史神学の徹底した自己批判を踏まえて信仰への決断をせまる言葉の解釈学を展開するブルトマン神学の前では、もはや色褪せた存在に映ったであろう」。マールブルク大学教授として教会史・教義史を教えていたエルンスト・ベンツ（Ernst Benz　一九〇七―七八）によれば、オットーが創設した宗教博物館は、ブルトマン神学や実存哲学に影響を受けた学生たちのあいだで、「偶像の神殿」（Götzentempel）と揶揄されたこともあったという。[22]

もう一つの構想である「宗教人類同盟」については、オットーは一九一二年に東洋への旅を終えた翌年の一九一三年、パリで開催された国際会議「自由キリスト教と宗教の進歩のための世界会議」（Weltkongreß für freies Christentum und religiösen Fortschritt）に参加して講演した際、無宗教と迷信に対抗するためには相互の多様性を超えて、諸宗教が協力して立ち向かう必要があると強調した。こうした諸宗教の共同連携の提唱はその後、「宗教人類同盟」として具体化した。オットーは弟子のヤーコプ＝ヴィルヘルム・ハウアー（Jakob Wilhelm Hauer　一八八一―一九六二）と協同して、一九二〇年、国際連盟を精神的にも倫理的にも補完する組織として、「宗教人類同盟」の設立を呼びかけた。一九二四年からはハウアーがその同盟の議長を務め、ヨーロッパ各地の宗教的自由主義団体や鈴木大拙の「東方仏教徒協会」(The Eastern Buddhist Society)などを加盟団体としていた。[23]

最初の公式の会合は一九二二年八月一日、八つの宗教の代表者が参加して、ベルリン郊外のヴィルヘルムスハーゲンで開催されている。その会議には、四七〇名の参加者があり、キリスト教以外の宗教者もかなり参加した。京都から参加した真宗大谷派僧侶の木場了本は「仏教と道徳的世界の形成」(Buddhismus und sittliche Weltgestaltung)というタイトルで講演をおこなったが、これが印象に残ったとオットーは記している。この会議で、オットー自身は「世界良心」(Weltgewissen)の理念とそれに至る道について講演している。ちなみに、オットーの「宗教人類同盟」の構想について、宗教学者のグレゴリー・アッレス(Gregory D. Alles 一九五四—)は、この構想はオットー自らの「宗教的リベラル左派」としての確信を反映したものであったと見ている。「宗教人類同盟」設立後の動きを見ても、オットーは自らが依拠する自由主義プロテスタンティズムを媒介として、教会の周縁および外部で宗教的刷新をめざしていた諸宗教勢力を結集するために、相互の出会いと協力の場を創出しようと意図していたと思われる。[24]

オットーは一九二七年一〇月から翌年五月にかけて、スウェーデンの牧師フォーレルと一緒に、インドからエジプト、パレスチナ、トルコへの旅に出た。まず、一一月四日、セイロンに到着したが、その地で、彼が識者たちとの論議で採り上げたおもなテーマは、宗教の実践的活動であった。

たとえば、セイロンの仏教青年会（ＹＭＢＡ）や南インドのマドラス（現・チェンナイ）やマイソールなどにおいて、オットーがおこなったおもな講演テーマは、世界の諸宗教の協調を追究する「宗教人類同盟」構想についてであった。彼はその構想を説明しながら、一九三〇年に開催予定の世界宗教会議にヒンドゥー教徒たちの参加を呼びかけた。各地でオットーの構想に賛同する者が多かったという。[25] ところが、当時の世界状況が厳しかっただけに、その勢いは次第に衰えていき、一九三三年までに「宗教人類同盟」の活動は終わりを告げた。「宗教人類同盟」の活動は、ドイツの各地で大小さまざまなサークルの結成を見たが、やがて一九三六年にイギリスのフランシス・エドワード・ヤングハズバンド卿（Sir Francis Edward Younghusband　一八六三―一九四二）が設立した「世界信仰会議」（World Congress of Faiths）のドイツ支部として再出発した。[26] ちなみに、オットーと親交のあった、スウェーデンの司祭で宗教学者のナータン・ゼーデルブロム（Nathan Söderblom　一八六六―一九三一）が、一九三〇年、キリスト教教会の国際協力に貢献したことが評価されて、ノーベル平和賞を受賞している。こうした事実は、第一次世界大戦の後、宗教学者たちが現実の世界の諸問題の解決に向けて、積極的に活動する傾向が顕著であったことを物語っている。[27]

ともあれ、オットーにとって東洋への旅は、キリスト教以外の生きた宗教との出会いをもたらす好機となった。旅をとおして自らのキリスト教信仰を確認するとともに、神学研究の射程をキリスト教ばかりでなく、世界の諸宗教へ広げることによって、いっそうキリスト教の思想と信仰の理解を深化させていった。そうした意味でも、東洋への旅は、彼の人生において意義深いものであった。

すでに述べたように、オットーは東洋の宗教の中でも、インドのヒンドゥー教とその思想の研究に関心を抱き、『ウパニシャッド』や『バガヴァッド・ギーター』などのドイツ語訳や哲学注釈に関する研究を数多く著した。これらのインド宗教思想研究を踏まえた比較宗教的な研究成果の中でも、『西と東の神秘主義』と『インドの恩寵の宗教とキリスト教』は代表的な業績である。こうした宗教の比較研究に関する著書の出版は、オットーがルター派神学者としてキリスト教の思想と信仰に精通していたばかりでなく、長年にわたるインド宗教思想研究の蓄積があったからこそ可能であったと言えるだろう。インド宗教思想研究は、宗教学的な視点から見れば、宗教の比較考察に際して他宗教に対するキリスト教の優位性という神学的な価値評価が働いているため、その点では批判の余地があると言えよう。さらにインド哲学研究の視点から見ても、彼のインド宗教思想研究はいまだ不十分なものであり、理解が不適切であったりする点が見られることも事実である。ただ、ここで重要なのは、キリスト教神学者であったオットーにとって、インド宗教研究はそれ自体が目的であったのではなく、キリスト教神学研究において、キリスト教の真理性あるいは絶対性をより深く理解するうえで重要な意義をもっていたということである。

ところが、逆説的にその過程でオットーは非キリスト教の信仰に直に触れ、それが神学を考察するための概念に大きな影響を与えたのだ。そこにオットー宗教論の原点がある。それでは、次章ではオットー神学論の中核的な概念である「聖なるもの」をめぐって検討しよう。

第三章　「聖なるもの」の比較宗教論

二十世紀初頭の学問的・思想的な状況の中で、オットーはキリスト教神学研究に比較宗教的な視点を取り込み、宗教進化の枠組みを用いながら、宗教史を諸宗教の多元的発展史として描いた。ところが、一九三〇年代以降、社会科学における進化論の退潮に伴って、宗教の進歩史観はほとんど注目されなくなった。そうした研究動向の中で、オットーの宗教史論にはほとんど関心が向けられなくなったが、オットー宗教論はこれまでも世代を越えて、宗教学者のあいだで注目されてきた。とりわけ、宗教現象学の方法論、宗教経験の本質、さらに聖と俗の関わりなどが議論されるような場合、賛否はあるものの、必ずと言ってよいほどオットーの宗教論が取り上げられてきた。

『聖なるもの』で考察される「聖」概念は、従来から宗教の本質を表現する用語として使用されてきた。ユダヤ・キリスト教の伝統がある西洋文化では、「聖なる」(sacred, holy, sacré, heilig) という形容詞は近代以前から使用されていたが、抽象名詞「聖なるもの」(the sacred, the holy, le sacré, das Heilige) として広く用いられるようになったのは、十九世紀後半からであると言われる。このことは、

「聖」概念が西洋の一神教的伝統ばかりではなく、近代という時代を反映していることを示唆している。[01]「聖」概念を宗教研究に使用した最初期の研究者の一人に、オットーと同時代人であったフランスの社会学者エミール・デュルケムがいた。オットーとデュルケムは、近代の宗教研究において、「聖」が宗教の本質を示すものであり、いかなる宗教にも、「聖なるもの」あるいは「聖と俗」の関係が存在するという議論の基盤を構築した。それぞれの主著『聖なるもの』と『宗教生活の原初形態』(*Les formes élémentaires de la vie religieuse* 一九一二)では、「聖」は比類のない不可欠な概念となっている。

本章では、宗教研究における「聖」概念の意義を踏まえたうえで、オットーの宗教研究の中でも、特に『聖なるもの』に焦点を絞って、その方法論的な立場について検討することにしたい。その検討を踏まえて、東洋への旅をとおして、特にインドの宗教との出会いを一つの契機として構築していった比較宗教的パースペクティヴを読み解くための基盤を構築したい。『聖なるもの』におけるオットー宗教論の特徴を考察することは、この著書がキリスト教神学書というよりも、むしろ宗教学の古典的名著として理解されてきた学問的な背景を明らかにすることにも、おのずとつながっていくものと思われる。

1 キリスト教神学における比較宗教的な視座

オットーが『聖なるもの』を著す最も大きな動機となったのは、フリードリヒ・ハイラーによれば、最初の東洋への旅であった。すでに述べたように、オットーは北アフリカにおけるユダヤ教のシナゴーグで、イザヤ書のセラピムの歌、「聖なるかな」の三唱に深い感動を覚えたが、その後、そのときの感動がイスラームのモスクや仏教やヒンドゥー教の寺院などを訪問して、いっそう強固なものになっていったという。ハイラーは次のように指摘する。

彼〔オットー〕は世界を旅するまえにも、「真の学問的な意味で」、「キリスト教の真理の新たな確認は、それが宗教一般の概念との類似性や関連性において理解されるときにだけ、すなわち、宗教史学（History of Religions）や比較宗教史学（Comparative History to Religions）の背景において理解される場合にだけ可能になるだろう」と強調していた。事実、オットーはこのことを研究の焦点にした。『聖なるもの』においても、また同様にその補遺論文集すなわち『ヌミノーゼに関する論文集』においても、彼の新たな概念を論証する際に示した具体例は、たいていキリスト教以外の諸宗教から採られたものである。[02]

つまり、オットーは「キリスト教の真理」を新たな視点から確認するために、キリスト教神学の枠組みの中に、宗教史学派が強調した比較宗教的な観点を取り込んだ。キリスト教以外の諸宗教の具体例に照らしながら、キリスト教の真理性あるいは絶対性を探究したのだ。キリスト教神学研究の中に比較宗教的な視座を取り込んだことが、『聖なるもの』が宗教学の古典的著書であるとみなされる重要な要因になったと言えるだろう。

オットーの同時代人には、エルンスト・トレルチがいた。彼は組織神学者として、キリスト教と諸宗教との関わりを考慮したうえで、キリスト教の真理性あるいは絶対性を説いた。彼はリッチュルとその学派が近代の自然科学の台頭に伴い、宗教を道徳レベルに還元して捉えようとすることに疑問を抱き、宗教解釈の根拠として宗教的アプリオリあるいは宗教の自立性を確保したキリスト教神学の再構築を模索した。トレルチは世界における諸宗教の存在を踏まえながら、諸宗教の中にキリスト教の絶対性を位置づけるために、一九〇二年、『キリスト教の絶対性と宗教史』を出版した。それは非西洋社会において、キリスト教以外の諸宗教の存在が認識されるようになった当時、世界におけるキリスト教の存在意義、すなわちキリスト教の絶対性を明らかにするために、キリスト教神学の確固たる立場を模索する試みであった。トレルチは当時の社会的あるいは知的状況の中で、世界の諸宗教の存在も見据えたうえで、キリスト教の絶対性を理論的に実証しようとしたのである。トレルチの同時代人として、同様の社会的あるいは知的状況にあったオットーも、自然科学的世界観と対決し、さらにはキリスト教以外の諸宗教も射程に入れたキリスト教神学を打ち出す必要性を認識していた。ちなみに、オットーと同じルター派神学者であったハルナックは、オットーの『聖なるもの』をシュライアーマッハーの『宗教論』がもたらしたのと同じような衝撃的な影響をもたらしたと思われると評したが、この点にもオットーの宗教論がもつ時代性を窺い知ることができるだろう。[03]

2　『聖なるもの』の特徴

オットーの名を世に知らしめた『聖なるもの——神的なものの観念における非合理的なもの、および合理的なものとそれとの関係について』(*Das Heilige: Über das Irrationale in der Idee des Göttlichen und sein Verhältnis zum Rationalen*) は、第一次世界大戦中（一九一四—一九一八）に出版された。同書はドイツで版を重ねたばかりでなく、一九二三年に英語、一九二四年にスウェーデン語、一九二五年にスペイン語、一九二六年にイタリア語、一九二八年にオランダ語、さらに一九二九年にはフランス語に翻訳された。日本でも、邦訳書『聖なるもの』が一九二七年に出版されて以後、版を重ね、多くの読者の関心を惹きつけてきた。オットー自らが語っているように、『聖なるもの』はキリスト教神学研究を目的に書かれたものであった。その当時、キリスト教信仰の自明性が揺らぎ、宗教的世界観が妥当性をもたなくなった危機的状況において、オットーは『聖なるもの』を著した。彼にとって『聖なるもの』は、「「近代においてありうる神学者」として、「真の弁証論」として出した応答」であった。[04]

ところが今日、世界の宗教学者のあいだでは、『聖なるもの』は宗教学の古典的名著として広く知られている。また、この著書は特に宗教現象学の嚆矢として取り上げられることが多い。オットー自身の学的関心と関わりなく、宗教学界では、彼は宗教現象学の先駆者の一人とみなされているのである。ところが、オットー自身はみずからを「宗教現象学者」と呼んだことはない。さらに彼が「現象学的」(fänomenologisch)と言う場合、それはむしろ「宗教研究の消極的な立場」を示唆している。[05] オットーにとって、『聖なるもの』が志向していたのはあくまでもキリスト教神学研究であったのだ。

オットーの「神学」研究が宗教現象学的研究であると広く解釈されるようになった背景には、フッサールの弟子で現象学者であったマックス・シェーラー(Max Scheler 一八七四—一九二八)の影響が大きかったと考えられる。[06] 現象学の祖と言われるエトムント・フッサールは、一九一八年の夏、『聖なるもの』をマルティン・ハイデガーとハインリヒ・オクスナー(Heinrich Ochsner 一八九一—一九七〇)に勧められて読んだ。フッサールはオットーに書簡を送り、その中で『聖なるもの』を「宗教的なるものの現象学の嚆矢」(ein erster Anfang für eine Phänomenologie des Religiösen)と呼んで高く評価し、オットーを自分と同じ「現象学者」とみなした。しかし同時に、彼はオットーの著書の中に「形而上学者(神学者)」(Metaphysiker (Theologe))の存在を認めた。その点について、フッサールはオットーの学問的な態度を批判してもいる。[07] さらに、フッサールの弟子であったシェーラーも、『聖なるもの』を宗教現象学の著書として高く評価した。シェーラーはオットーの「聖なるもの」に関する記述が「現象学的」であると評価したが、『聖なるもの』の結論において、カントとフリースに依拠した見解、すなわち「聖なるもの」を「対象の規定性」(Gegenstandsbestimmtheit)として見るのではなく、「所与の感覚素材に「刻印される」主観的な理性カテゴリー」（subjektiven Vernunftkategorie, die dem gegebenen Sinnesmaterial 〈aufgeprägt〉 werde）として捉える見解に立ち戻っているとして、オットーに批判的であった。シェーラーから見ると、オットーはカントとフリースの認識論的な立場に立って「聖なるもの」をアプリオリな感情の能力とみなしていると思われたのである。そうは言いながらも、『聖なるもの』には、「聖なるものの本質規定（Wesensbestimmung des Heiligen）に対して、これまでとは異なる現象学的な萌芽（andersartiger phänomenologischer Ansätze）」が見られるとして、シェーラーはオットーの宗教研究を評価した。[08]

オットーの宗教論に対するシェーラーのもう一つの評価は、宗教現象学的な方法論にもとづく宗教理解のあり方と密接に関連している。オットーは「聖なるもの」の非合理的な余剰的側面を表現するために、「ヌミノーゼ」（das Numinöse）という語を作りだした。この「ヌミノーゼ」は全く「独自のもの」（sui generis）である。それはただ、それについて論議することはできたとしても、厳密な意味で定義することはできないし、概念的に把握することもできない。オットーは次のように述べている。「私たちの言うXは、厳密な意味では教えることはできず、ただ示唆すること、目覚めさせることができるだけ（nur anregbar, erweckbar）である――「精神から」（aus dem Geiste）現れる事柄すべてと同じように、なのである」。[09] 最終的にヌミノーゼは、人それぞれがみずからのたましいの中から目覚めさせるほかないとオットーは言う。「聖なるもの」へのオットーの方法論的視座を、シェーラーは「現象学的な本質直観」（phänomenologischer Wesensschau）に通じる方法として評価した。シェーラーの言う「現象学的な本質直観」に至る方途とは、明示すべき現象を類似的なものや対照的なものと比較しながら、順次はぎとっていくという否定的な方法であり、当の現象をむき出しにしていき、最後にむき出しにされた現象を「精神の眼の前に晒すこと」(vor den geistigen Blick Hinsetzen) を意味する。[10]

ともあれ、オットーは宗教をその根底から支えている宗教体験の次元に立ち戻って、宗教の本質を直観的に捉え、さらに宗教の独自性を明らかにしようとした。宗教へのこうしたアプローチを、その当時、現象学界をリードしていたフッサールやシェーラーは現象学の方法として高く評価したのだ。こうした事実は、現象学の展開のかなり早い段階において、オットーの宗教研究が現象学界において、宗教現象学として注目されたことを示唆している。また同時に、そのことがその後の宗教現象学の展開において、ゲラルダス・ファン・デル・レーウ (Gerardus van der Leeuw 一八九〇―一九五〇) やクラース・J・ブレーカー (Claas Jouco Bleeker 一八九八―一九八三) などの宗教現象学者たちが現象学の方法や概念を取り込む一つの要因になったとも考えられる。オットーが宗教体験の次元において宗教の独自性を強調したことは、宗教現象学への重要な方法論的貢献となったのである。[11]

フッサール現象学の立場から『聖なるもの』を読むと、オットーの宗教論へのフッサールの批判は当然のことであった。しかし、新たなキリスト教神学的な枠組みの構築をめざしたオットーの立場からすれば、フッサールの批判は的外れであったと言わなければならないだろう。フッサールの批判をオットーの神学的な立場から捉え返せば、それは「誤解」であったからだ。ただ、キリスト教神学者あるいは宗教哲学者であると同時に宗教学者というオットーの三つの〈顔〉のどの側面に焦点を当てるかによって、彼の宗教研究の評価が分かれることを示す顕著な具体例の一つであると言えるだろう。

フッサールのオットー批判と連関して、クルト・ルードルフ（Kurt Rudolph　一九二九―）のオットー批判にも触れておくことにしよう。ルードルフは狭義の宗教学の立場から、オットーの宗教論を「擬装神学」（Kryptotheologie）だと批判し、本来の健全な方向から逸脱した「ドイツ宗教学の禍いにみちた発展の出発点」となったとみなしている。[12] しかし、これは全くオットーの意図を誤解した評価だと言えよう。ルードルフのオットー批判をオットーの神学研究の立場から捉えなおすとき、オットーの宗教論は「擬装神学」であるどころか、むしろ時代的状況に向き合った「キリスト教神学」であったと表現するほうが適切であろう。オットーがキリスト教をはじめ、諸宗教が共有する宗教的経験の本質と構造を明らかにしようと試みたのは、そもそも「キリスト教神学」の視点から、諸宗教との比較的考察をとおして、キリスト教の真理性あるいは絶対性を明らかにすることを意図していたからであり、『聖なるもの』はその点を踏まえて評価すべき研究なのである。

3　オットー宗教論における『聖なるもの』の位置

既に記したとおり、オットーはキリスト教ばかりでなく、ヒンドゥー教についても深い知識をもっていた。訪日した際には、禅の思想にも触れて、その後、神秘主義としての禅にも関心を抱くようになった。『聖なるもの』をとおして彼は、宗教や文化の違いを超えて、人間存在にとっての宗教信仰を貫く宗教の本質を明らかにしようとした。この著書はドイツばかりでなく世界的に、今日まで幅広く受容されてきたが、あまりにも突出して有名であるために、オットーの著書の中でも、この著書だけが特別扱いされてきた傾向がある。

オットーの宗教論を理解するためには、すでに示唆したように、『聖なるもの』が彼のキリスト教神学研究に根ざすものであったことをあらためて確認しておく必要がある。彼の学問的な関心はキリスト教神学にあった。ロバート・F・デイヴィドソン（Robert F. Davidson 一八九一—一九六〇）も述べているように、「歴史学、心理学さらに哲学は、彼にとってはただ単に「神学に役立つもの」(handmaidens of theology) であった」[13]。そのことをオットーは著作の中で繰り返し述べている。『聖なるもの』はオットーの約四十年間にわたる研究生活の中で、ほぼ中間の時期に書かれたものである。宗教学者の田丸徳善はその事実に注目して、その著書が時期的に中間に当たるばかりでなく、研究内容のうえからも「中間的な位置」にあると指摘し、次のように論じている。

そこ〔『聖なるもの』〕には、それに先立つ初期の労作で獲得された洞察、認識が重要な前提として組み込まれている一方、晩年にかけて展開されていくいくつかの主題が、少なくとも萌芽的な形で、すでに先取りされているのである。他の種類の活動に還元しえない宗教の独自性の主張、宗教的アプリオリ論などは前者に属するものであり、東西の宗教（とくにインド宗教とキリスト教）の比較研究や、倫理学的な論考などは、後者の例と言ってよい[14]。

ここで田丸が指摘しているオットーの初期の労作で獲得された洞察や認識とは、シュライアーマッハーやフリースの哲学に関する彼の研究成果を指している。オットーはシュライアーマッハーの宗教論とカント・フリース的宗教哲学などを総合して、宗教的世界観を自然主義的世界観と対置させ、そのことによって宗教の自立性、あるいは他のものに還元できない宗教の独自性を主張した。『聖なるもの』には、これらの宗教学的な視点が組み込まれているばかりでなく、『西と東の神秘主義』（一九二六）や『インドの恩寵宗教とキリスト教』（一九三〇）など、オットーの後半生における著書で展開される比較宗教学的あるいは倫理学的な論点も萌芽的に提示されている。

したがって、オットーにとってキリスト教神学は、デイヴィドソンが指摘しているように「具体的な宗教経験の理解を提示するために意図された歴史・心理学的な「宗教学」（the science of religion）」であったとも言えるだろう。オットーはキリスト教神学の枠組みの内に比較宗教学的な視座を取り込み、インドの宗教をはじめとする諸宗教との関わりも視野に入れながらキリスト教神学研究を進めた。そういう意味において、彼のキリスト教神学は、単にキリスト教に関する教義学的あるいは体系的説明としての伝統的なキリスト教神学ではもはやなかった。これに関してデイヴィドソンが次のように指摘している。「結果として、彼〔オットー〕のアプローチとドイツにおける今日の現象学派によって採られたそれとのあいだには、大いに類似性がある。実際、現代神学への彼自身の永続的な貢献は、おそらく先鋭できわめて示唆的な「宗教現象学」とみなされるだろう」。確かにデイヴィドソンが論じるように、『聖なるもの』は宗教現象学の嚆矢と言われるだけの内容を含んでいるのである。[15]

オットーの宗教論は、根本的にはキリスト教神学を志向したものであったが、その神学的アプローチのしかたは、当時のドイツにおける現象学者のそれと類似していた。『聖なるもの』はキリスト教神学的な意図をもっていたが、その内容は大きく前半部と後半部に区分される。すなわち、第一章から第一五章までの前半部が、聖なるものの経験に関する宗教現象学的な分析とでも言うことができる研究であるのに対して、第一六章から最終章（第二三章）までの後半部は、聖なるものの経験のアプリオリ性などに関する宗教哲学的な分析となっている。[16]そうした二部構成から成る『聖なるもの』は、具体的な聖なるものの経験を論じながら、聖なるものの経験とその特質を明らかにすることを意図している。

オットーはキリスト教神学研究において、インドの宗教などの諸宗教を研究の視野に入れながら、他宗教の思想を比較研究の立場から学ぶことによって、キリスト教の思想的特徴あるいは独自性をより一層深く理解しようとしたのである。そのために、『聖なるもの』はオットーにとってキリスト教神学研究の著書であったにもかかわらず、彼自身の意図を超えて、宗教学あるいは宗教現象学の著書としても受容されることになったと言えるだろう。こうした経緯もあって、オットーの主著『聖なるもの』は宗教学の古典的名著として認識されてきたのだと思われる。

4　「聖なるもの」がもつ非合理的な要素と合理的な要素

オットーが『聖なるもの』を執筆した目的は、副題が示すように、まず、「神的なものの観念における非合理的な要素」を明らかにし、さらに「非合理的な要素と合理的な要素との関係」を探究することにあった。オットーは宗教において、非合理的な要素と合理的な要素がアプリオリ（先験的）に連関していることに注目し、両者の関係性を明らかにしようとした。彼は『聖なるもの』の英訳書である『聖なるものの観念』（*The Idea of the Holy*）の緒言において、次のように述べている。

本書〔『聖なるもの』〕において、私は神的な本質の深みにおける「非合理的」あるいは「超合理的」と呼んでよいものについて思い切って執筆しようとした。そのことによって、私たちの時代の傾向を途方もなく空想的な「非合理主義」に向かわせたいわけではなく、むしろ病的な形態にある「非合理主義」と論争したいと思う。今日、「非合理的なもの」は、怠惰のために考えることができず、また首尾一貫した思想にもとづいて、観念を明らかにしたり確信を立ち上げるという骨の折れる務めを避けがちである全ての人にとって、お気に入りのテーマである。

形而上学にとって非合理的なものがもつ深遠な意味を理解することによって、本書はいっそう厳密に、概念では捉えることができないままになっている、まさに感情を分析し、また必然的に象徴を利用しなければならないために、いっそう曖昧でも不確定でもない用語を導入することを真剣に試みている。

この探究分野に乗り出すまで、私たちが「神」と呼ぶ至高の実在の合理的な側面について、私は多年にわたって研究をおこなってきたが、私の研究成果は、以下の著書の中に含まれている。すなわち、『自然主義的な世界観と宗教的な世界観』(英訳書『自然主義と宗教』、ロンドン、一九〇七年)と『カントとフリースの宗教哲学とその神学への適用』の中に含まれている。また、「永遠の合理性」(Ratio æterna)を勤勉かつ真剣に研究してこなかったような人は、「言表できないヌーメン」(Numen ineffabile)について論じるべきではないと私は感じている。[17]

つまり、オットーは、「聖なるもの」がもつ非合理的な「ヌミノーゼ」の側面を探究して、それを理解するには、その前提として「聖なるもの」の合理的な側面を真剣に探究する必要があると述べているのである。「聖なるもの」の経験の特質を明らかにするためには、「聖なるもの」の合理的あるいは概念的な側面を前もって真摯に研究したうえで、「聖なるもの」の非合理的な側面を扱わなければならないと言うのだ。つまり、「聖なるもの」の非合理的な側面を探究するためには、その合理的な側面の探究が前提となることを、オットーは強調していると言えるだろう。

宗教研究者のあいだではよく知られているように、二十世紀後半、世界の宗教学をリードしたミルチャ・エリアーデは、『聖と俗』（一九五七）の冒頭において、オットーの『聖なるもの』が一九一七年に出版されたことで、その著書が世界的反響を呼び起こしたことに触れ、オットーが提示した宗教の「非合理的な要素と合理的な要素の関係性」という図式を援用して、その両者の関係性が「聖なるもの全体」（the sacred *in its entirety*）をなしているという解釈を示した。さらに、「聖なるものの最初の可能な定義は、それが俗なるものの対照をなすということである」と述べている。[18] このように聖と俗はパラドックスな関係の中に同時に存在するとエリアーデは言う。オットーが提示した「聖」に関する理論的な枠組みは、エリアーデによって引き継がれ、いわゆる「聖なるものの弁証法」という新たなスタイルとして解釈された。それによってオットーが構想した宗教の概念的枠組みもエリアーデら宗教学者に引き継がれ、現代にいたるまで宗教学で広く一般的に用いられてきた。そうした意味でも、オットーの「聖なるもの」に関する視座は、まさに宗教学の原点を成していると言えるだろう。

既に述べたようにオットーは「聖なるもの」の経験を理解するためには、まず、その合理的な側面を探究し、そのうえで非合理的な側面の探究に着手すべきだと説いた。つまり、彼は「聖なるもの」の非合理的な側面を「ヌミノーゼ」として捉えたばかりでなく、その非合理的な側面を理解する前提として、「聖なるもの」の合理的な側面を真摯に探究することの重要性を強調した。このことは彼の宗教論を理解するうえで重要な点であろう。一方、エリアーデは「聖なるもの」全体を構成する非合理的な側面と合理的な側面が相補的な関係にあること、すなわち、聖と俗の両側面が相互に対立しながらも補足的な関係にあって、それら両面が弁証法的に同時に顕現すると論じた。このようにエリアーデは「聖なるもの」の全貌をそのままに理解するという方法を採り、世界の宗教に見られる両者の関係性を「ヒエロファニー」(hierophany 聖体示現)と呼んだ。つまり、エリアーデはオットーが提示した「聖なるもの」における非合理的な側面と合理的な側面の関わりかたを、相互に対立しながらも相補的な関係にある「聖なるもの」のリアリティとして捉え、聖と俗は同時に二つの並行したパラドックスな存在であると解釈したのである。

エリアーデのこうした「聖」と「俗」を弁証法的な関係性で捉える理解のしかたは、彼の没後、それ自体が「隠れた神学」の特徴をもつものとして厳しく批判された。しかしながら、エリアーデのこうした概念的枠組みは、それがオットーの神学的視座を継承・発展したものであるということを踏まえれば、エリアーデ批判もある意味で妥当性をもっていたと言わなければならない。

5　非合理的な余剰としての「ヌミノーゼ」

以下では、『聖なるもの』における議論に沿って、オットーの宗教論のおもな概念的枠組みを考察したい。まず、「神的なものの観念」を表現するために用いられる「聖なるもの」という語は、どういう意味をもつのだろうか。オットーは「神」をいわゆる「ヌミノーゼの感情」において経験される「聖なるもの」として捉えなおした。「聖なるもの」については、シュライアーマッハーも『宗教論』において、宗教の中心的な概念だと述べている。「聖なる」(heilig)の語は、ふつう倫理的あるいは合理的な意味あいで理解され、全く倫理的な術語として、「完全に善い」という意味で用いられていると、オットーは指摘する。そのことを確認したうえで、彼はその語の本来的な意味を探究していく。

「ヌミノーゼ」とその感情

「聖なる」(heilig)がもつ倫理的な意味あいは、オットーによれば、宗教の歴史的展開の中で付加されたものであって、この語のこうした用法は厳密なものではないという。この点について、彼は次のように述べている。

確かに「聖なる」は道徳的なものすべてを含みはするものの、しかし私たちの感情にとっては、なおはっきりとした余剰(Überschuß)を含んでいるのであって、それを選り分けることがまずもってここでは大切なのである。それだけでなく、むしろ核心はこうである。すなわち「heilig」というドイツ語、そしてセム語、ラテン語、ギリシャ語および他の古代語の中で言語上この語と等価のものは何よりも、そして勝れてこの余りだけを表していたのであって、道徳的なものの要素を表していたのではないし、もともとそればかりを捉えていたのでも断じてなかったのだ。[19]

オットーは、「聖なるもの」という語の意味を探究する中で、非合理的な「余剰」(Überschuß)すなわち「道徳的要素を差し引いた、すぐに付け加えれば、そもそも合理的な要素をも差し引いた聖なるもの[20]」を表現するために、「ヌミノーゼ」(das Numinöse)という語を造語したのである。「聖なるもの」という概念に付随する全ての他の要素、すなわち非合理的な要素以外の全ての合理的な要素を差し引くと、「聖なるもの」の本来的なあり方、あるいは本質を明らかにすることができると考えたのである。

オットーによれば、セム系の宗教において、「聖なる」を意味する古代語、たとえば、ヘブライ語の qādosch、ギリシア語の hagios、ラテン語の sanctus(正確には sacer)は、元来、その発展の初期段階では、非合理的な「余剰」だけを表現する語であったという。「ヌミノーゼ」の語は、「神性」を意味するラテン語の「ヌーメン」(numen)からの造語で、「聖なるもの」の非合理的な部分を示す。それはちょうどラテン語の omen(「前兆」の意)という語から ominös(「前兆的」の意)というドイツ語を作ることができるのと同じように、ラテン語の numen から numinös を作ることができるとオットーは言う。この「ヌミノーゼ」のカテゴリーは全く「独自のもの」(sui generis)であり、厳密な意味において規定することはできず、それはただ論議することができるだけである。それは「厳密な意味では教えることはできず、ただ示唆すること、目覚めさせることができるだけである[21]」。

つまり、「ヌミノーゼ」はまさに非合理的であり、それは「概念においては解明され得ないものであるから、それを体験する心情の中にそれが呼び起こす特殊な感情反応（Gefühlsreaktion）を通じてのみ示唆されるほかない」[22]。「特殊な感情反応」を呼び起こすということは、「ヌミノーゼ」が客観的実在性を前提していることを示唆している。オットーは「ヌミノーゼ」として体験されるものは「私の外部にある客体」（ein Objekt außer mir）であると述べている[23]。それは非合理的な「余剰」を示唆するが、言いかえれば、感情は「客体と結びついている」（Objekt-bezogen）という感情の特性を指摘することによって、「ヌミノーゼ」の感情は「ヌミノーゼ」という客体に関わる感情であることを示している。

「ヌミノーゼ」はただ感情によってのみ把握することができる、とオットーは言う。さらに『超世界的なものの感情』（一九三二）における「感情」に関する補注の中で、オットーは「超世界的なものの感情」における「感情」については、「古くて伝統的な語の言語的慣用」に従っていると述べたうえで、「感情」を「主観的な状態」（subjektive Zuständlichkeit）ではなく、「理性そのものの一つの作用、認識の一つの仕方」（ein Akt der Vernunft selber, eine Weise des Erkennens）であると捉えている。こうした認識の仕方は、概念や定義、論理的な分析や理論化によるものではなく、ほとんど「感情に則った」（gefühlsmäßig）把握として始まり、それが「悟性に則った」（verstandesmäßig）ものへうまく移行できないとしても、その多くは極めて確実な確信や確証になることができると主張している。このようにオットーの宗教論を支えるキータームである「ヌミノーゼ」をめぐって、オットーが『聖なるもの』の版を重ねるごとに、また他の論文においても、「ヌミノーゼ」の客観的な実在性を強調していったことは注目に値する。[24] つまり、このことはオットーが「ヌミノーゼの感情」を直観的な「認識」(Erkennen)の働きとして捉えていたことを示している。

「ヌミノーゼ」とその類比

「聖なるもの」には、合理的な要素と非合理的な要素がアプリオリに結びついているとオットーは述べているが、この事実を適確に理解しなければ、人は全く誤った非合理主義へと導かれてしまうという。すでに論じたように、『聖なるもの』の英訳書『聖なるものの観念』(*The Idea of the Holy*)の緒言の中で、彼はこの種の誤った非合理主義の立場に異議を唱えている。さらに、『聖なるもの』の第一章の冒頭において、「聖なるもの」における合理的な要素の意義を強調している。[25] 彼は「聖なるもの」における非合理的な要素を理解するためには、その前提として合理的な要素の特徴を把握しておく必要があると説いているのだ。後にエリアーデが説いた「聖と俗」の関係性は、オットーが言う「非合理的な要素と合理的な要素の関係」を理論的に展開したものである。エリアーデの聖俗論は、根源的にオットーの宗教的視座と共通の構造をもっていると言えるだろう。

さて、オットーが強調するのは、キリスト教などの有神論的な神観念の本質的な特徴である「神性」(Gottheit)は、精神や理性などの神の観念をとおして明確な規定のもとで把握されるということである。しかも、それは人間が自らの内に不十分で限定された形で自覚する人格的・理性的なものからの「類比」(Entsprechung)によって思惟されるという。それと同時に、神的なものに関する全ての術語は「絶対的な」すなわち「完全な」ものとして考えられる。オットーは言う、「これらの術語は、すべて明白で明瞭な概念であり、思考することもできれば、思考による分析も可能であるし、それだけでなく定義さえできるものである」[26]。さらに彼は続ける、このように概念によって明瞭に思考することができるような対象を「合理的」(rational)と呼ぶとすれば、これらの合理的な術語で記述される神性の本質は「合理的なもの」として表現することができるし、このように神を認める宗教は、そのかぎりにおいて「合理的宗教」(eine rationale Religion)であると[27]。ただし、「聖なるもの」の非合理的な部分、すなわち「ヌミノーゼ」の様相は、類比あるいは類似的表現によってのみ示されるだけである。

ここでオットーは、ある宗教が「概念」をもち、超感覚的なものの認識(すなわち信仰の認識)を概念的に表現することは、その宗教の程度の高さとか卓越性を示すものであるというキリスト教神学の従来からの主張を踏襲している。さらにキリスト教神学の立場から、キリスト教が概念をもっており、しかもそれが卓越した明白さや明瞭さ、豊かさをもっているということは、他の形態をとる諸宗教に対して、キリスト教の優越性を示すものであるとも述べている[28]。それだけでなく、合理的な術語が「神性の本質を汲み尽くしている」(das Wesen der Gottheit *erschöpften*)という誤解に注意しなければならないとも指摘している[29]。全ての言語はそれが言葉から成り立っている以上、それは何よりも概念を伝えようとするものであり、言説は明晰で一義的であればあるほど理解しやすいが、合理的な述語が前景に現れているとき、それは神性を汲み尽くすことはなく、非合理的なものに関してのみ意味をもっていると論じている。

「ヌミノーゼ」の要素とその感情

『聖なるもの』における「ヌミノーゼ」の要素に関する分析によれば、宗教の本質は「聖なるもの」の体験であり、その体験の内容は非合理的なヌミノーゼの「感情」(Gefühl)である。つまり、オットーにとって宗教の理解とは、「ヌミノーゼの感情」を理解することを意味する。したがって、「感情」という語は、オットーの宗教論を理解するうえでのキーワードの一つである。すでに示唆したように、言語によって把握することも表現することもできない「ヌミノーゼ」は、ただ「感情反応」に映ってくるものであり、あるいはそのようなものとして本来的に理解される。言いかえれば、「感情」とはオットーによれば、「単なる主観的な気分」ではなく、「あるおぼろげな表象内容を有する」ものである。オットーのキリスト教神学研究に精通するキリスト教組織神学者ヨルク・ラウスター(Jörg Lauster 一九六六―)も指摘しているように、オットーは宗教の基本的な定義を「感情」とみなすという点でシュライアーマッハーと見解を共有していた。しかしながら、オットーはシュライアーマッハーとは違って、宗教がそうした感情以上のものであることを強調している。ラウスターはオットーの議論を踏まえて、次のように述べている。

一方では、宗教は主体的な行為である。感情は内的経験に伴う解釈である。他方では、こうした経験は個人の外側にある何かによって引き起こされる。主体的な解釈にはその対象（referent）がある。それはもちろん、常に個人の主体性という条件のもとでの反応、回答、反射のようなものである。[30]

ラウスターの言葉を援用すれば、「感情」という「内的経験に伴う解釈」には、常に個人の主体性という条件のもとで、その対象が存在する。つまり、感情とはヌミノーゼが曖昧ながらも示唆するものを主体的に解釈する「反応、回答、反射のようなもの」であると言えるだろう。

オットーが言うヌミノーゼの第一の要素とは「被造物感情」（Kreaturgefühl）である。それは「自己感情におけるヌミノーゼな対象に引き起こされる感情の反射」である。こうした体験がもつ注目すべき要素を、シュライアーマッハーは「「依存」の感情」（das Gefühl der 'Abhängigkeit'）と名づけたが、オットーはそれを「被造物感情」と呼んだ。その感情はオットーによれば、「全ての被造物に優越するものに対して、自己自身の無へ沈み消えていく被造物が抱く感情」である。[31]そのことは「体験する主体の自己自身に対する低い価値判断」となる。言いかえれば、「私の「絶対的依存」の感情は、実在するものの「絶対的優越性」（さらに接近不可能性）の感情を前提にしている」。[32]

オットーの「感情」に関する説明は、すでに示唆したように、カント哲学を独自に展開したフリースの認識論の立場に依拠しているために、オットーはそのことで多くの厳しい批判を受けてきた。

オットーはキリスト教神学研究において、シュライアーマッハーの宗教論に惹かれて、「感情」(Gefühl) と「直観」(Anschauung) という概念を自らの方法論的視座に取り込もうとし、その過程で、フリースの哲学に関心を抱くようになった。フリースの哲学は人間の認識を「知識」(Wissen) と「信仰」(Glauben) および「感得」(Ahndung, Ahnung) の三つに区分し、それらの関わりを論じた。フリースの区分は、カントの悟性と理性および判断力の区分にもとづいているが、フリースはそれを認識の重層構造として捉えなおした。フリースにとって、「有限なものにおける永遠なものの知識は、ただ純粋な感覚をとおしてのみ可能である」。宗教的・審美的な感情である「感得」(Ahndung) は、「真理感情」(Wahrheitsgefühl) によって特徴づけられる。「信仰」の世界は「感得」によって「知識」の世界に現れる。さらに宗教が生起するのは「感得」をとおしてである。「感得」は積極的に感じられるが、それは概念的に分析したり表現したりすることは全く不可能だとフリースは言う[33]。こうしたフリースの認識の構造論がオットーの宗教論の基本的な枠組みを成している。

「聖なるもの」の合理的な側面を検討するとき、フリースにとって、神に関する知識は人間理性の一般的でアプリオリな知識の側面である。それはオットーの『聖なるもの』において、「聖なるもの」の合理的な側面に関する知識を意味する。さらに、「聖なるもの」の非合理的な側面に目を向けるとき、ヌミノーゼの体験は「感得」と同じように、独特な種類の経験であり、全ての宗教の究極的な源泉である。「感得」とヌミノーゼの感情は形式的には同じではあるが、具体的にはそれらは異なっている。フリースによれば、「感得」は自律的な意味や価値をもつことはない。それはただ信仰や知識の領域を結びつけるだけである。一方、オットーの場合、宗教は独特な経験(や審美的な経験と識別されるもの)ばかりでなく、完全に自律的な意味や価値も含んでいる。なぜなら、ヌミノーゼの感情の意味や価値は、宗教意識の内容に関する分析によって決定されるからである。[34]

さらに、オットーはヌミノーゼの要素として、「戦慄すべき神秘」(mysterium tremendum)と「魅する神秘」(mysterium fascinans)を挙げる。ヌミノーゼは概念的には解明できず、ただ感じることしかできない。それは概念的思考では近づくことができず、それを経験する心の中で、それが喚起する特殊な「感情反応」(Gefühlsreaktion)をとおしてのみ示唆されるにすぎない。それは「戦慄すべきもの」であるとともに「魅するもの」として経験される。「神秘」(mysterium)とは、概念的には表現することができない、隠されたものを意味する。それ自体は積極的なことを何も語らないが、その語が意図するのは全く積極的なものである。その積極的な何ものかはもっぱら「感情」として経験することができる。それは「戦慄すべき」という拒否的な要素であるとともに、明らかに独特なあり方で惹きつけるもの、魅惑するもの(das Fascinans)でもある。両者の要素は不思議な「対立・調和」(Kontrast-harmonie)を成して現れるのだ。[35] この感情の積極的な様相を示すのは「戦慄すべき」(tremendum)という形容詞である。tremorという語そのものは「恐怖」(Furcht)を意味し、ありふれた「自然的な」感情である。「ヌミノーゼ」はそれを経験する人に限りない「畏怖」や「不思議さ」といった感情を引き起こす。しかし他方では、それは「魅する」(fascinans)ものであり、明らかに独特なあり方で「惹きつける、心を奪うもの、魅惑するもの」でもある。オットーはルターの言葉を引用して、次のように述べている。「それは、私たちが畏れつつ聖所を敬うが、そこから逃げようとはしないで、かえって中へ入ろうとするのと同じである」[36]。このように両者の要素が対立しながらも同時に調和しているというヌミノーゼの特徴は、オットーによれば、世界の宗教史全般に見られるという。

ヌミノーゼの「戦慄すべき」要素には、三つの側面があるとオットーは言う。それは「畏怖」、「優越」(majestas)さらに「エネルギッシュなもの」(Energisches)である。とりわけ、ここで注目すべきことは、「畏怖」に関してオットーが、ヌミノーゼの感情における「宗教的な畏怖」(religiöse Scheu)の前段階は、最も原初的で「原生な」(roh)段階としての「「デーモン的」な畏怖(=パニック的な驚愕)」('dämonische' Scheu (=panischer Schrecken))であったと述べていることである。「デーモン的」な畏怖は「気味の悪いもの」(Unheimliches)に対する感情として最初に発動した。この「気味の悪いもの」という感情こそ、あらゆる宗教史の発展の始まりだという[37]。こうしたヌミノーゼの感覚の出現によって、「人間性」(Menschentum)の新たな時代が始まったとオットーは強調する。彼は最初のヌミノーゼの感情は人間の独特な「素質」(Anlage)として具わっていたとみなし、その根源性と普遍性を理論的に基礎づけようとした。具体的には、『聖なるもの』の後半部分において、特に第一六章と第一九章「アプリオリな範疇としての聖なるもの」(Das Heilige als Kategorie *a priori*)において、カント認識論から「アプリオリ」の概念を導入することによって、その理論的な根拠づけをおこなっている。

オットーの視点から見れば、この「畏怖」の感情の発動は宗教史全体に一貫して見られるという。宗教の発展段階では、「畏怖」が経糸として宗教史に一貫性を与えており、それぞれの宗教において、「畏怖」の対象を「図式化」(Schematisierung) して現れた「聖なるもの」の諸表象がその緯糸を成しているという。彼は晩年の論文集『超世界的なものの感情』において、「ヌミノーゼの感情も、それが最初に破り出たときには、発声を、それもまずはじめは発声だけを見いだし、言葉を見いださなかったということは自明である」と述べている。[38] つまり、ヌミノーゼの感情の「最初」(erst) で「原生な」(roh) 段階は、歴史的に言葉にはならず、言葉以前の発声によって表現されたという。このことは、ヌミノーゼの感情に関する最初の表現があらゆる言語的な意味分節に先立つ身体全体による反応であったことを示唆している。ともあれ、この「畏怖」の感情は宗教の伝統において、常に「ヌミノーゼの感情」の原初の感覚として、すなわち「ヌミノーゼの感覚」(sensus numinis) として存在している。つまり、「ヌミノーゼの感情」は、「宗教的感情の異質性そのものの源泉として絶えず再生産され」ていくのである。[39]

さらにヌミノーゼのもう一つ別の要素として、オットーは「神秘」(Mysterium) の要素、すなわち「絶対他者」(全く他のもの)」(das ganz Andere) の要素を挙げる。そして彼は「戦慄すべき」(tremendum) 要素を差し引いた「神秘」を、さらに正確に「驚くべきもの」(Mirum) あるいは「不思議なもの」(Mirabile) と表現する。[40] 宗教的な意味において、神秘的なものや「驚くべき」を意味する「ミルム」(mirum) は、「絶対他者」であるという。それは「他の」および「全く他の」を意味する「ターテロン」（thāteron ギリシア語）、「アンヤット」（anyad サンスクリット語）、「アリエヌム」（alienum ラテン語）あるいは「アリウド・ヴァルデ」（aliud valde ラテン語）とも言われる。オットーによれば、「絶対他者」は、未開な人々の宗教における「ヌミノーゼの感情」の最初の原生な、最初期の段階にも見られる。[41] この「絶対他者」の概念については、本書の第六章において、特にインドの宗教思想との連関性において詳論したい。

ちなみに、以上のようなオットーの宗教論は、言うまでもなく、ルター派のキリスト教神学的思索にもとづくものである。ただし、彼の神学的思索が根本的に彼自身のルター派信仰に根ざしているという事実に私たちは注目すべきであろう。オットーはキリスト教神学研究を処女作『ルターにおける聖霊観』（一八九八）からスタートさせたが、その後もキリスト教神学研究をルターの神学用語を援用しながら展開していったことは注目に値する。たとえば、オットーは『聖なるもの』において、次のように述べている。

実は私が先にヌミノーゼなものの一つの側面を表現するのに、「戦慄すべき」（tremendum）と「優越」（majestas）を導入したとき、まさにルターの用語を思い起こしていたのである。すなわちルターの「神の優越」（divina majestas）および「恐るべき意志」（metuenda voluntas）から借りたのである。これらは私が初めてルターを研究したときから耳に残っていたものであった。それだけではなくヌミノーゼなものとそれの合理的なものとの相違の理解も、旧約聖書の qādosch や宗教史一般における「宗教的畏怖」の要素にそれを再び発見するずっと以前に、すでにルターの『奴隷的意志について』を手がかりにして形成されていたのである。[42]

ここに引用した文章からも窺い知ることができるように、オットーが用いる主要な神学的用語はルター神学あるいはルター派信仰に根ざしている。たとえば、「ヌミノーゼ」を構成する「戦慄すべき」と「優越」の要素は、ルターが言う「神の優越」および「恐るべき意志」から援用したものである。さらに、聖なるものの非合理的なもの（「ヌミノーゼ」）と合理的なものの相違に関する理解についても、オットーは『聖なるもの』を著わすずっと以前から、すでにルターの著作を手がかりとして形成していた。このようにオットーのキリスト教神学研究がルター神学およびルター派信仰に根ざしていることに留意することは、オットー宗教論の本質を理解するうえで極めて重要であろう。

6　「聖なるもの」のアプリオリな範疇と図式化

オットーが言う「聖なるもの」とは、すでに論じたように、合理的な要素と非合理的な要素によって合成された複合的な範疇、すなわち「純粋にアプリオリな範疇」（Kategorie *rein a priori*）である。宗教の展開において、宗教の非合理的な中核は、次第に合理的で倫理的な意味で充たされる。オットーはカント認識論に由来する「アプリオリ」概念によって、複合的な範疇としての「聖なるもの」の構造を明らかにしようとした。

非合理的な「ヌミノーゼの感情」はいかなる自然的な、日常的な感情からも派生することはなく、それらの感情とは質的に異なっている。それは「質的に特殊で独自な感情」(qualitative eigenartiges originales Gefühl) であり、いわば「根源的感情」(Urgefühl) である。「根源的感情」における「根源的」(Ur-) とは時間的な意味ではなく、原理的な意味を示している。[43] オットーは原理的な意味における「根源」(Ur-) を、カントの「アプリオリ」の概念によって理解する。「根源的感情」としての「ヌミノーゼの感情」は、アプリオリに全ての経験に先立っており、経験するか否かにかかわらず、人間の認識構造の中に具わっているというのだ。それは高次の認識能力と同じ類いのものであるという。その点について、オットーは次のように述べている。

> それ〔ヌミノーゼの感情〕は「魂の底」(Seelengrund)、すなわち魂そのものの最も深い認識の根柢から破り出てくる。しかも疑いなく日常世界的あるいは感性的な出来事や経験による刺戟や誘発に先立って、それなしに出てくるのではなく、それらの中で、またそれらの間で出てくるのである。しかしそれらからではなくして、ただそれらを通じて現れ出るのである。日常世界の出来事などは、ヌミノーゼなものの感情そのものがおのずから動き出すための刺戟や「きっかけ」である。[44]

「ヌミノーゼの感情」は「魂の底」すなわち「魂そのものの最も深い認識の根柢」から破り出てくるもので、日常世界の出来事などは、「ヌミノーゼの感情」そのものが動き出すための刺戟やきっかけであるという。このようにオットーが理解する「アプリオリ」の概念は、「一切の経験に先立つという意味をもつ限りカントのそれと結びつくものの、それがまた人間が「素質」(Anlage) として具備する或る種の「能力」、すなわち「感情」もしくは「高次の理性」に添えられる限りではカントから離れていくことになる」[45]。オットーは「アプリオリ」という用語を非常に広汎な意味で使用しているので、「アプリオリ」でないような精神的な現象はほとんど存在しないという議論も見られる。しかし、オットーにとって、「根源的感情」としての「ヌミノーゼの感情」はまさに質的に独特なものであり、そのためにアプリオリなものである。それは他のいかなる精神的な現象ともちがって、独特な対象すなわち「ヌーメン」の理解に関わっている。したがって、「聖なるものの範疇における合理的な要素も非合理的な要素も、アプリオリなものである。すなわち、初期のカントの伝統がフリースのプリズムをとおして反映しているのである」[46]。オットーが「聖なるもの」の経験に関する議論の中で「感情」を重視したのは、彼がカント哲学を継承・展開したフリース哲学に依拠したことも背景にあることは明らかである。こうした点にも、オットーの宗教論の特徴を見いだすことができる。

宗教的アプリオリにおける非合理的な要素は、宗教の基盤である。宗教とは合理的な要素と非合理的な要素が密接不可分に結びついてこそ存在する。ここでオットーは、両者の要素の関係に関する説明として、「図式化」（Schematisierung）の概念を導入する。「聖なるもの」において、その合理的な要素は非合理的なヌミノーゼの要素を「図式化」すると彼は言う。この「図式化」という用語に関するオットーの説明が曖昧であるために、その意図を明らかにするのは極めて難しい。「合理的・倫理的なものによるヌミノーゼの図式化」というオットーの理論は、ベルンハルト・ヘーリング（Bernhard Häring 一九一二―一九九八）やアルモンドなども指摘しているように、この用語に関する説明が曖昧であるために、たびたび批判されてきた。[47]

オットーによれば、「図式化」の関係とは「聖なるものという複合観念における合理的なものと非合理的なものの関係」（das Verhältnis des Rationalen zum Irrationalen in der Komplex-Idee des Heiligen）のことである。非合理的なヌミノーゼは「合理的な概念によって図式化されて、完全な意味での「聖なるもの」の十全な複合的範疇となる」[48]。さらに「正真正銘の図式化は、宗教的な真理感情（Wahrheitsgefühl）が発展して高まり、前進しても再び分解したり、分離することがなく、一段と確実にはっきりと認められるという点で、単なる偶然的な結合からは区別される」という。[49] したがって、オットーのいわゆる「図式化」によって、非合理的なヌミノーゼは初めて表現可能になり、宗教の教義として理解されることになる。

「ヌミノーゼの感覚」（sensus numinis）の具体的な要素は、それに対応する合理的な概念によって図式化される。ヌミノーゼの「戦慄すべき」要素は、正義や道徳的な意志という合理的な概念によって図式化されて、聖なる「神の怒り」として把握される。ヌミノーゼの「魅する」要素は、善や愛という概念によって図式化されて、無限の「神の恩寵」として開示される。このような点からも、オットーがカントとフリースの哲学の中に、彼自身の課題の解明を求めたことが明らかに見てとれる。しかし、こうしたオットーの「図式化」の理論は数多くの批判を受けてきた。たとえば、ヨアヒム・ワッハは、オットーの宗教経験に関する分析の中で、最も大きな弱点は「図式」(schematism) の概念であると指摘している。ワッハは論文「ルードルフ・オットーと聖なるものの観念」("Rudolf Otto and the Idea of the Holy" 一九五一) において、次のように述べている。「彼はカントからその語〔図式〕を採用したが、彼はその意味を変更した。宗教経験はそれ以外の経験や判断の様相と関係することによって図式化される。罪や救いという中心的な宗教概念は、「聖なるもの」の宗教概念でさえも、道徳的な連想を担っている。道徳的な価値の基盤に関する現象学的な論述が、ルードルフ・オットーの最後の努力の目的であったのだ[50]」。オットーはカントとフリースの哲学を援用することによって、宗教において、合理的な要素によって非合理的なヌミノーゼの要素が「図式化」されることを説いた。宗教の非合理的な要素と合理的な要素が、いわゆる「図式化」によって調和して存在することが宗教の卓越性を示すというのが、彼の主張だったのである。「聖なるもの」における合理的な要素と非合理的な要素のアプリオリな関わりについてのオットーの議論において、特に重要なのはヌミノーゼの感情との関わりである。さらに、そのアプリオリな関わりの根本には、フリースが言う「真理感情」(Wahrheitsgefühl) が伏在している。

本章での議論を終えるまえに、オットーの宗教論とカントとフリースの哲学のあいだに見られる連続性と非連続性に言及しておきたい。すでに述べたように、オットーは『聖なるもの』において、カントとフリースの哲学の枠組みを援用した。そうした点では、オットーとカント、フリースのあいだには連続性が見られる。しかし同時に、両者のあいだには、非連続性も見られる。アルモンドによれば、両者の非連続性は、オットーがカントとフリースの基本的な哲学的アプローチを変更したことを意味するのではなく、彼が現実に信仰されている諸宗教との出会いをとおして得た宗教的データを理解するために、彼自身のアプローチを修正していったことを意味しているという。アルモンドは、オットーの宗教論が現代世界における宗教多元主義の問題に取り組んでいくうえで、カント的なやり方にもとづく重要な試みの先駆者であると指摘している。[51] こうした指摘は、彼の長年のオットー研究の成果を踏まえたものであり、それゆえにオットーの宗教論に関する適確な見解であると言えよう。

第四章　宗教史学派の影響と宗教の展開性

オットーは一八九八年にプロテスタント神学の研究書として、最初の著書『ルターにおける聖霊観』を出版した。翌年の一八九九年には、ゲッティンゲン大学の講師となり、当時そこで影響力を増していた「宗教史学派」の影響を受けた。宗教史学派は十九世紀末から二十世紀初頭のドイツで活動したプロテスタント神学者の集団で、ゲッティンゲン大学を中心とした自由主義神学の学的傾向をもち、宗教史学の方法を聖書解釈に適用していた。この学派には、組織神学者トレルチも属していたし、オットーもこの学派の神学者たちと関係をもっていた。宗教史学派はキリスト教神学の内部における運動として始まったが、結果的に伝統的なキリスト教神学の枠組みに収まり切らなかった。[01]

宗教史学派は、前章でも述べたように、おもに二つの特徴をもっていた。[02] まず、この学派において「歴史」とは、伝統的な文献学的研究とちがって、文献資料を超えた「歴史的事実」を明らかにすることを意味していた。歴史的事実を明らかにするには、伝統的な文献学を踏まえながらも、歴史学やそれと関連した諸学問における「比較」という研究方法の必要性が強調された。したがって、宗教史学派の研究者たちは諸宗教の比較という方法論を共有していた。もう一つの特徴は、宗教史学派の研究者たちが宗教と神学の差異を強調したことである。宗教とは神学ではなく、社会学的事実としての民衆の宗教性と儀礼の総体を意味すると考えた彼らは、民衆の宗教性に注目し、心理的現象としての宗教を把握しようとした。オットーは一八九九年、ゲッティンゲン大学の講師になった時期から、伝統的なキリスト教神学の枠を越えて、宗教史学派が用いた宗教の「比較」研究の方法を取り込んで、キリスト教神学研究を進めるようになった。こうした神学的枠組みを踏まえて、本章では、オットーの宗教史的視座とその特徴について考察したい。

1　宗教史的視座の独自性

すでに述べたように、オットーは宗教の「比較」という方法論的な立場を採ることから、しばしば宗教現象学の先駆者とみなされるが、彼自身はみずからの研究をあくまでキリスト教神学研究として捉えていた。彼は決して自分自身を宗教現象学者とは考えていなかった。むしろ、彼が「現象学的」(phänomenologisch) あるいは「宗教誌的」(religionskundlich) と呼んだ宗教研究の立場は、「現象」としての宗教をただそれとしてのみ、あるいは外側から研究するもの、すなわち、宗教を「それ自体は宗教的ではないカテゴリーでもって考察する」ものであり、宗教のあり方を具体的に記述するという宗教研究の方法を採った。それに対して、オットーが言う「神学的」(theologisch) な宗教研究は、「宗教それ自体をそれ自体に即して考察する方法」であり、「宗教それ自体に関して、宗教そのものに由来するカテゴリーを宗教に適用する」というものであった。このようにルター派神学者であったオットーにとって、「神学的」な研究方法は、宗教（とりわけ、キリスト教）の独自の意味を明らかにしようとするものであった。ところが、そうした彼自身の思いとは無関係に、オットーのこうした「神学的」な著作はしばしば宗教現象学的な研究とみなされてきた。[03] オットーのキリスト教神学研究は比較宗教学的な方法を取り込んで、宗教の独自性を前提に構想されたため、フッサールやシェーラーなどの現象学的な研究方法と類似しており、宗教現象学的な研究とも呼べるような学問的な特徴も具えていた。それは伝統的なキリスト教神学の枠組みを超えて、ヒンドゥー教などの諸宗教も射程に入れて比較検討しながら、宗教の意味を探究する幅広い宗教研究という性格をもっていたと言えるだろう。

オットーは、すでに述べたように、キリスト教以外の諸宗教の中では、特にインドの宗教とその思想に関心をもって研究に取り組んだ。彼は自らをルター派神学者として自覚的に捉えていた。ところが、現代の宗教学的な視点から見ると、オットーはキリスト教神学者であると同時に、宗教学者でもあった。オットーは宗教の比較研究を進める中で、西洋と東洋の諸宗教に見られる類似した現象を理解するために、いわゆる「展開の平行線の法則」(law of parallel lines of development) を設定し、それによって、世界の諸宗教の存在を宗教の平行現象として解釈した。これがオットーの宗教史研究を貫く方法論で、おもにプロテスタント神学における宗教史学派の影響を受けて構築されたものである。オットーは二度にわたるインドへの旅で、インドの宗教や信仰の具体的な様相に触れながら、みずからの宗教史的な枠組みを次第に固めていったのである。

東洋への旅の中でも、特にインドへの旅をとおして、オットーは独自の比較宗教的な視点を構築していった。彼の比較宗教的な解釈の特徴は、ヒンドゥー教や仏教といった東洋の宗教をキリスト教とパラレルなものとして捉えた点にある。オットーは世界宗教史を記述する際、いわゆる「展開の平行線の法則」によって、東洋の宗教とキリスト教の歴史的発展を宗教の平行現象として描いた。ただし、キリスト教的な宗教概念の枠組みにもとづいて、インドの宗教と思想を理解しようとしたために、結果的にインド宗教のもつ多様かつ重層的な構造、とりわけ、ヒンドゥー教の多神教的な特徴を見落とすことになったと言わなければならない[04]。

オットーの比較宗教的研究は、方法論的に見れば、「宗教の独自性」(sui generis) と「諸宗教の比較研究」という二つの視座にもとづいて構築されている。それら二つは、宗教史学派全般に見られる基本的な特徴であった。オットーは早くからシュライアーマッハーの宗教論に共感し、宗教の独自性を前提として宗教の本質を明らかにしようとした。オットー宗教論の解釈学的な枠組みを構成していた根本的な立場は、この「宗教の独自性」というものの見方であったが、それはシュライアーマッハーが説いた「直観」(Intuition) と「感情」(Gefühl) をおもな理論的根拠としていた。一八九九年、オットーが序文とあとがきを寄せたシュライアーマッハーの『宗教論』初版の出版(一七九九年）から百周年を記念して再刊した際の副題は、「宗教を軽んずる教養人への講話」（Reden an die Gebildeten unter ihren Verächtern）であった。この著書においてシュライアーマッハーは、彼が生きた当時の啓蒙主義的な合理主義における宗教軽視の風潮に対して、宗教には合理主義的な認識では捉え切れない宗教独自の領域があることを強調し、宗教の本質を思考でも行為でもなく「直観」と「感情」に求めたのである。

ヴレーデやトレルチなどの宗教史学派に属するキリスト教神学者たちも、宗教の本質が非合理的な経験であると説いたが、こうした宗教の概念的枠組みは、すでにシュライアーマッハーによって提示されていた。シュライアーマッハー以後の時代において、この非合理的な経験という宗教の本質は、キリスト教神学や宗教哲学の研究にとって、いわば規範的な視座となった。オットーは著書『自然主義的世界観と宗教的世界観』において、シュライアーマッハーの宗教論に従って、「敬虔性」（Frömmigkeit）の核心を「絶対依存の感情」（Gefühl der Abhängigkeit schlechthin）に求め、信仰とは「神秘の体験」（Erleben des Mysteriums）であると説いた[05]。オットーは当時の自然主義的世界観に対抗し、社会・文化の他の領域に還元できない宗教の独自性を、「ヌミノーゼの感覚」（sensus numinis）に求めた。彼の『自然主義的世界観と宗教的世界観』はシュライアーマッハーの思想とともに、カントの観念論思想を踏まえたフリースのカント主義哲学を基調としたものである。同書では、しばしばカントおよびフリースが引用されているが、オットーの目的はカントの超越論的観念論の立場から、自然主義に対して「精神の独立と自由」（Selbständigkeit und Freiheit des Geistes）を擁護することにあった[06]。

また一九〇九年に上梓した『カントとフリースの宗教哲学とその神学への適用』では、「全ての宗教の学（Religionswissenschaft）にとって、また特にキリスト教の学にとって重要な手段と出発点は、宗教体験（religiöse Erlebnis）そのものである」ことを強調した。[07]

オットーの宗教論を特徴づけるもう一つの視座は「諸宗教の比較研究」である。オットーは世界の宗教史に関する理論をキリスト教と諸宗教との比較考察をとおして展開した。『カントとフリースの宗教哲学とその神学への適用』では、キリスト教が「宗教一般との本質的親和性や連関において、それゆえ、宗教史や諸宗教の比較という背景に照らして」理解されなければならないと述べている。[08] 宗教史学派の神学者たちと同様、オットーにとっても、世界の諸宗教に関する知識が西洋世界において増えるにつれて、キリスト教と諸宗教の関わりについての問いが、もはや避けがたい重要な課題となっていた。そうした学問的状況に晒されたのがオットーの生きた時代だったのである。そのために、キリスト教と他の諸宗教との比較研究という方法論は、宗教史学派の神学者にもオットーにも共通する特徴となった。こうした諸宗教の比較考察という学的傾向は宗教史学派の研究全般を特徴づけるものであったが、それはオットーが西洋と東洋の宗教における「展開の平行線の法則」を提示する学問史的あるいは思想史的な背景をなしていた。宗教史学派の神学者は、キリスト教史をただ単に教義史として記述するのではなく、キリスト教の展開を一つの宗教史として記述しようとした。しかし同時に、諸宗教の比較研究は、それがキリスト教神学的な営みの一環であるかぎり、諸宗教に対するキリスト教の優越性を前提とする、宗教の規範的研究であったと言わざるを得ない。

オットーは諸宗教の比較研究に際して、おもに次の三つのポイントに留意した。まず、世界の諸宗教に見られる類似の現象を、世界の宗教史における一つの重要な「事実」として捉えた。すなわち、この類似の現象は、世界における人類全般の本質と経験の根本的な類似性を示すものであると解釈したのだ。[09] オットーが言う「事実」とは、いわゆる「展開の平行線の法則」という解釈学的な概念装置に沿って記述されたものである。こうした宗教の解釈学的な記述の中で、東洋の宗教思想と信仰は西洋のキリスト教と関係性をもつことになる。この「事実」認識は、たとえ社会や文化が違っても、諸宗教はそれらが人間の経験であるかぎり、本質的に類似しているという、オットー宗教史学の本質をなしている。オットーが活躍する以前、ヨーロッパの学界では、宗教の進歩史観がさかんに説かれたが、その場合、世界の諸宗教はキリスト教を絶対的な判断基準として把握された。言うまでもなくオットーの宗教史学でも、キリスト教の優越性が前提となっているが、彼の理論的な特徴は、東洋と西洋における宗教の類似性を宗教史の「事実」として捉えたうえで、その「事実」を諸宗教の平行性の視点から解釈しなおした点にあった。つまり、彼は従来の宗教の進歩史観を修正しながら、彼独自の宗教史に関する「語り」を示したと言えるだろう。

この点と関連して、オットーが留意した第二のポイントは、諸宗教の比較研究において、宗教の類似性のみに注目すると、それぞれの宗教の個別的な特徴を見過ごす危険性があるという点であった。オットーは「歴史的に「宗教（それ自体）」は諸宗教として顕現しているが、諸宗教にはそれでもなお、それぞれ独特の相違がある」と考えた。オットーは言う。

諸宗教の比較において、すべての外見上の平行性にもかかわらず、宗教に共通の根本的な力が個別の宗教現象の中で、全く異なる形態を呈する様相を確認するとき、私たちは諸宗教を一層より繊細に識別する必要がある。[10]

ここでオットーは宗教それ自体とその顕現形態としての諸宗教を識別したが、このような宗教理解のしかたは、ヌミノーゼの「図式化」の構造を反映したものであった。オットーにとって、いっそう重要なポイントは「より高度な、すなわち、より充実した宗教の諸価値をどこに見いだせるのかを確認するために、宗教の内容と価値を比較する」ことにあった。オットーの比較宗教的パースペクティヴから捉えると、西洋の宗教すなわちキリスト教の思想は、東洋の宗教の中でも、特にヒンドゥー教におけるイーシュヴァラ（主宰神 īśvara）、バクティ（信愛 bhakti）、プラパッティ（専心帰依 prapatti）の思想とパラレルを成しているという。ただし、この点について、オットーは次のように述べている。

こうしたすべての類似性にもかかわらず、これらの最も類似した現象はそれらを満たす精神において、微妙にしかし決定的に識別される。これらの場合でも、インドの精神はパレスチナの精神ではない。諸々の類型の驚くべき類似点や収斂点にもかかわらず、これら二つの精神世界のあいだには、両者を分ける基本的な精神的価値が存在している[11]。

こうした方法論的視座にもとづく東洋と西洋の宗教の比較研究の成果が、二つの主著『西と東の神秘主義』と『インドの恩寵の宗教とキリスト教』であった。彼はキリスト教と諸宗教のあいだの類似性を認めながらも、あくまでもキリスト教の優位性を前提とした諸宗教の比較研究をおこなったのである。

2　宗教史研究の特徴

以上の議論を踏まえて、オットーの宗教史研究に関する「語り」の内容を具体的に検討することにしよう。彼の基本的な考え方はすでに示唆したように、二十世紀初頭まで影響力をもっていた宗教の単線的な進化論を修正したもので、いわば宗教の多元的進化論とも言うべきものである。宗教史の解釈は、田丸徳善によれば、次の四類型に大きく分類することができる。すなわち、①発展・進化史観の否定、②その修正、③歴史の捨象、および④別個の原理による循環的宗教史観である[12]。①の立場を最もよく代表しているのはヴィルヘルム・シュミット（Wilhelm Schmidt　一八六八―一九五四）の原始一神教説であり、②の立場はオットーやゼーデルブロムなどに見られる。また③の立場を強く主張してきたのは宗教現象学者である。たとえば、ファン・デル・レーウは宗教現象学が宗教の歴史的発展を全く扱わないことを強調した。④の立場は、②の系列を背景として、シュライアーマッハーからオットーを経てヨアヒム・ワッハへと継承され、最終的にオットーの弟子グスタフ・メンシングに代表されるものである。その根本には、理神論的・啓蒙主義的な特徴をもつ「宗教一般、宗教そのもの」(Religion überhaupt, die Religion) という概念を退け、具体的な「諸宗教」(Religionen) を歴史的考察の対象とするという学的態度がある。

そうした立場の中でも、②の立場を示すオットーは世界の諸宗教に見られる類似の現象を、諸宗教の発展における「平行」(Parallele) あるいは「収斂」(Konvergenz) として解釈した。オットーは宗教史を二重の意味における「発展」(Entwicklung) として捉えた。まず、霊鬼的な畏怖などの感情が神々(あるいは神) への畏怖へと発展する点を、ヌミノーゼそれ自体の発展と考えた。同時に、もう一つの意味における宗教の発展は、ヌミノーゼに関する合理化ないし倫理化の過程として解釈された。それはオットーの言うヌミノーゼの「図式化」が進むことを意味する。[13] オットーは第一の意味における宗教の発展に関する議論では、諸宗教の始源として、ほとんど「宗教」と呼ぶことができない基盤、すなわち、そこから「宗教」が生起してくる「宗教以前」(Vorreligion) という段階を設定した。

この「宗教以前」という基盤を構成する要素として、オットーはデーモン的な畏怖、シャマニズム的憑依、デーモン的な喧騒やエクスタシー的踊りを伴う原始的神秘主義、呪術儀礼などを挙げているが、それらはいまだ「宗教」と呼ぶことはできないという。ここで彼が「宗教以前」と「宗教」を識別する基準はあまり明確ではないが、「宗教以前」の基盤のうえに「宗教」が発展したと解釈した。「宗教」に先行する「宗教以前」の要素は、いわば家の前庭のように、後になっても「宗教」の中に深く入り込んで作用し続けると、彼は述べている。さらに「より高度なものへのこうした移行は文化の多様な領域で進むが、それらの現象は相互に無関係で独立しており、実に個性的である」ことを強調し、宗教史における多様な諸宗教の平行性を説いた。[14] オットーによれば、西洋の文化において、その決定的要因を成しているギリシア思想は、紀元前八〇〇―五〇〇年に発展し、「ロゴス」(logos) が「神話」(mythos) から分離し、また「神学」(theologia 神に関する知識) が「神話学」(mythologia 神話に関する知識) から分かれた。一方、ほぼ同じ時代に東洋の文化では、中国に孔子と老子が登場し、西洋の宗教と類似した宗教現象が見られた。神話の基盤が克服され、宗教が倫理となり精神化される中で、絶対的なものが探究されるようになったのである。

オットーは東洋の宗教史の中でも、特にインド宗教史に注目し、インド宗教史が西洋宗教史と平行現象をなしていることを強調している。[15] たとえば、ヴェーダの宗教の中で、宇宙の支配神・司法神のヴァルナは、古代イスラエルのヤハウェと対応している。また古ウパニシャッド思想は、いまだ粗野なテオロギア (theologia) を示しているが、「全体・即・一の概念」(All-One notion) を説いたものであるという。その成立はバラモン教思想の基盤が構築された時期 (紀元前九〇〇―八〇〇―ブッダの時代) に当たるが、それは原始的な供犠的神秘主義や神々に関する瞑想にもとづいていた。そのインド的展開は西洋のエレア派哲学とパラレルをなすが、オットーによれば、「その後に哲学となったものは、原初において概念的には神秘的で宗教的であった」という。またインドのバラモン教世界において、実践的な「宗教生活」(vita religiosa)は哲学的思惟であると同時に、それが救い(悟り)の経験や修行として発展した。こうした点は西洋では、インドほど顕著に発展しなかったが、明らかに平行性が見られるとオットーは言う。

中国では、老子が「道」を求めて生きる隠遁生活を説いたが、老子が説いた「道」と密接に対応しているのは、西洋ではヘラクレイトスの「ロゴス」であった。またインドにおいて、一つの思想の流れを形成するブラフマンは、元来、呪術的讃歌の「聖なる言葉」であったが、それが世界の究極原理となった。もう一つの思想の流れを成すアートマン(魂)は元来、生命原理としての「息」であったが、オットーによれば、「アートマンの思想線とブラフマンの思想線が収斂して」結びついたものである。このアートマンは西洋の「プネウマ」に対応しており、ヘラクレイトスが言うように、「ロゴスはプネウマであり、プネウマはロゴスである」。このロゴスとプネウマの一体性はブラフマンとアートマンの一体性に対応する、とオットーは指摘している。[16]

西洋との比較考察において、オットーが最も興味深い平行現象として関心を抱いたのは、インドのヒンドゥー教伝統の中でも、シャンカラやラーマーヌジャなどのヴェーダーンタ哲学であった。シャンカラとラーマーヌジャの思想については、『ラーマーヌジャの教説』の序において、次のように述べている。

ここで互いに、ただそれぞれ役割を果たしているシャンカラとラーマーヌジャにおいて、二つの全く偉大なもの（ganz Große）がせめぎ合っている。すなわち、ほとんど極めて素晴らしく世界を凌駕し、究極的に非合理的で不可解であり、規定できない全・即・一の神汎論的な神秘主義（All-Eins theopantistischer Mystik）は、主宰神すなわち感情や願望をもち、人格的かつ合理的で、愛し愛される心と良心の神とせめぎ合っているのだ。これらの二つの対立するもの（それは対立するものなのだろうか、それとも、それは両極なのだろうか）は、ここで、すなわちラーマーヌジャの『註解』のこの冒頭部分において、明らかに決定的に鋭く衝突しているが、こうしたことは世界のどの著作にもない。[17]

ここに引用した文章において、オットーが述べているように、インドには「全・即・一の神汎論的な神秘主義」と「主宰神」（「心と良心の神」）への信仰、すなわち「救済者・神秘主義」が「二つの対立するもの」あるいは「両極」として存在する。後者を強調するラーマーヌジャにとっては、前者に親和性を示すシャンカラとは決定的に対立するが、オットーはそれらの思想を「ヴェーダーンタ神秘主義」（*Vedānta-Mystik*）と呼ぶ。インドのそうした神秘主義は、キリスト教やイスラームに見られる西洋の神秘主義とパラレルを成していると彼は考えた。この点について『西と東の神秘主義』の中で、シャンカラとエックハルトの比較研究によって詳論している。またバクティ宗教の中にも、西洋と東洋の宗教のあいだに、驚くべき平行性が存在すると考えている。

オットーは『インドの恩寵の宗教とキリスト教』において、キリスト教と対称を成しているヒンドゥー教のヴィシュヌ派伝統に焦点を当てながら、ヒンドゥー教とキリスト教の類似点と相違点を分析する中で、インドの「恩寵の宗教」における「神」、「恩寵」、「救済」の概念をキリスト教の概念によって把握しようとした。またバクティによる救いを説くラーマーヌジャの思想、あるいはヴィシュヌ派信仰に注目し、特に「救済者・神秘主義」（Heilandsmystik）として、ヴィシュヌ派における救済者クリシュナとラーマ、およびルターと同時代に生きたチャイタニヤの救済者信仰を取り上げている。オットーが「バクティの宗教」（Bhaktireligion）と呼んだヴィシュヌ派伝統は、いわば「キリスト教のライバル」（Konkurrent des Christentums）に当たると彼は捉えている。なぜなら、キリスト教における「恩寵（恵み）」（gratia）、「恩寵のみ」（gratia sola）の教義が、ヴィシュヌ神へのバクティ（信愛）によって救われることを説くヴィシュヌ派伝統でも強調されてきたからである。『インドの恩寵の宗教とキリスト教』の中で、オットーは次のように言う。

> インドの大地には、奇異の念を抱かせるほど相似した「ライバル」が育ったと思わざるを得ない。それは、キリスト教とその本来の中枢であるところのもの、すなわち、救済の専有性を争うかに思える一つの正当なライバルなのだ。[18]

オットーにとって宗教史研究は、キリスト教を諸宗教の中の一つの宗教として把握したうえで、その本質と精神を理解するための手法であった。そのことがまた、彼のキリスト教神学研究の本質的課題でもあった。[19] 比較宗教的な視点から東洋と西洋の宗教を研究すると、それらの宗教のあいだに「大変不思議な偶然の一致」(very curious coincidence) が存在することについて、宗教の「展開の平行線の法則」によって、洋の東西を問わず、世界中で宗教の発展が平行して見られることを示そうとしたのである。ただし、そこには明らかに「宗教以前」(Vorreligion) ↓多霊信仰↓多神教↓一神教という宗教の発展史が暗黙のうちに前提とされている。[20] この「事実」を宗教史的解釈の基盤として、オットーはキリスト教神学研究を進めた。宗教現象の「不思議な偶然の一致」を支える諸宗教の本質を、彼は「ヌミノーゼの感覚」(sensus numinis) として規定し、そのうえで東洋と西洋における諸宗教の類似現象を比較考察し、それらの宗教現象を宗教史的展開の平行性として理論化した。つまり、オットーの宗教研究は、洋の東西を問わず、人類全てが共有する宗教の本質が、諸宗教の違いを超えて、世界の宗教史を貫いているという歴史的解釈にもとづいていたのである。

3　宗教史研究とインド

以上のようなオットーの宗教史的パースペクティヴは、近代西洋の宗教文化というファインダーをとおして捉えた宗教史の一つのヴィジョンであった。彼が用いた宗教の概念的枠組みは、西洋のキリスト教あるいはプロテスタント神学の研究動向の中で構築されたものである。したがって、その概念的枠組みは中立的な宗教理解の解釈学的視座であったわけではない。そのことは彼の宗教史に関する「語り」を辿れば明らかである。彼が構築した宗教史の枠組みは十九世紀末から二十世紀前半にかけての西洋世界における宗教研究の動向を映し出す一つのプリズムであったとも言えるだろう。オットーの宗教史研究を特徴づけたのは、すでに示唆したように、彼が特に関心を抱いたインド宗教史が西洋宗教史と平行性を成しているという宗教史に関する仮説であった。インドの宗教の中でも、特にヴィシュヌ派伝統をキリスト教と比較研究すると、それら二つの宗教はともに「救い」の宗教として把握される。彼の解釈学的な枠組みによれば、ヴィシュヌ派の「バクティ」(bhakti 信愛)はキリスト教の「信仰」(Glaube)に対応するし、ヴィシュヌ派の「プラサーダ」(prasāda 恩寵)はキリスト教の「恩寵」(Gnade)に対応している。したがって、それら類似の宗教現象の比較考察を踏まえて、オットーはヴィシュヌ派伝統をインドの「恩寵の宗教」(Gnaden-religion)と呼んだ。

オットーの宗教史研究から見れば、ヴィシュヌ派は人類の普遍的な宗教性を示す一つの具体例である。それらは歴史的に異なる起源をもっているが、極めてよく似た宗教形態をもつ。こうした宗教現象の類似性の中に、オットーは世界の宗教史には展開の平行性があるという仮説を立てた。この仮説は、西洋のキリスト教における「信仰」や「恩寵」などの宗教概念がキリスト教以外の諸宗教にも当てはまるという諸宗教の類似性の認識にもとづいて理論化されたものである。また同時に、そのことはキリスト教の宗教概念およびその枠組みの普遍妥当性を示唆するものとしても捉えられる。このことを彼に強く確信させたのは、東洋への旅で、ヒンドゥー教や仏教に出会ったときの彼自身の体験であった。

オットーのこうした枠組みは、宗教史学派の影響を受けた時期にはまだ漠然としたもので、宗教史における展開の平行性に関する理論はいまだ具体化されてはいなかった。しかし、すでに述べたように、一九一一年からの東洋への旅の中で、オットーは自分の目で直接、東洋の諸宗教に触れる体験をした。それによって、おのずと諸宗教の「比較」という視点が生まれ、キリスト教を東洋の諸宗教との比較研究の中に位置づけて理解するという視点を得た。この東洋への旅は、オットーのその後の著作に幅広さと深みをもたらすことになった。この時期から、彼の著作はルター派神学者あるいは観念論的な宗教哲学者という印象を与えると同時に、「宗教学者」(Religionswissenschaftler)という印象も与えるようになった。東洋の旅から帰国したオットーは東洋の宗教への学問的関心から、とりわけ、ヒンドゥー教と仏教を掘り下げて研究するようになった。この時期から一九一五年までの、オットーが図書館から借り出した著書の記録が残っているが、そこからは、彼が東洋の旅から帰国した後、ヒンドゥー教と仏教に関心を抱いて、貪欲にそれらの文献を読んで理解を深めていったことが窺える。[21] つまり、オットーの東洋への旅は、西洋と東洋の宗教史における展開の平行性を確信させるとともに、その確信を宗教の解釈学的枠組みの構築へといざなう重要な契機となった。

オットーは東洋への旅の以前から、人間には本来的に「ヌミノーゼの感情」が「素質」(Anlage)

としてアプリオリに具わっており、宗教史はその素質の「展開」(Entfaltung)であると考えていた。しかし実際、宗教史における展開の平行性に関する構想を具体的に論じたのは、訪日中の一九一二年四月一一日、日本アジア協会での講演「東洋と西洋の宗教の展開における平行性」がはじめてであった。[22]その講演で取り上げた宗教の比較考察のおもな対象は、ユダヤ・キリスト教伝統と仏教伝統であった。その後、宗教史的展開の平行性を掘り下げて考察することになるが、この講演の中ではまだ、後に彼の学問的な関心の中心となるインドのヒンドゥー教には全く言及していない。そのときに提示した東洋と西洋の宗教に関する比較考察は、その後に展開した宗教史論の内容と比較すると、いまだ荒削りなものであったが、この講演はオットーが東洋への旅の途上で考えた(あるいは、気づいた)内容を踏まえたものであっただけに無理もなかったように思われる。

日本アジア協会におけるその講演の中で、オットーが着目したのは次の八つの類似点であった。すなわち、ユダヤ・キリスト教伝統と仏教伝統の同時代性、それらの内容の類似性、歴史的なものから思弁的なものへの展開、「教会」制度の類似性、シンクレチズム、適応、文化の副産物、宗教改革である。彼が比較考察の手がかりとした項目の概念的枠組みは全て、キリスト教の伝統に由来するものであり、キリスト教的な観点から捉えた比較宗教史的な「語り」であった。ユダヤ・キリスト教伝統を比較考察の基準として、仏教伝統の中でそれに対応する思想や現象を取り上げるというこの比較研究は、その後、インドのヒンドゥー教に関する知見を蓄積したうえで、宗教史的展開の平行性に関する議論の理論的基盤になった。そうした意味でも、一九一一年から一二年にかけた東洋への旅は、その後の宗教論の展開にとって重要な意義をもっていた。

第二章で詳しく記したように、オットーは人生の中で二度、インドを訪れた。まず、一九一一年一〇月初旬から一九一二年七月末にかけての東洋への旅の中であったが、当時、彼はゲッティンゲン大学において、キリスト教組織神学の准教授の職にあった。彼はまずインドに立ち寄り、ヒンドゥー教徒と接触をもった。そのときのインド滞在は約一カ月であった。時間的な都合で当初、旅程に入れていた南インドへの旅を全て取りやめたのはすでに述べたとおりだが、当初のインドでの短い滞在計画から判断すると、オットーはインド滞在にはあまり期待していなかったと考えられるかもしれない。ところが、実際にインドに滞在して、彼はその精神風土における宗教や信仰に関心をもった。そのとき旅したのはおもに北インドの各地であったが、その体験が後に、ヒンドゥー教研究へとオットーをいざなう重要な転機となった。

二度目のインドへの旅は、一九二七年一〇月中旬から一九二八年五月中旬で、弟子のスウェーデン人牧師バーガー・フォーレルと一緒であった。オットーはセイロン、インド、エジプト、パレスチナ、小アジア、バルカン半島への旅の途中で、インドに滞在したが、最初のインド旅行で取りやめたマイソールなど、南インドおよびセイロンも訪れた。その旅行における調査研究の成果として、帰国後、著書『インドの恩寵の宗教とキリスト教』を出版している。ただし、彼がインドへ出かける前の一九二四年にカッセルの教区総会で、また一九二六年にウプサラ大学とオスロ大学で、「インドのバクティの宗教――キリスト教との比較」（Die Bhakti-Religion im Vergleich mit dem Christentum）を講演していた。つまり、この著書のおもな内容は、インドへ旅立つ前にすでに出来上がっていた。インドから帰国後、その講演原稿に加筆修正したうえで出版したのが『インドの恩寵の宗教とキリスト教』であった。その点については、一九二六年五月、オットーが宗教学者のナータン・ゼーデルブロムに宛てた手紙（一九二六年五月一五日付）で次のように記している。インドへ行く前におこなった講演では、「ただ単に宗教史的に扱うばかりでなく、神学的にも、すなわち、キリスト教との類似点と相違点を同時に比較することによって、独特なものを、さらにキリスト教の救済信仰が示す十分に卓越的なものを示す」ことを試みたというのである。[23]

二度目のインド旅行の表向きの目的は、マールブルク宗教博物館の資料収集にあったが、オットーは各地で仏教徒やヒンドゥー教徒たちに会って、彼が構想していた「宗教人類同盟」(Religiöser Menschheitsbund (Religious league of humanity))、より具体的には一九三〇年に開催予定であった「世界宗教平和会議」(Universal Religious Peace Conference) の概要について語った。このときのインドへの旅は、結果としてオットーには次のような二つの理由から、特に意義深いものとなった。まず、彼はムンバイ湾に浮かぶエレファンタ島に三日間滞在したが、その島にある石窟寺院の壁画彫刻に魅了され、聖なるものの体験をもったと後に述懐している。シヴァ神の三面神像に感動したというが、フリードリヒ・ハイラーはこの聖なるものの体験を、オットーがモロッコの沿岸都市モガドールのあるシナゴーグで、「聖なるかな」(Kadosch) の三唱に深く感動した体験とともに、オットーが旅の中で体験した最も重要な宗教体験であったと捉えている。[24] このときの体験について、オットーは祖国ドイツの姪に手紙（一九二八年一月四日付）を送っている。彼の姪とはオットーの姉ヨハンネ・オットマーの娘、マルガレーテ・オットマー（Margarete Ottmer）のことである。一九〇〇年生まれであったマルガレーテは、高校を卒業する一九一八年か一九年ごろまで、母親とオットーと一緒に住んでいたが、その後、呼吸法、言語修得さらに発声法の教師となり、生涯、しばしば住まいを変えた。マルガレーテは叔父のオットーが亡くなった後、彼の出版物の収入によって生計を立てようとしたが、彼女が思うようにうまくはいかなかったようだ。晩年に彼女は、再びマールブルクに住むようになり、一九八八年に亡くなっている。

手紙の中で、彼は次のように記している。「その像には、完全な平穏と荘厳さ（vollendete Ruhe und Majestät）があります。シヴァ神はここでは、世界を創造し維持し破壊する者として、また同時に、救いをもたらし恵みを与える者としても表現されています。この場所以外のどこでも、このシヴァ神の三面神像よりも崇高で完全に表現された超越的なものの神秘を私は見たことがありません」。さらに次のようにも言う、「この場所を訪れただけでも、ほんとうにインドへ旅をした価値があります。ここに息づいてきた宗教の精神から（von dem Geiste der Religion）、全ての書物からよりも、一時間でも見ていると、もっと多くのことを知ることができるでしょう」[25]。このように美と荘厳さを宿すヒンドゥー教のシヴァ神像に接することで、彼は「聖なるもの」の体験をした。このシヴァ神像をとおして、彼は初期キリスト教の古いビザンティン教会におけるキリストのイメージを想起している。またシヴァ神をとおして、ヌミノーゼの体験に生起する「畏怖」（tremendum）の感情、さらにシヴァ神によってもたらされる救いの恩寵をとおして、「魅惑」（fascinans）の感情も抱いた。このときの経験こそ、オットーがたとえ宗教は違ったとしても、人類共通のものだと説いた「ヌミノーゼの感情」であった。その経験をとおして、彼はキリスト教とヒンドゥー教のあいだに宗教史的展開の平行性を確認したのだ。オットーはインド宗教の深みを、西洋のキリスト教と同じく「ヌミノーゼの感情」だと、体験をとおして理解したのである。

オットーのインドへの旅は、もう一つ別の意味でも意義深いものであった。彼は旅の中で学者や学生、政府の高官などに会って、一九三〇年に開催予定の「世界宗教平和会議」について語った。たとえば、マイソールでは、オットーはマイソール藩王（マハーラージャ）の賓客として接待を受ける中で、ラーマーヌジャ派（すなわち、ヴァダガライ派）に属するパラカーラ僧院の法主（Parakāla Svāmī）に出会った。オットーに同行したバーガー・フォーレルによれば、パラカーラ僧院の法主はマイソールのラーマーヌジャ・カレッジのサンスクリット語の教授であったが、当時は、その僧院の法主に専念していた。このパラカーラ僧院の法主との出会いが、オットーにとって最も印象深いものとして心に残ったという。そうした出会いをとおして、「他宗教の誠実な信仰者との独特の兄弟感情」を体験したと述懐している。[26] また彼はヒンドゥー教の中に存在する二つの思想線、すなわち、「有神論」と「神秘的一元論」の関わりも確認することができたと述べている。ここでオットーが言う「有神論」とは、ラーマーヌジャの被限定者不二一元論ヴェーダーンタ思想およびヴィシュヌ派のバクティ（bhakti 信愛）の思想を意味している。

図３　シャンカラ派総本山・シュリンゲーリ僧院第33代目の世師（シャンカラーチャーリヤ）の肖像画（マールブルク宗教博物館蔵）

図４　ヴィシュヌ派のパラカーラ僧院の法主（パラカーラ・スヴァーミー）の肖像画（マールブルク宗教博物館蔵）

一方、オットーが言う「神秘的一元論」とは、シャンカラの不二一元論ヴェーダーンタ思想およびシャンカラ派の思想のことである。マイソールに滞在しているあいだ、オットーはシャンカラが創始したというシャンカラ派伝統の総本山、シュリンゲーリ僧院も訪れ、僧院の法主である「世師」(Jagadguru)との会見を望んだ。シャンカラ派僧院の世師は代々、「シャンカラーチャーリヤ」(Śaṅkarācārya)とも呼ばれ、広く人々の尊崇を集めてきた。オットーのマイソール滞在中、世師はたまたま僧院を不在にしていたようで、同伴したフォーレルは「報告書」にオットーがシュリンゲーリ僧院の世師と会ったとは記していない。ただし、マールブルク大学の宗教博物館には、現在、シュリンゲーリ僧院から贈られた第三三代の世師すなわち「サッチット・アーナンダ・シヴァービナヴァ・ヌリシンハ・バーラティー」の肖像画(Saccidānandaśivābhinavanṛsiṃhabhāratī 出家遊行 一八六六年、離身解脱　一九一二年）、および、オットーがインドで入手したシャンカラ像が収蔵されている。このことは、オットーがシュリンゲーリ僧院の世師と交流をもっていたことを示している。

インドへの旅において、オットーはキリスト教とヒンドゥー教の違いが、両者がもつ非合理的なものの違いではなく、それぞれの教義や倫理的な側面の違いであるとの確信も得ることができた。このことは倫理と宗教の関わりが、オットーの晩年の宗教研究における中心テーマになったことと連関している。『インドの恩寵の宗教とキリスト教』では、ヒンドゥー教の有神論的な流れの中にも、キリスト教と同じように、「聖なるもの」の働きという意識が存在していると述べている。不二一元論ヴェーダーンタ哲学者シャンカラの哲学的思惟においてさえも、オットーは有神論的な要素や信仰を明確に認めたが、それは彼自身のインド体験にもとづくものだったのである。ヒンドゥー教の伝統では、特にバクティのそれがキリスト教と密接に対応しているとオットーは考えた。彼によれば、キリスト教の「信仰」とヒンドゥー教の「バクティ」は本質的に同じであるという。なぜなら、キリスト教もヒンドゥー教もともに救いの教説を説いているからである。インドのバクティの伝統について、彼は次のように述べている。

このバクティの宗教においては、確かに実際の救済神（Heilsgott）が思念され、信じられ、追求され、さらに疑いなく体験されてきた。こうしたわけで、この宗教はまさに、私にとって疎遠なもののように見えるが、極めて真摯に受けとるべき「ライバル」（Konkurrent）であったし、今日もなお、そのように思える。[27]

ヒンドゥー教の有神論的な思想は、神や聖なるものに関するキリスト教思想と顕著に類似しているが、ヒンドゥー教は創造された世界の価値など、神に帰すべき諸価値を欠いていると、オットーは言う。こうしたキリスト教的な判断基準にもとづくインド宗教に関する彼の理解は、インドの人々を失望させたと言われる。[28] オットーがインドへの旅をとおして記述したヒンドゥー教は、彼自身の比較宗教的な視点で捉えたかぎりでのヒンドゥー教とその思想であった。ヒンドゥー教に関する彼の記述は、キリスト教的な視座から構築されたものであって、ヒンドゥー教徒たちによって〈生きられた宗教〉ではなく、むしろオットーのキリスト教信仰あるいは神学的な関心というフィルターによって濾過されたヒンドゥー教、すなわち、西洋の宗教的パラダイムによって「再構成された宗教」であったと言えるだろう。ともあれ、オットーが二度にわたるインド滞在をとおして得た体験は、ヌミノーゼの体験に根ざす宗教論を構築するうえで極めて意義深いものであった。

4　宗教史的視座の課題

オットーはキリスト教神学および宗教哲学の視点から、人間が本来的にもっている宗教の本質を省察すると同時に、比較宗教的な視点から東洋の宗教史、特にインド宗教史の中に、その具体的な宗教現象を探究する過程で、独自の方法論を構築していった。彼はキリスト教神学および宗教哲学の視座のうえに、比較宗教研究の視座を重ね合わせていったと言えるだろう。その一方で、生涯を通じて、彼はみずからをルター派神学者として意識していた。とりわけ、大学でキリスト教の組織神学を教える立場にあったことからも、オットーの宗教研究はキリスト教的パースペクティヴの制約を受けざるをえなかったと思われる。彼の宗教論はそうした視座によって再構成された、いわば比較宗教的な「語り」であった。

そうした「語り」の具体的な側面は、彼が東洋の宗教の中でも、特にヒンドゥー教のヴィシュヌ派の伝統に注目し、その宗教伝統をインドの「恩寵の宗教」として捉えた点に見いだすことができる。彼はヴィシュヌ派をキリスト教的概念の視点から捉えることによって、非西洋の文化であるヒンドゥー教を西洋のキリスト教とパラレルをなすものとして解釈することができたのだ。さらに、オットーの比較宗教的な研究において注目すべき点は、キリスト教の神とヒンドゥー教のヴィシュヌ神をともに「絶対他者」(das ganz Andere)として平行的に捉えたことである。近代西洋のキリスト教神学の視座によって、ヒンドゥー教伝統を理解しようとしたとき、オットーの宗教解釈学的な視座が本質的にその射程内に取り込むことができたのは、ラーマーヌジャの思想やヴィシュヌ派の信仰によって代表される「バクティの宗教」とその思想であった。それは「バクティの宗教」として描写されるヒンドゥー教が、西洋のキリスト教の概念的枠組みに対応しているとみなすことができたからである。一神教的パースペクティヴにおいて、オットーは東洋と西洋の宗教史における展開の平行性を見て取った。「絶対他者」の概念によって、多神教的な様相をもつヒンドゥー教を理解しようとしたとき、その「一神教」的な側面に焦点を当てることはできたが、結果的に融通無碍な性格をもつヒンドゥー教伝統や思想が内包する多神教的な側面を見逃すことになった。オットーのインド宗教研究は、キリスト教的な概念的枠組みに依拠しすぎたために、インドの宗教や宗教思想をその宗教文化的コンテクストの中で理解し切れなかったことを物語っている。つまり、彼の比較宗教的パースペクティヴは、「バクティ宗教」をインドの具体的な宗教的コンテクストに引き戻して、その宗教的リアリティを理解するだけの解釈学的な視座を欠いていたと言わざるをえない。

オットーが用いた宗教概念は、西洋近代の宗教的な背景にもとづいていた。宗教学における宗教の諸概念は全て、宗教学者のウィリアム・A・グラハム（William A. Graham　一九四三—）の指摘を俟つまでもなく、近代西洋における特定の宗教文化的コンテクストの制約を受けてきた。そのため、その宗教概念は必然的に暫定的な性格をもっている。宗教の諸概念やそれらによって構成される概念的枠組みは、不可避的に歴史的・文化的な偏見をもっていると言えるであろう。[29] オットーの宗教論に見られるように、西洋モデルの宗教概念を非西洋の宗教に適用して記述した宗教史は、歴史的・文化的な偏りを免れえない。西洋の従来の宗教学において自明視されてきた諸概念や諸理論も、特定の宗教的コンテクストに引き戻して再検討しなければならないのであり、そうした意味では、オットーの東洋への旅は、西洋近代の宗教の諸概念を東洋の宗教的コンテクストの中で再考するための重要な契機となる可能性を秘めていた。しかしながら、あくまでも近代西洋の宗教概念に依拠していたオットーの比較宗教的な視座は、キリスト教神学の立場から、東洋の宗教と西洋の宗教の類似性あるいは平行性を論じる方向へと向かった。そのため、彼はインドの宗教独特の多神教的な側面を視野に収めることができなかったのである。

エリアーデなど、西洋の宗教学者の宗教史研究にしばしば見受けられるように、オットーの宗教研究の核心には、西洋近代のキリスト教的世界観の根強い影響が見てとれる。したがって、オットーの宗教論を再検討する中で、宗教の諸概念や枠組みにもとづく宗教学の「語り」は、具体的な宗教的コンテクストへと引き戻しながら繰り返し捉えなおさなければならない。現代の宗教学において、宗教史の記述を繰り返し修正しながら、それを再記述していくという宗教解釈学的な研究が、これまで以上に重要な研究課題の一つになっていると言えるだろう。宗教学者のウィルフレッド・C・スミス（Wilfred C. Smith　一九一六―二〇〇〇）も指摘するように、宗教学者は自分の宗教以外の宗教を理解することができるとの前提から出発する。また西洋の宗教学者は伝統的に、非西洋の宗教伝統を「非人格的」（impersonal）に「それ」（it）とみなし、教説や象徴などの「宗教の外形」（externals of religion）を研究することによって、宗教の理解が可能であると考えてきた。ところが、宗教学のそうした学的態度は、宗教に関与する人々によって営まれる宗教の生《なま》のリアリティ、および、その宗教的コンテクストへの共感的な視座を欠如させることになる可能性が大きい。特定の宗教伝統における教説や象徴などの宗教の構成要素は、それらが信仰者や共同体に対してもつ関係性の中で、はじめて宗教的な意味を理解することができる。宗教を理解するためには、スミスが言う「観察される信仰の人格化」(personalization of the faiths observed)、すなわち、宗教を生きた信仰として、その宗教的コンテクストに位置づけて、信仰の担い手にとって宗教がもつ意味を共感的に理解しようとする宗教の解釈学的視座が求められる。[30] 言いかえれば、それは「宗教のコンテクスト化」とも呼ぶことができるだろう。

第五章　東洋と西洋の宗教における平行性

本書では、これまでオットーの思想のもつ比較宗教的な視座を考察してきた。オットーは『西と東の神秘主義』などの著作の中で、自らの宗教理解を具体的に展開している。本章では、オットーが比較宗教的な視座から、東洋と西洋の宗教思想をどのように理解したのかを明らかにしたい。とりわけ、ここで取り上げるのは彼の神秘主義論である。世界の宗教現象の中で、彼が特に注目したのは「神秘主義」であった。

現代の宗教研究における「神秘主義」の概念は、多くの場合、言うまでもなく、西洋の宗教伝統に由来する。だが、その概念は東洋の宗教思想を理解するうえで、どの程度、妥当性をもっているのだろうか。いわゆる「神秘主義」が、宗教研究における普遍的な概念であるかどうかについては、宗教学者のジョン・B・カーマン（John B. Carman 一九三〇―）も指摘しているように、必ずしも自明ではない。[01] ここでは具体的に、オットーの比較宗教的パースペクティヴを明らかにするために、シャンカラの思想を「神秘主義」として捉えた彼のインド宗教思想研究に焦点を絞って考察したい。

そこでまず、近年の宗教研究における「神秘主義」をめぐる議論を取り上げたうえで、オットーの神秘主義論とその特徴を検討することにしよう。

そのまえに、現代の宗教学におけるオットーの方法論的意義として、おもに次の二点を確認しておきたい。すでに論じてきたように、彼の方法論的意義は、まず、宗教の非還元性あるいは独自性を主張したことにある。オットーは宗教を宗教以外の諸現象から把握することが不可能であることを明らかにするために、「聖」(Heiligkeit) の概念を導入し、宗教の独自性を強調した。さらに、もう一つの方法論的意義は、オットーが宗教の本質を宗教体験レベルにおいて探究しようとした点である。宗教体験の次元に立ち戻って、宗教の本質を捉えようとした結果、人間存在の宗教体験における「ヌミノーゼ」の感情こそが宗教の本質であると主張したのである。以上が、宗教学の中でも、特に宗教現象学に大きな影響を与えた方法論的パースペクティヴであるが、これら二つの見方は、オットーのキリスト教神学研究の基盤を成していた。

1　宗教概念としての「神秘主義」とその研究

まず、オットーの神秘主義論の特徴を明らかにするために、宗教概念としての「神秘主義」(Mystik) の成立とその研究について述べておきたい。英語の mysticism それ自体は、十八世紀半ばに成立したと言われる。アメリカの宗教学者レイ・E・シュミット (Leigh Eric Schmidt　一九六一—) によれば、「神秘主義が二十世紀の変わり目までに、宗教経験の普遍的な真髄として存在するようになったことは自明のことである。十八世紀前半には、「神秘主義」という英語のカテゴリーは存在しなかった。その代わり一般的な分類として「神秘神学」（mystical theology）があり、キリスト教神学における特殊な信仰の部門を示していた」という。[02]「神秘主義」という語が非合理的な神性や神秘的直接体験を主として表す概念となったのは、少なくとも十九世紀以降のことであった。

「神秘主義」が宗教概念として成立すると、この用語は西洋の宗教伝統ばかりでなく、東洋の宗教伝統にも適用され、現代の宗教研究において、普遍的なカテゴリーの一つとして用いられるようになった。するとシュミットが指摘しているように、「カテゴリーとしての神秘主義の広がりは、たとえそれが伏在する同一性やエキュメニカルな調和に関して素朴であったとしても、宗教間の関わり合いの手段――諸宗教の増大するグローバルな出会いの共感的な合流点――となった。一つの構成物としての普遍化された神秘主義は、本質主義によってさまざまなやりとりを締め出すというよりはそれらを開始し、十九世紀における無数の宗教的な交差や接触を可能にする鍵概念的な橋渡しの一つとなった」のである。[03]ヨーロッパにおいて、とりわけ東洋の宗教伝統に関する研究の視点からみれば、インド学を嚆矢としてキリスト教以外の諸宗教に関する研究が進展したが、それらの宗教研究をとおして、キリスト教ばかりでなく、諸宗教の中に見られる神秘主義的要素の存在が次第に認識されるようになった。こうした経緯から、十九世紀後半から二十世紀にかけて、宗教学者の深澤英隆も指摘しているように、「諸宗教の「共通本質」としての神秘主義的なるものの称揚が見られた。他方で、カント以来、合理主義や科学の陣営にとっては、「神秘主義」という語彙は、あらゆる非合理的なものを総称する、「蒙昧主義 obscurantism」の代名詞となった。これは、神秘主義言説において神秘主義の語が、宗教外の非合理的諸現象にまで拡張適用されるに至ったことと対応している」。さらに、「自然的宗教性の非合理化ともいえる神秘体験の普遍性と超歴史性が語られながら、他方で宗教神秘主義の現象形態の歴史的系譜化が図られた」のである。[04]

mysticism / Mystik の語は本来、語源的にはギリシア語の myo に由来する。それは「閉じる」、特に「目を閉じる」ことを意味するが、概念史的には、形容詞の mystikos から派生した語である。[05] この語は、「普遍的であるスピリチュアルな傾向」を含意しており、すなわち、「永遠である人間の魂の傾向」を示す。つまり、神秘主義は「宗教それ自体としてみるべきではなく、むしろ全ての真の宗教における最も生命力のある側面としてみるべき」ものである。[06] L・E・シュミットによれば、「神秘主義」を「スピリチュアリティの最高の形態」として、その語を普及させたのは、とりわけヴォーガン（Robert Alfred Vaughan 一八二三―一八五七）であった。[07] ちなみに、オットーをはじめ、R・C・ゼーナー（R. C. Zaehner 一九一三―一九七四）、W・T・ステイス（W. T. Stace 一八八六―一九六七）、N・スマート（Ninian Smart 一九二七―二〇〇一）、S・ラーダークリシュナン（S. Radhakrishnan 一八八八―一九七五）などの宗教研究者も、神秘体験が宗教における主要な要因であると認識していた。[08]

神秘主義は魂と究極的実在との「合一」を意味している。神秘主義者の目的は、神秘主義者が神秘的合一の中で、「人格的な愛の対象を見いだす、絶対者との意識的な関係を確立すること」である。宗教は一般的に、神性と人間性を切り離して認識するが、神秘主義はそうしたあり方を超えて、「神的なものとの密接な合一（union）」、すなわち、「魂内での神的なものの浸透と、神的なものにおける個性――全ての行動、思考、感情の様式をもった個性――の消失」を切望する。つまり、神秘主義者は「ただ単に現象的なものすべて、リアリティのより低い形態すべてを通り抜け、存在それ自体になろうとする」のである。[09]

宗教研究における神秘主義は、特定のコンテクスト（歴史・文化・言語）の中で把捉すべきであり、また学者たちも特定のコンテクストにおいて把握しようとしてきた。こうした傾向はおよそ四半世紀前から見られる。たとえば、アメリカの哲学者スティーヴン・T・カッツ（Steven T. Katz　一九四四―）によれば、「純粋な（すなわち、無媒介の）経験は存在しない」し、神秘家の経験は、経験以前の複雑な信念、態度および期待のパターンによって制約されているという。またアメリカの宗教学者のウェイン・プラウドフット（Wayne Proudfoot　一九三九―）によれば、シュライアーマッハー以後の神秘主義の展開は、宗教経験という「保護領域」を確保するために計画された、より大きな「保護的な戦略」の一部であるという。神秘主義は還元主義的な説明から保護され、また、科学が流入しないように保護されている領域である、とプラウドフットは言う。したがって、研究者は神秘主義をそれ以外の現象に帰することが不可能な、自律的で普遍的な領域として確保するのをやめる必要があると、彼は指摘する。[10]

アメリカの宗教学者ハンス・H・ペンナー（Hans H. Penner　一九三八―二〇一六）も、「神秘主義」

の普遍性および超越性を厳しく批判する。カッツの同僚であったペンナーは、論文「神秘的な幻想」(The Mystical Illusion 一九八三)において、神秘主義が「偽りのカテゴリー」であり、「本質主義的な幻想」であるとして、その概念の有効性を批判している。ペンナーによれば、「「神秘主義」は宗教の重要な側面を歪曲してきた幻想であり、非現実的であり、偽りのカテゴリーである」という。このことは「ヨーガ行者、シャンカラ、十字架の聖ヨハネあるいはエックハルトによってなされた主張が非現実的であるとか、幻想であるということを意味してはいない。それは厳密に言えば、いわゆる神秘的な諸体系を構築したり、さらに「神秘主義」を宗教の本質とみなすように、研究者たちをいざなってきた、訳の分からないデータなのである」[11]とペンナーは言う。

神秘主義に関しては、オットーをはじめ、イーヴリン・アンダーヒル(Evelyn Underhill 一八七五―一九四一)、ステイス、ゼーナーなどの古典的な研究があった。それらの研究には、さまざまな違いが見られるが、全てが神秘主義の本質の探究によって、それを記述しようとする試みであった。つまり、それらの研究の強調点は神秘体験に置かれており、それは自己と世界を超越する究極的な体験として扱われていた。それは日常的経験と質的に異なる絶対的な体験であり、オットーが言う「ヌミノーゼ」体験なのである。したがって、神秘的な体験を語る言語は、根源的かつ普遍的な体験に関する象徴的表現として捉えられている。こうした見解に対して、ペンナーは「神秘主義の研究に対するそうしたアプローチは逆転させなければならないと私は提案する。神秘主義を理解するために、私たちがもっているものは言語だけなのであって、それが体験ではないということを想起しなければならない」と強調する。[12] 彼は神秘主義を研究するための一つの選択肢として、「多様な神秘主義をそれらの歴史的コンテクストにおいて研究すること」を提案する。なぜなら、「神秘的な言語が同一のリアリティを指し示すと考えることができない」からであり、それは「リアリティが言語体系と相関して」おり、さまざまな神秘的な体験を語る言語が異なる神秘的体験の世界を表現しているからである。[13]

神秘主義の脱構築的な研究も見られる。たとえば、カナダの神学者グレース・M・ジャンツゼン（Grace M. Jantzen　一九四八―二〇〇六）は、フェミニズムの視点から、従来の神秘主義的な解釈を乗り越えようとする。ジャンツゼンによれば、キリスト教史において、神秘主義の「本質」として規定できるものは存在しない。神秘主義の思想は「一つの社会的な構築物」である。「現代の哲学者たちや神学者たちが神秘主義に関する特定の理解を選択するとき、このことはまた、それが意図的であろうがなかろうが、不可避的に権力と権威の問題を包含し、またその問題を隠している神秘主義に関する特定の社会的な構築物を選択することになる」という。つまり、神秘主義とは「絶え間なく変化する社会的かつ歴史的な構築物」なのである。[14] またアメリカのユダヤ教学者スティーヴン・ワッサーストローム（Steven Wasserstrom）は、神秘主義を言い表すために「神秘中心主義」（mystocentrism）という語を作っている。これは宗教研究において、神秘主義が長年にわたって支配的な位置にあったことに対する彼の強い疑念を具体化したものである。彼によれば、「『宗教的リアリティ』がもちろん、たいてい神秘的な意味を生み出す。しかしながら、私たちはただテクストとコンテクストだけを研究している。ジョナサン・Z・スミスが実際に示したように、教室で利用できる「宗教現象」は存在しない。存在しているのはただ随伴現象（epiphenomena）だけである」という。[15]

2 神秘主義研究の背景

神秘主義研究は以上のように理解されているが、オットーは神秘主義をどのように捉えていたのだろうか。そのことについて論じるまえに、彼が神秘主義研究に取り組むようになった背景について述べておきたい。彼は一九一一年一〇月初旬から翌年七月末にかけて東洋を旅し、その旅が彼の宗教研究にとって大きな意義をもつことになったことは、すでに論じたとおりである。特にインドと日本で、東洋におけるいわゆる「神秘主義」の世界に接したことは、彼の宗教研究にとって大きな転機となった。そのときの印象を彼は後に次のように語っている。「このとき、はじめて東洋的な感情や体験と西洋的なそれとの不思議な平行性に関する見解が、私にとってより具体的になった。さらにまた同時に、深い特異性と異質性に関する認識も、私にとってより具体的なものになった」[16]。こうしたものの見方は、オットーが自ら東洋への旅をとおして得た体験内容にもとづいていた。

日本滞在中の一九一二年四月一一日、彼は日本アジア協会において講演をおこなった。講演のタイトルは「東洋と西洋の宗教の展開における平行性」であった。その講演の中で、オットーは東洋の宗教（仏教伝統）と西洋の宗教（ユダヤ・キリスト教伝統）の「平行性」を強調した。つまり、東洋と西洋の宗教は文化的には互いにほぼ完全に独立しているが、それらは「平行性」を成している。人類には「共通の宗教感情」という普遍的な意識が存在しているので、世界の諸宗教にはこのような類似性がみられるのだと、彼は論じた。こうした考え方がその後のオットー宗教研究の基本的な立場となった。オットーは世界宗教史的パースペクティヴの素描ともいうべき「宗教史における平行性と収斂性」という論文において、世界宗教史を捉える地平として「展開の平行線の法則」を提示し、こうした観点から、インドのヴェーダーンタ哲学を一つの「神秘主義」として考察している[17]。

オットーは神秘主義を「不思議な精神現象の本質」（das Wesen der seltsamen geistigen Erscheinung）として捉えた。神秘主義に関する主要な著書には、『聖なるもの』をはじめ、『西と東の神秘主義』と『インドの恩寵の宗教とキリスト教』がある。オットーは「神秘主義」という語について、サンスクリット語を語源として次のように分析している。

> Mysterium（神秘、秘義）、Mystēs（秘義を受けた者）、Mystik（神秘主義）はおそらく、サンスクリット語の √muṣ にまだ残っている語幹から派生していると思われる。√muṣ は「隠れている、潜んでいる、こっそりやる」という意味である（それゆえに欺くとか盗むという意味も持っている）。「神秘」（mysterium）は、一般的な理解では、まずもって異様なもの、理解できないもの、説明できないもの一般という意味での秘密に過ぎず、その点では私たちが言おうとしているものを表す

「神秘」でさえも、自然的なものの領域からの類似概念に過ぎない。つまりまさにある種の類比のために、表示として持ち出されるものであって、事柄を本当に言い尽くすものではない[18]。

オットーはヴェーダーンタ哲学を、合理的には理解できず、また言葉では説明し尽くすことができない「神秘」を内包する思想として捉えた。思想内容を明らかにしようとしても、「神秘」はいまだ「隠れた」部分として説明不能である。その意味では、ヴェーダーンタ哲学はオットーにとって、まさに「不思議な精神現象の本質」を示すインド宗教思想の一つであった。

「神秘主義」といえば、「神秘的合一」(unio mystica) の用語が示唆するように、それは一般的に絶対者あるいは超越的実在と自己の合一体験を基礎とすると理解されてきた。オットーも確かに神秘主義を「神的なものの内在の経験、神的なものとの本質的合体、あるいは本質的合一」(Erfahrung der Immanenz des Göttlichen, Wesenseinigung oder Wesenseinheit mit dem Göttlichem) として捉えている。神秘主義的な経験とは「神的なものを超越的なものとして経験すること」(Erfahrung des Göttlichen als des Transzendenten) であり、それは一般的に理解される宗教経験とは異なるという[19]。神秘主義では「神秘的合一」が強調され、超越的なものと自己の合一が説かれる。それに対して、一般的な宗教経験では、超越的なものと人間存在のギャップを前提として、超越的なものに対する関わり方が説かれる。それは両者のあいだに無限の懸隔が横たわっていると認識されるからである。こうした脈絡において、オットー自身も「神的なものの内在の経験、神的なものとの本質的合体、あるいは本質的合一」を神秘主義の一つの特徴として認めていた。ところが、オットーが言う神秘主義論の内容を掘り下げると、それはこれまでの一般的な理解の仕方と微妙に違っていることがわかる。神秘主義に関する議論では、オットーの『西と東の神秘主義』がしばしば取り上げられてきたが、その解釈はオットーの「神秘主義」の本質とはずれていたと言えるだろう。[20]

オットーはまず、神秘主義と一般的な宗教経験に見られる、「神的なもの」と自己の関係性の相違について述べている。ここで彼が注目した点は、「神的なもの」（Götrliche）という語の意味である。神秘主義において、「神的なもの」は「内在的原理としての「神性」」（'Gottheit' als immanentes Prinzip）すなわち「内在的な神」を意味する。ところが、一般的な宗教経験における「神的なもの」は、敬虔な信仰者にとって信仰対象である「超越的な神」（transzendente Gott）を意味する。こうした意味の違いは、神秘主義における宗教経験と一般的な宗教経験が、根本的に異なる構造をもっていることを示唆している。「神的なもの」という語はまさに宗教的経験の本質の相違を示している。オットーのいわゆる神秘主義において、「神的なもの」とは「様態なき神」（Deus sine modis）、すなわち非合理的で非人格的な神を意味し、この概念によって、「神秘主義」は宗教現象として認識される。彼は「また、合一が初めて神秘主義なのではなく、この「絶対他者」である神の驚異のもとで生きることが、すでにおもに神秘主義なのである」と言う。

人はそのような神の概念を抱くや否や既にして、「神秘主義者」なのであり、しかも、神秘主義者にはよくあることなのだが、「合一」の契機が後退したり、あるいは強調されなくなってもやはりそうである。全く非合理的な性格を持ち、素朴な形式の有神論の信頼された人格的で変容された神とは異なるこのような神の概念こそが「神秘主義者」たらしめるのである。[21]

オットーが言う「神秘主義」では、神秘的合一の体験も重要な契機ではあるが、ここで注目されるべき契機は神秘的合一の体験よりも、むしろ「全く他のもの」(絶対他者)である神の「驚異」(Wunder)のもとで生きることである。彼にとって「神秘主義」は、宗教的な感情の対象が「非合理的」すなわち「ヌミノーゼ」的な契機を支配的にもつようになり、それが感情を規定するのに伴って現れることで、これがオットーのいう神秘主義の核心なのである。

こうした解釈に従って「神秘主義」を理解すると、神秘主義的な経験と一般的に理解される宗教経験の境界が曖昧になってしまう。しかし、そうした点こそが、むしろ神秘主義的な経験を宗教の核心に据えたオットー宗教論の特質を示していると言えるだろう。

3　東洋と西洋の神秘主義——シャンカラとエックハルト

東洋と西洋の神秘主義を具体的に比較するために、『西と東の神秘主義』において、オットーが代表的思想家として取り上げたのは、インドのシャンカラと西洋のエックハルトであった。オットーが言う宗教の「展開の平行線」の視座から見れば、二人は「神学者」であると同時に「哲学者」であり、しかも「同時代人」であった。シャンカラが活躍したのは、オットーの推定では約八〇〇年頃（中村元によれば、約七〇〇―七五〇年）で、エックハルトが生きていたのは一二五〇―一三二七年であった。宗教の平行的展開に照らして対応する段階にいた二人には、それぞれの生きた時代に対する態度にも、類似性や共通性が見られるという。オットーは次のように述べている。

神秘主義においてこそ実は人間の魂の強力な根本動機が作用しており、しかもそれ自体は気候や地理上の位置あるいは民族の相違には全く影響されず、それが一致している点で人間の精神および経験の在り方の実に驚くべき内的親縁性を示している。[22]

東洋と西洋には、気候や地域だけでなく民族の違いがある。それにもかかわらず、それらの違いを超えて、シャンカラとエックハルトの神秘主義は「内的親縁性」を示していると、オットーは言う。オットーの言葉を援用すれば、両者はどちらも「神秘主義者」であると同時に「スコラ学の学者」でもあり、「自らの神秘主義の内容に磨きをかけたスコラ学を用いて再現しようとする」[23]。ここで興味深いことは、シャンカラとエックハルトの思想の根源に、「神秘的直観」（intuitus mysticus）の存在を認めている点である。彼らの存在論は「神秘的直観」から生まれたのであり、両者が説く存在論の根源には、「神秘的直観」が伏在しているという。[24]この二人のあいだには「内的親縁性」が見られるので、それぞれの語句を入れ替えることで、よく似た存在論的構造が示せると、オットーは述べる。彼の洞察によれば、両者の存在論的構造が類似している背後には、それらの存在論を支える形而上的直観が伏在していることになる。

ここで、シャンカラとエックハルトという二人の形而上学をめぐって、オットーがおこなう議論に注目しよう。二人の思想の中から、それぞれ対応する表現形式を取り出すと、ほとんど同じ「形而上学」を打ち立てることができるとオットーは言う。彼は「二人の神秘主義者とも形而上学で変装している」と言い、「その形而上学は本質的に存在論であり、本質的には「存在」についての思弁であって、しかも呆れるほど似た方法を持ち、一層呆れるほど似た用語を用いている」とまで言い切る。[25] オットーによれば、エックハルトにとって、「神は存在そのものである。神は同時に、最高の意味において存在と名づけられるべき存在でもある」。さらにエックハルトはそれを一歩進めて、「存在は神である」(Esse est Deus)と明言している。一方、シャンカラは『チャーンドーギヤ・ウパニシャッド』(六・二・一)を註解して、存在世界の原初には、「実在」(sat)すなわちブラフマンのみが存在し、それは「唯一のもので、第二のものはなかった」と述べている。エックハルトの「存在(エッセ)」(Esse)とシャンカラの「実在(サット)」(sat)は「存在者そのもの」(das Seiende selbst)であり「存在自体」(das Sein selbst)であるとして、オットーはその類似性あるいは同一性を強調する。

「存在(エッセ)」という語は、スコラ学では「神」の本来的な本質を表現する。したがって、神が存在をもつのではなく、神は存在そのものである。「実在（サット）」がブラフマン（＝アートマン）であるのと同じく、「存在」は神である。さらに「実在（サット）」が「無属性」（nirguṇa）とか「非ず、非ず」（neti neti）と表現される一方で、「存在（エッセ）」は「絶対的な、単純にして附加なき存在」（Esse absolutum, simpliciter nullo addito）であり、「純粋にして単純なる存在」（esse purum et simplex）であると言われる。こうした点にも、類似性あるいは同一性が見られると指摘し、純粋な存在自体は概念によっては捉えられず、言葉では表現することができないとオットーは言う。[26] さらに両者の注目すべき類似点は、「この全く超人格的な神的なもの〔神性〕と人格神との関係」（das Verhältnis dieses ganz überpersönlichen Göttlichen zum persönlichen Gott）である。シャンカラはその関係を高次ブラフマンと低次ブラフマンの関係として定式化し、低次ブラフマンを主宰神（ísvara）と同定する。一方、エックハルトはデイタス（Deitas）とデウス（Deus）すなわち「神性」（Gottheit）と神（Gott）を対置する。彼にとって、「神」をも超える高みに純粋の「神性」がある。この神性は「神の可能性の根拠」であり、シャンカラが言う高次ブラフマンと同じく、より高次のものであり全くの「一なるもの」（Eine）である。[27] 以上のように、オットーの比較宗教的な視点から、「形而上学」という点で対比してみると、両者の思想は驚くほど一致していることが明らかになる。

　こうした認識に立脚して、オットーはシャンカラの思想を「東洋の神秘主義の主要類型」として位置づけた。このオットー宗教論の特徴を理解するうえで特に注目すべき点は、彼がキリスト教神学者であるがゆえに、その議論が有神論的な概念的枠組みに依拠していたということである。オットーの分類によれば、神秘主義には「魂の神秘主義」と「神の神秘主義」の二類型がある。「神の神秘主義」は、神が「神秘的」な実在となるところに成立する。一方、「魂の神秘主義」は神の概念を伴わず、そもそも神の概念がその究極的な体験それ自体にとって重要ではない。それは「魂の本質のヌミノーゼ的要素が生き生きとなる」ものである。

「魂の神秘主義」の具体的な形態として、オットーはヨーガと仏教を挙げる。それら二つは「魂」のヌミノーゼ的意味の過度の高まり」としての宗教現象である。ヨーガは有神論ヨーガと無神論ヨーガに区別され、有神論ヨーガが神との神秘的合一を説く。それに対して、無神論ヨーガはヨーガという方法によって、あらゆる誤った結合からアートマンを解き放とうと探求する。また、神を否定する仏教における涅槃を、全く非合理的であり、沈黙以外では語り得ない「神秘的状態」として把握する。さらに仏教では、「アートマン」を否定する無我説が神秘主義的な性格をいっそう強めている、とオットーは捉えた。

神秘主義をこのような二類型に分類すると同時に、オットーはそれらの類型をさらに「内観（Innenschau）の神秘主義」と「一体観（Einheitsschau）の神秘主義」として類型化する。[28]「内観の神秘主義」は自己の魂の深みへ立ち戻ることをめざす。それは「魂の神秘主義」から出発して、ほとんど「魂の神秘主義」そのものに留まる。一方、「一体観の神秘主義」は外側の事物の世界に目を向け、多様性のもとでの合一を求める。神秘的直観が既存の有神論にもとづくとき、体験される一者は「神」という名称をもつ。「魂の神秘主義」の志向性は「神の神秘主義」のそれとかなり相違しているように見える。「内観の神秘主義」と「一体観の神秘主義」は相反するものなので、両者が結びつくことは難しい。しかし、シャンカラの哲学的思惟が前提としているウパニシャッド思想には、そのことを可能にする存在論的な思想構造が存在する。それは存在世界の最高実在ブラフマンと人間存在の本質アートマンとの一体性（梵我一如）である。オットーはこうした思想構造の中に、「魂の神秘主義」と「神の神秘主義」、「内観の神秘主義」と「一体観の神秘主義」という二つの相異なる思想的モチーフが共存できる可能性を指摘した。

オットーが言う「内観の神秘主義」と「一体観の神秘主義」を提示するのは、それぞれ「内観の道」（Weg der inneren Schau）と「一体観の道」（Weg der Einheitsschau）と呼ばれるものである。先に述べた「内観の神秘主義」と「一体観の神秘主義」が相反するゆえに両者が結びつくことが難しいのと同じように、「内観の道」と「一体観の道」も別々に現れるばかりでなく互いに競合しているし、それら二つの道は全く異なる二つの型の神秘主義を提示すると考えられると言う。しかしながら、彼は両者の中に根源的同一性を見いだす。オットーは次のように言う。

しかし、エックハルトにおいても、またシャンカラにおいても（あるいはより適切に言えば、シャンカラおよびその学派が総合し、完成させる神秘主義的方向においても）、二つの道は出会って一つになる。それはシャンカラにおいては、インドの伝統の中で、長い間、二つの道が出会って一つになっていたという理由に基づく。エックハルトの場合も似たような理由に基づいている。[29]

ここでオットーが説いているように、インドのシャンカラの哲学においても、さらにシャンカラを開祖とするシャンカラ派伝統においても、「内観の道」と「一体観の道」がうまく結びついている。つまり、出家遊行者がブラフマン（＝アートマン）の「知識」（jñāna）の獲得によって解脱への到達をめざす「知識の道」と、一般庶民が人格神（有属性ブラフマン）への「信愛」（bhakti）によって、神の救いを求める「信愛の道」が「出会って一つになって」きたのである。[30] オットーはエックハルトも、シャンカラと極めて類似した理由によって、「単なる伝統の代表者に留まってはいない」と付言している。つまり、「内観の道」と「一体観の道」がエックハルトの中で「出会って一つになって」おり、それら二つの道は独創的に新たに生み直されて、彼の心から流れ出ているとオットーは言う。[31]

「魂の神秘主義」の思想的モチーフは、インド哲学のコンテクストに沿って言えば、オットーが述べるように「アートマン神秘主義」と表現することができる。ただし、そうはいっても、シャンカラの神秘主義はヨーガの純粋な「アートマン神秘主義」とは鋭く対立している。その対立が意味するのは、シャンカラが一般的に言われる「神秘主義者」ではなく、むしろその思想が「魂の神秘主義」と「神の神秘主義」が結びついたユニークなものであるためである。オットーはシャンカラの思想を「特殊に限定された神秘主義」（bestimmt qualifizierte Mystik）とみなし、さらにその思想を有神論的パースペクティヴに即して解釈した。確かに、オットーはシャンカラ思想の本質構造、すなわち、存在世界の最高実在ブラフマンと個的存在の本質アートマンの一体性を適確に捉えている。しかし、オットーの言説の特徴は、インドの思想がキリスト教伝統に見られる一神教的な概念枠組みのフィルターをとおして捉えなおされたものであるという点にあると言えるだろう。つまり、シャンカラの思想に関するオットーの解釈は、有神論的あるいはキリスト教的な視点から読みなおされたものなのである。シャンカラの思想に関するオットーの解釈を、ヒンドゥー教の視点から捉えかえした、S・P・デュベイ（S. P. Dubey）は、シャンカラにおいては有神論と神秘主義が融合しており、この相互浸透がシャンカラの神秘主義に独特な特徴を与えていると解釈している。[32]デュベイによれば、オットーは彼自身の宗教的な背景もあって、不二一元論者シャンカラを有神論的な視点から捉えている。ところが、シャンカラの後継者たちも、またシャンカラの論敵たちもシャンカラが有神論者であったとは考えてはいなかったことから、デュベイはシャンカラを神学者として捉えようとするオットーの解釈には無理があり、結果的に不満足な議論になっていると主張している。

4　「東は西、西は東」

「神秘主義」という用語は、前述のように、古典ギリシア語を語源とするが、十八世紀から十九世紀にかけて、世界の諸宗教現象を示す語として広く用いられるようになった。宗教伝統の中のスピリチュアルな側面が「神秘主義」と呼ばれるようになり、宗教思想を理解するための重要な鍵概念の一つとして、現在も世界的に広く使用されている。しかし、宗教概念としての「神秘主義」については、「宗教」（religion）という鍵概念と同じように、具体的な宗教現象のコンテクストの中で、その意味を捉えなおすことが求められる。そうした再検討のための基礎的な研究として、オットーが取り上げているインド宗教思想、特にヴェーダーンタ思想と、彼のヴェーダーンタ思想理解を、比較の視点から検討することは、宗教概念としての「神秘主義」の再考にとって重要な意義をもっている。

オットーは『西と東の神秘主義』の序でイギリスの詩人ラドヤード・キップリング（Rudyard Kipling 一八六五—一九三六）の詩、「東は東、西は西、この二つの出会うことあらじ」を引用し、こう問いかけている。「東洋と西洋の思想世界は決して出会うことがなく、最も深い根底においては互いに理解しあうことのないほど異なった、比較できないものなのであろうか」。その問いへの答えとして、「人間の精神においては、神秘主義および神秘主義的思弁に勝る領域はない」と彼は言う。[33] さらにオットーは、神秘主義に関する鳥瞰図的な視座を次のように語っている。

神秘主義はあらゆる時代およびあらゆる場所において同一である。時代に関わりなく、歴史にも関わりなく神秘主義は常に同じである。神秘主義においては東洋と西洋および他の場所といった相違は消え去る。神秘主義の花がインドで咲こうとあるいは中国やペルシャやライン地方やエルフルトで咲こうと、その果実はいつも全く同じである。その表現形式がジェラールッディン・ルーミーのペルシャ語による甘美な詩を纏おうと、マイスター・エックハルトのような優雅な中世ドイツ語やインドのシャンカラの学問的なサンスクリット語であろうと、それとも中国や日本の禅宗の簡潔直截でありながら難解な言葉を纏おうと、それらはいつでも互いに交換が可能である。ここでは一つの全く同じ事柄がたまたま異なる方言で語られているに過ぎない。「東は西であり、西は東である」[34]。

ここには、オットーがなぜ長年にわたって、世界の宗教史における神秘主義あるいは神秘思想に関心をもって研究したのか、その思いが凝縮されている。「時代に関わりなく、歴史にも関わりなく神秘主義は常に同じ」であり、「一つの全く同じ事柄がたまたま異なる方言で語られているに過ぎない」。たとえ言語が異なっていたとしても、神秘主義は「いつでも互いに交換が可能である」という。詩人キップリングの言葉を逆手にとった言葉、すなわち「東は西であり、西は東である」に、オットーの神秘主義論の特質が象徴的に示されていると言える。

こうした視座において、オットーは著書『西と東の神秘主義』の中で、シャンカラの思想を一神教的な思想とパラレルなものとして理解しようとした。彼が言う「救い」は、いわゆる「絶対他者」すなわち人格的な神と人間存在のあいだの呼応的な関係構造において、人間存在の信仰的関わり方に対して、神の「恩寵」がもたらされることを暗黙のうちにその前提としている。オットーは有神論的な概念的枠組みに沿って、ヴェーダーンタ哲学の構造を「神秘主義」として理解することによって、ヴェーダーンタ哲学に関する一つの有効な解釈学的視座を提示した。シャンカラの思想は存在論的に見て、存在世界の最高実在であるブラフマンと個的人間の本質であるアートマンの一体性を基盤としている。つまり、その思想はブラフマンの開展としての世界の実在性を説く実在論的な開展説を示しているが、それと同時に、人間の本質であるアートマンを中心とした認識論的な構造をもっている。オットー自身はシャンカラの思想の根本的な特質をよく認識していた。ところが、その思想をキリスト教の有神論的な概念的枠組みに沿って言説しようとした結果、彼のシャンカラ解釈は実在論的な転開説に近い解釈となり、アートマンに根ざす認識論的な思想構造を適確に捉え切れなくなったと言わざるを得ない。シャンカラは自らの不二一元論ヴェーダーンタ思想の中核に、いわゆる「無明」(avidyā)という語とその意味を据えている。そのことによって、仮現説のモチーフをもつシャンカラの思想は、その思想の根底から脱構築されているとも言えるだろう[35]。しかし、こうしたシャンカラの思想の特質を、オットーの神秘主義論の枠組みは十分に把握できているとは言えない。そのことはオットーのシャンカラ思想解釈の抱える概念的な限界を示唆しており、彼の解釈学的枠組みがヴェーダーンタ哲学の構造を理解するうえで概念的な限界を内包していたことも認識しておかなければならない。この点については、第七章において、詳しく考察することにしたい。

ともあれ、オットーが言うような「神秘主義」が果たしてリアルな宗教体験であるのか否かという問いは、特に一九八〇年代以降、現代の宗教学における宗教概念とその枠組みの再考において、盛んに議論されてきた重要な検討課題の一つである。その問いは宗教現象の本質主義あるいは還元主義的な視座とも連関しており、現代の宗教学にとって、その学問的アイデンティティに関する根本的な問いと密接不可分に結びついている。この問いについては後で詳論するが、「神秘主義」はその宗教経験の担い手にとって「リアリティ」として把握される、あるいは、それがリアルな宗教経験であるとして認識される。そのように宗教経験の当事者にとっては、「神秘主義」は「意味」の現象として捉えなおすことができるだろう。ここでは、オットーの「聖なるもの」の意味論的解釈と連関して、宗教の意味論的理解の可能性について示唆するだけにするが、「神秘主義」という宗教現象は、聖なるものの非合理的な意味次元と合理的な意味次元の密接不可分な関係性において、「意味」の二重性をなすものとして捉えなおすことができると考えられる。つまり、「神秘主義」は、オットーが聖なるものを二つの次元に区分した視点に沿って捉えると、非合理的なものそれ自体の意味次元と合理的な要素を伴う意味次元という二重の意味構造をなすものとして解釈することができる。「神秘主義」と呼ばれる宗教経験は、意味論的な視座から、いわゆる言語の深層的な意味次元と表層的な意味次元という二重の意味次元の重なりにおいて理解できると言えるだろう。

第六章　「絶対他者」の概念とヒンドゥー教

十九世紀後半、西洋社会において成立した宗教学は、ドイツ語ではReligionswissenschaft、英語では、宗教学の創始者マックス・ミュラーが用いたscience of religionをはじめ、comparative religion, history of religions, history of religion, religious studies, the study of religionなどと表現されてきた。序章でも述べたように、「宗教学」が西洋社会に誕生した経緯もあって、これまでの宗教研究では、キリスト教の伝統あるいは西洋文化をモデルとして、さまざまな研究が蓄積されてきた。したがって、前章において考察した「神秘主義」（mysticism, Mystik）の概念をはじめ、現代の宗教研究において、これまで用いられてきた「宗教」（religion）などの諸概念は、意識的であれ無意識的であれ、当初から必然的に西洋のキリスト教的な意味を帯びていた。宗教の諸概念は決して「透明な認識の道具」ではなく、近代西洋において、さまざまな「志向的負荷を担った概念」として生成したのである。[01]
したがって、宗教の比較研究がキリスト教ばかりでなく、世界の諸宗教を同じ地平に位置づけて、それらを価値自由的に捉えようとしてきたとは言っても、その学問的な視点は西洋のキリスト教の伝統に由来する概念あるいは概念的枠組みにもとづくものであった。いわゆる「宗教」理解の中に、西洋の宗教的・文化的なフィルターによる先入見が組み込まれていたとしても、それはある意味において不可避なことであった。

しかし、宗教学の諸概念の内包するこうした問題点が自覚されるようになると、特に近年になって、それらの概念は特定の宗教的コンテクストの中に位置づけて再検討されるようになってきた。たとえば、ユダヤ教、キリスト教、イスラームが「一神教」であるのに対して、ヒンドゥー教や神道などは「多神教」であるというステレオタイプの「宗教」の理解がある。こうした理解は一見、宗教のリアリティを適確に捉えているように見えるが、それらの概念的な理解は必ずしも具体的な宗教の事実を反映してはいない。「一神教」や「多神教」などの語は、十九世紀から二十世紀初頭にかけて宗教学が成立したとき、近代西洋の宗教伝統の枠組みにおいて構築され概念化されたものであった。こうしたことが、現代の宗教学の概念的枠組みの再考の過程において次第に明らかになってきている。本章で取り上げる「絶対他者」(das ganz Andere) の概念もまた、そうした宗教的・文化的コンテクストの中で構築された主要な概念の一つであった。

いわゆる「絶対他者」の概念は、オットーが「ヌミノーゼ」の構成要素の中でも、特に重要なものと考えた概念である。しかし、その概念はオットー自らが述べているように、ヌミノーゼに関する全ての要素の中で説明することが最も難しいものでもある。[02] ここでは、まず、「絶対他者」の概念の特徴をオットーの宗教論に沿って考察する。そのうえで、その概念に付着した西洋的な含意を洗い出しながら、特にオットーのインド宗教思想研究をめぐって、宗教概念としての「絶対他者」の意味を明らかにし、その妥当性を検討してみたい。これまでにも述べてきたように、オットーは東洋の宗教の中でも、特にインドの宗教思想に関心をもっていた。彼は「絶対他者」の概念に対応する宗教思想を、インドのウパニシャッド思想の中に見いだした。しかし、その「絶対他者」の概念によって、オットーはヒンドゥー教思想をどの程度、明らかに分析することができたのだろうか。西洋文化に由来する宗教概念によって、彼はヒンドゥー教のリアリティをどこまで捉えることができたのだろうか。これは宗教学的に極めて興味深い問いである。本章では、オットーの宗教論をめぐって、この点を検討してみたい。従来の宗教研究では自明視されてきた近代西洋の構築物である宗教の諸概念の再構築に向けて、オットーの比較宗教的パースペクティヴを検討することにしよう。

1　宗教の展開における「平行性」理論

まず、オットーの言う「絶対他者」の概念が生み出された宗教的・文化的コンテクストを把握するために、彼の比較宗教的な視点について触れておきたい。オットーは一九一七年に刊行された『聖なるもの』によって一躍有名になったが、それ以前の一九一四年にブレスラウ大学へ組織神学者として招かれた。『聖なるもの』の執筆にとりかかったのはちょうどその時期であった。オットーが研究を始めてから、およそ二十年の歳月を経て発表された『聖なるもの』は、キリスト教の思想をはじめ、東洋の諸宗教に関する知見など、それまでに蓄積した研究成果にもとづいていた。彼は学生時代から、世界の諸地域を旅することによって、世界の宗教や文化に直接、接する機会をもち、諸宗教に関する知見を広めていった。一八九一年にギリシア、一九九五年にはパレスチナを訪れ、すでに述べたように、一九一一年から一九一二年にかけての東洋への旅では、一九一二年に日本を訪れた。その際に一九一二年四月一一日、日本アジア協会において講演をおこなっている。講演の題目は「東洋と西洋の宗教の展開における平行性」であった。さらに高野山へも足を延ばし、同年四月二八日、高野山大学においても、「予の日本宗教観」と題して講演をおこなっている。高野山のほかに、京都では、清水寺や延暦寺さらに禅宗の寺院（建仁寺）も訪れている。このことから、オットーは日本の宗教伝統がもつ神秘主義的な特質に特に関心をもつようになった。

自ら述懐しているように、このときの東洋への旅をとおして、オットーは西洋の宗教伝統と東洋の宗教伝統のあいだに、教義や儀礼などの主要な要素について展開の「平行性」があると考えるようになった。東洋と西洋の宗教には、共通の宗教感情が存在するし、また諸宗教の展開には平行性があることを確信した――そうした平行性を、オットーは宗教における「展開の平行性の法則」と呼んだ[03]。この考え方は弟子のフリードリヒ・ハイラーへと継承された。オットーの異文化への旅は、彼の宗教理論の展開にとって大きな意義をもつが、とりわけ、このときのインド体験は、その後の東洋と西洋の比較宗教的な研究の出発点となったという事実からも、オットーにとって極めて重要な非西洋文化との出会いであった[04]。

この西洋と東洋の宗教の「平行性」という視座に注目して、オットーが言う宗教概念としての「絶対他者」(das ganz Andere) の意味を検討すると、彼がおこなった宗教の比較研究の意図が次第に浮かび上がってくる。それは、彼が東洋の宗教を西洋の宗教の「平行」現象として捉えながらも、東洋の宗教をキリスト教的概念によって理解しようとしたということである。東洋の宗教を理解するために、キリスト教的な諸概念を用いることによって、オットーは東洋の宗教に対するキリスト教の優位性を主張することができた。しかし、宗教の比較研究の観点から、その議論を捉えなおすと、宗教の概念的枠組みが近代西洋の宗教的・文化的コンテクストにおいて構築されたものであったからこそ、オットーは東洋の宗教に対するキリスト教の優位性を主張することができたと言えるだろう。このことは宗教の概念的枠組みが西洋文化のカテゴリーと密接に関連しており、その概念的枠組みが決して透明な理解の装置ではなく、あくまで暫定的なものであって、それがそのまま普遍妥当性をもつものではないことを示唆している。

オットーが宗教の核心に据えた「聖なるもの」は、合理的な要素と非合理的な要素が複合的に結びついたものとして、宗教研究者のあいだで一般的に認識されている。ただし、オットーはこれら二つの要素の結びつきによって、宗教は高次な宗教にもなれば低次なものにもなると考えた。オットーは非合理的な要素と合理的な要素が存在し、かつ健全で完全に調和することは、宗教の優劣を計る尺度であると言う。この尺度によって、キリスト教は地上に存在する他の諸宗教に対して、絶対的に優越しており、深淵で非合理的な基礎の上に、その純粋で鮮明な概念と感情と体験との輝く建築が聳えていると論じる。非合理的なものは単に基礎であり外縁であり着色であるが、それにより常に神秘的な深さを保ち、かつこの宗教に荘重な調子と神秘主義の濃い影とを与え、しかもこの宗教を神秘主義そのものにより色づけ蔽い隠すことがない。このようにキリスト教はその諸要素の健全な調和において、古典的な品位ある姿を呈していると、彼は述べている。[05] オットーのこうした議論に従えば、キリスト教においては、合理的な要素と非合理的な要素が健全で完全に調和している。それに対し、東洋の宗教における両者の調和はいまだ不完全であるということになる。したがって、キリスト教は他のいかなる宗教よりも絶対的に優越した宗教であるというのが、オットーの結論である。

こうした議論の中に、キリスト教以外の宗教に対する基本的なオットーの立場を垣間見ることができる。つまり、キリスト教ばかりでなく東洋の宗教にも関心をもち、彼は宗教の多様性について論じ、自らが信仰するキリスト教を、ある意味で比較宗教的な視点から相対化することによって、他宗教と同じ地平で捉えなおすという知見をもっていた。しかし同時に、彼はルター派神学者として、キリスト教的な宗教文化に由来する用語を用いて、東洋の宗教を理解しようとした。その際、それが西洋文化に根ざす概念的枠組みであったからこそ、東洋の宗教に対するキリスト教の優位性を主張することができたと言えるだろう。

2　「絶対他者」の概念とインド宗教思想

キリスト教の伝統における「絶対他者」のイメージを、オットーは東洋の宗教の中でも、特にインドの宗教伝統に求めた。インドの宗教思想において、いわゆる「絶対他者」に当たると彼が考えたのは、まず、ウパニシャッド思想における存在世界の最高実在ブラフマンであった。西洋文化に由来する宗教概念をインドの宗教思想に適用したとき、彼の射程に浮かび上がってきたウパニシャッド思想には、いまだにヴェーダ祭式主義の名残りが認められるものの、後代に展開されるさまざまな思想の萌芽が見られる。その言説はいまだ直観的あるいは神話的であったが、その思想の中に、宇宙や人間存在の本質を哲学的に探究する思想が成立していた。それがウパニシャッド思想の核心として知られる「ブラフマンとアートマンの一体性」（梵我一如）の思想であった。ヒンドゥー教は一般的に「多神教」とみなされてきたが、こうした「ブラフマンとアートマンの一体性」の思想には、いわゆる「一神教」に見られる絶対者の思想的契機が存在している。オットーはウパニシャッド思想の中に、西洋の宗教思想と対応する「絶対他者」の思想を見いだした。

オットーが言う「ヌミノーゼ」における「絶対他者」とは、知性の認識を超えたヌミノーゼの深みを示す用語である。それはヌミノーゼに内在する「神秘」（mysterium）それ自体であって、知的な理解を超えたものである。したがって、それは概念化することができない。オットーは『聖なるもの』において、「神秘」の要素を分析的に考察するとき、ドイツ改革派の神秘主義者で詩人でもあるゲルハルト・テルシュテーゲン（Gerhard Tersteegen　一六九七―一七六九）の言葉、「把握される神は、神ではない」（Ein begriffener Gott ist kein Gott）を引用している。それは、「絶対他者」が「われわれの「範疇を超越している」ので、「概念とならない」もの」であることを示唆している。それは「われわれの現実の世界に属さない、全く別なもの」である。それはオットーによれば、ギリシア語のthäteron、サンスクリット語のanyad、ラテン語のalienum、またはaliud valdeに相当する。[06]オットーは「被造物」としての人間存在と比較して、「絶対他者」の特徴を「超自然的なものという質的に他なるもの」として捉える。洋の東西を問わず、世界の宗教史において、「絶対他者」は「神学的な思索の極めて高度で抽象的な形態」においても、また「宗教感情の初歩的な表現」においても見られると彼は言う。[07]

「絶対他者」の語について、オットーは「この語〔絶対他者〕は、私が発見したのではない」と言う。言語こそ異なってはいるが、世界の諸宗教において、この語は古代から普遍的に用いられてきたと彼は考えた。古代インドでは、二五〇〇年以上も昔に、古ウパニシャッドにおいて、絶対他者はanyad evaと呼ばれていた。一方、西洋においては、一六〇〇年以上も昔に、アウグスティヌスが絶対他者をaliud valdeとかdissimileと呼んでいた。キリスト教とインドの宗教はそれぞれ別の宗教であるが、「aliud valdeは、anyad evaに全く等しい（equivalent）」とオットーは言う。[08]ただし、別の論文において、オットーはaliud valdeとanyad evaの対応関係を認めてはいるが、「全ての対応関係にもかかわらず、それは質的に同じというわけではない」と述べている。[09] しかし、いずれにせよ、このような対比からは両者は確かに同じ意味のように見える。

ところが、この二つの言葉がそれぞれの宗教的コンテクストにおいて含意する意味構造はかなり異なっている。「絶対他者」というヌミノーゼの構成要素は、アウグスティヌスが言う「絶対他者」(aliud valde)において、「創造者」としての超越的な神と「被造物」としての人間存在の関係を暗示している。一方、古ウパニシャッドにおける存在論的な本質構造は、最高実在ブラフマンと個的存在の本質アートマンの一体性から成っており、少なくともオットーが依拠している古ウパニシャッド思想には、キリスト教に見られるような、超越的な神と人間存在の関係構造は存在していない。しかし、オットーは「絶対他者」(anyad eva)すなわち最高実在ブラフマンの思想の中に、キリスト教における「神の単一性」の思想との対応関係を読みとり、さらに、これら二つの思想が質的に同じというわけではないと言いながらも、古ウパニシャッド思想をキリスト教の一神教的な思想構造の枠組みによって解釈しようとしている。[10] ここで重要なことは、こうした宗教の解釈の方法によって、オットーがインドの宗教思想を、いわゆる「聖なるもの」の意味世界として、近代西洋のキリスト教思想と同じ地平において捉えることができたということである。

3　近代西洋の宗教概念とヒンドゥー教のリアリティ

オットーは「絶対他者」などの宗教概念によって、インドの宗教の中でも、彼が特に研究対象としたヒンドゥー教のリアリティをどの程度、明らかにすることができたのだろうか。この論点について考察するためには、まず、ヒンドゥー教思想が一神教的モチーフと多神教的モチーフの両面を内包しているという事実に注目する必要がある。

世界の諸宗教の中でも、ヒンドゥー教は典型的な多神教であると一般的に言われる。ヒンドゥー教徒は多神教的な精神風土において、どの神を信仰してもよいし、複数の神々を同時に信仰することもできる。インド各地において、神々への信仰は、さまざまな儀礼や慣習と切り離しがたく、日々の生活の中で生き続けてきた。このように多神教と言われるヒンドゥー教世界においても、人々は神々の背後に、絶対的一者の存在を信じてきた。それはある意味において、絶対的な一神への信仰であった。信仰の関わりかた（コミットメント）という視座から、ヒンドゥー教徒がもっている絶対神への信仰を捉えなおすと、その信仰の意味内容は一神教的である。つまり、ヒンドゥー教は多神教的であるとともに、一神教的な特質をも具えていると言うことができる。[11] ヒンドゥー教という複合的かつ重層的な宗教のリアリティをどのレベルで把握するのか、どのような信仰現象に光を当てるのかという宗教研究の視座に応じて、ヒンドゥー教は一神教的に把握されたり、多神教的に捉えられたりすると言えよう。あるいは、マックス・ミュラーが言うような「単一神教」(heno-theism) として把握することもできるわけである。

オットーはインドの宗教を研究するに当たり、こうしたヒンドゥー教の宗教伝統の中で、ヴェーダーンタ思想に関心をもち、特にバクティによる救いを説いたラーマーヌジャの思想、あるいはヴィシュヌ信仰に注目した。そもそもインド宗教思想研究は、ウィリアム・ジョーンズなどのインド学を嚆矢として始まった。やがてキリスト教ばかりでなく、インドの宗教思想にも「神秘主義」思想があることが発見されると、特にウパニシャッド思想およびヴェーダーンタ思想が注目されるようになった。たとえば、オットーの生きた時代に活躍した西洋のインド研究者の中には、マックス・ミュラー、パウル・ドイッセン、ヘルマン・オルデンベルク (Hermann Oldenberg　一八五四—一九二〇) などの学者がいたが、彼らはみな、ヒンドゥー教の中心にウパニシャッド思想、およびウパニシャッドの解釈学として展開したヴェーダーンタ思想を置いた。その要因の一つとしては、シャンカラの不二一元論ヴェーダーンタ哲学が西洋の宗教哲学的な概念的枠組みによって理解しやすかったという点が挙げられる。ウパニシャッドや『バガヴァッド・ギーター』の哲学的志向性は、西洋の知識層の心情に訴えるものをもっていたので、さまざまな関心から西洋の人々の心を惹きつけた。キリスト教の宣教師にとって、ウパニシャッドはヒンドゥー教伝統内に初期一神教が存在することの証拠としても用いられた。リベラルなキリスト者にとっては、このことはキリスト教とヒンドゥー教のあいだの宗教間対話や、宗教間のある種の共通性を認識する基盤を提示することにもなった。[12]

オットーもそうしたインド宗教思想研究の動向の中で、おもにヴェーダーンタ思想や『バガヴァッド・ギーター』に関心をもち、インド宗教思想を「神秘主義」思想として捉えた。西洋のキリスト教文化における「宗教」の諸概念を踏まえたうえで、ヒンドゥー教の中に、そうした宗教の諸概念に対応する宗教思想あるいは宗教現象を求めたのだ。すでに論じたように、オットーは近代西洋に由来する宗教概念である「絶対他者」をウパニシャッド思想およびヴェーダーンタ思想の中に求めた。彼はインド宗教思想研究の成果として、『西と東の神秘主義』や『インドの恩寵の宗教とキリスト教』などの著作を刊行しているが、まず、『西と東の神秘主義』では、すでに述べたように、ヒンドゥー教の代表的な哲学者シャンカラと中世キリスト教の神秘思想家エックハルトを取り上げ、東洋の神秘主義思想と西洋のそれを比較検討した。それによって、東洋と西洋の宗教思想の平行性とその相違点を明らかにしようとしたのである。さらに『インドの恩寵の宗教とキリスト教』においては、特にヒンドゥー教のヴィシュヌ派伝統を取り上げ、ヒンドゥー教とキリスト教のあいだに見られる類似性を明らかにするとともに、両者の相違点についても論じた。キリスト教神学者のオットーが、キリスト教の諸概念にもとづいて、それらの諸概念と対応する宗教思想や宗教現象に注目したのは、その当時の西洋の宗教文化的コンテクストにおいて、ごく自然なことであったと言えるだろう。

オットーはインドの宗教をキリスト教と矛盾しないものとして理解したばかりでなく、むしろ積極的に「展開の平行性の法則」にもとづき、インドの宗教とキリスト教の展開を宗教の平行現象として解釈した。オットーは二度目のインド旅行から帰国後、マールブルクで『インドの恩寵の宗教とキリスト教』を執筆した。ただし、その内容は、すでに一九二四年に、カッセルの教区総会でおこなった講演、さらには一九二六年にその講演内容を敷衍したかたちでウプサラ大学とオスロ大学でおこなった講演に、ほぼもとづいていた。そうした経緯もあってか、この著書はキリスト教的な解釈に偏った印象を与える内容になっている。当時、西洋文化における一般のキリスト者たちは、インドの宗教についてほとんど知らなかった。ヒンドゥー教がキリスト教と同じように「恩寵の宗教」(Gnaden-religion)として、神への信仰や人々の救いを説いているという事実を全く知らなかった。オットーはそうした西洋のキリスト者を読者として想定し、先に挙げた講演内容を踏まえた著書を著したのだ。この著書は、バクティを説くヒンドゥー教諸派に、当時まだ西洋のインド学者たちが注目していなかったこともあって、多くのヒンドゥー教徒の読者によって受け入れられた。その一方で、キリスト教的解釈に傾斜したオットーのヒンドゥー教に関する叙述は、すぐにヒンドゥー教の読者たちを失望させたと言われる[13]。

オットーはインドの「恩寵の宗教」における「神」、「恩寵」、「救済」の概念をキリスト教にも共通する概念として捉えた。彼が言うインドの「恩寵の宗教」とはヴィシュヌ派信仰のことで、ヴィシュヌ派思想をラーマーヌジャの思想と同一視しているのだが、そうした「恩寵の宗教」すなわち「バクティの宗教」に関する議論は、インド学の視点から見れば、甚だ不十分であると言わなければならない。なぜなら、たとえば、ヴィシュヌ派の主要な宗教思想としては、ラーマーヌジャの宗教思想のほかにも、マドヴァやヴァッラバなどの宗教思想に言及することが不可欠であるからである。ともあれ、彼はヴィシュヌ派信仰をキリスト教とパラレルを成す宗教として解釈した。オットーによれば、インドの宗教的コンテクストにおいて、ヴィシュヌ派は「キリスト教のライバル」(Konkurrent des Christentums)に当たるという。キリスト教における「恩寵(恵み)」(gratia)や「恩寵のみ」(gratia sola)の教義が、ヴィシュヌ神へのバクティ(信愛)による救済を説く「バクティの宗教」(Bhakti-religion)において、中心的な思想をなしていることに注目した。オットーは、『インドの恩寵の宗教とキリスト教』の中で、この「バクティの宗教」の存在について、次のように述べている。

> インドの大地には、奇異の念を抱かせるほど相似した「ライバル」が育ったのだと思わざるを得ない。それは、キリスト教とその本来の中枢であるところのもの、すなわち、救済の専有性を争うかに思える一つの正当なライバルなのだ。[14]

つまり、ヴィシュヌ派は「キリスト教のライバル」であり、このバクティを説くインドの宗教はキリスト教と対応しているというのである。インドのヒンドゥー教とキリスト教のあいだに類似性が見られるのは、オットーによれば、人類に共通する普遍的な素質が具わっているからであり、人間がもつ普遍的で宗教的な素質が社会や時代に応じた宗教形態を生起させるからだということになる。

すでに論じたように、オットーはキリスト教におけるアウグスティヌスが言う aliud valde とインドのウパニシャッド思想における anyad eva を、ともに「絶対他者」としてパラレルに捉えた。さらに、インドにおけるヴィシュヌ派信仰をキリスト教と対応する「恩寵の宗教」として取り上げ、キリスト教との比較の視座において、「バクティの宗教」がキリスト教と同じ構造をもっていると解釈した。キリスト教における「神」とヒンドゥー教における「ヴィシュヌ神」をともに「絶対他者」として対応関係で捉えたのである。ここで重要な点は、彼が近代西洋に由来する宗教概念によって、ヒンドゥー教伝統の中で光を当てることができたのは、たとえば、ラーマーヌジャの宗教思想によって代表される「バクティの宗教」とその思想だけであった点である。すなわち、それは西洋のキリスト教的な概念的枠組みに対応する、インドの宗教あるいは宗教思想のもつ「一神教」的な側面であった。それは、オットーがインドの宗教の中で、キリスト教に近い宗教形態としての「バクティの宗教」を最も重要なものとみなしていたことに起因している。オットーのいわゆる「絶対他者」の概念がそうした「一神教」的な側面に焦点を当てることによって、インドの宗教の特質を明らかにすることができたということでは、ある意味において、それは宗教概念としての有効性をもっていたと言えるかもしれない。

ところが、結果的にインドの宗教あるいは宗教思想における「多神教」的な特徴を見過ごすことになったこともまた事実であり、ヒンドゥー教のリアリティ全体を明らかにできたとはとうてい言えない。西洋の一神教的な伝統に由来する「絶対他者」の概念およびその地平には、キリスト教思想との違いを十分に明らかにするだけの比較宗教的パースペクティヴが欠如していたと言えるだろう。つまり、オットーがおこなったインド宗教研究は、彼がキリスト教的な諸概念にあまりに依拠していたために、インドの宗教あるいは宗教思想を全体として把握することができなかった。言いかえれば、彼は「バクティの宗教」をインドの宗教的コンテクストに適確に位置づけるだけの視座を欠いていたと言わなければならない。

4 深みの体験とその解釈

オットーが、宗教における「深み」(Tiefe) の体験をどのように解釈したのかについては、すでに『聖なるもの』などの著作において考察したが、特に関心をもって研究したインド宗教思想に関する論考に関しては、いまだ本格的な研究はおこなわれてこなかった。ここでは、オットーのインド宗教論をめぐって、いわゆる「深み」の体験に関する彼の解釈とそのおもな特徴について考察したい。

オットーによれば、宗教の非合理的な要素としての「ヌミノーゼ」は概念的に把握し難いが、感情のレベルでは「経験可能」(erfahrbar) である。[15] また、精神 (Geist) と魂 (Seele) は「ヌミノーゼな不思議な存在」(numinoses Wunderwesen) であり、その根底には、「ヌミノーゼの感覚」(sensus numinis)

と呼ばれる「深み」の体験が現前している。非合理的な「神」に当てはまる特徴は、被造物における「神」の模写としての精神や魂にも当てはまると彼は考えた。「ヌミノーゼの感覚」をもつ精神と魂には、「深み」の体験が存在することを、オットーはニュッサのグレゴリオス（Gregory of Nyssa 三三〇頃―三九四）の言葉を引用して次のように述べている。「神の本質に関する特徴の一つは、その理解不可能性（Unbegreiflichkeit）にあるので、神の模写（魂）もまた、ここでは原像（神の本質）に似ているにちがいない」[16]。神秘主義では、人間存在の根拠それ自体が「ヌミノーゼ」として把握され、魂は「秘密」（Geheimnis）かつ「不思議」（Wunder）であるとみなされる。このように精神と魂は、存在の深みを体験できるだけの非合理的な契機を内包しているのである。

ところが、宗教における「深み」の体験は、概念やスコラ学的用語によって表現すると、その非合理性がとかく隠蔽されてしまう。それはオットーによれば、「ヌミノーゼの感覚」は本来の意味で「移し替える」（übertragen）ことが不可能であるからである[17]。たとえば、合理主義的な思弁は非合理的で不思議な「神」を神の概念や神学的用語によって覆ってしまうが、オットーによれば、「神が知性（ratio）、絶対理性、人格的な精神、道徳的な意志であるまえに、神は全く非合理的なもの（das ganz Irrationale）、「絶対他者」（das “Ganz Andere”）、全く不思議なもの（das völlige Wunderding）である」[18]。宗教における深みの体験は、単なる言葉によって伝達されるのでなく、感情移入や追体験などをとおして「ただ刺戟され、揺り動かされ、目覚めさせられるだけである」。

このようにオットーは、「ヌミノーゼの感覚」という深みの体験とその合理的な概念あるいは教義のあいだに見られる本質的な差異を認めている。しかし同時に、宗教伝統における儀礼や教義の背理性と神秘性などに、「ヌミノーゼの感覚」が息づいていることも認識している。オットーは次のように言う。

カトリック信仰においては、ことに儀礼、サクラメントの象徴、正典以外の形の奇跡信仰と伝説、教義の背理性と神秘性、観念形成におけるプラトン的・プロティノス的またディオニシウス的な特色、教会としきたりの厳めしさ、敬虔と神秘主義との密接な感応といったものの中に、ヌミノーゼの感覚が生きている。ただし、カトリック信仰においても正式な教義体系においても、それははるかに少ないし、これまで述べられた理由からしてそうである。[19]

オットーは宗教の展開の平行性という視点から、キリスト教ばかりでなく東洋の宗教にも注目し、さまざまな宗教伝統の中に宗教の本質を探究しようとした。彼は特にヒンドゥー教に関心をもって取り組み、聖典『バガヴァッド・ギーター』のドイツ語訳も出版したことは、すでに述べたとおりである。ヒンドゥー教における「アートマン」（霊魂）という語は、オットーによれば、本来的に全ての概念を超えている「全く規定できない不思議なもの」（das ganz indefinible Wunderding）、すなわち「全くの他者」（das “Ganz andere”）である。彼は論文「ヌミノーゼ感覚の深み」（“Tiefen des *sensus numinis*” 一九三二）の中で、「アートマン」を説明するとき、『バガヴァッド・ギーター』の第二章二九節の文章を引用しているが、その文章の意味は次のとおりである。ここで言う「彼」とは「アートマン」のことである。

ある人は彼を不思議なように（āśaryavat）見る。また、他の人は彼のことを不思議なように語る。さらに、他の人は彼について不思議なように聞く。たとえ聞いても、だれも彼のことを知らない。[20]

āścaryavat paśyati kaścid enam āścaryavad vadati tathaiva cānyaḥ/
āścaryavac cainam anyaḥ śṛṇoti śrutvā 'py enaṃ veda na caiva kaścit//

この詩歌の「感情的な語調」（Gefühlston）をより明確にするために、オットーはその大意を次のように表現する。[21]

ある人は彼を「絶対他者」として見る。アートマンについて語る人は、「絶対他者」について語る。アートマンについて学ぶ人は「絶対他者」を学ぶ。たとえ彼（アートマン）のことを学んでも、だれも彼（アートマン）を知らない。

オットーはこの言葉の最深層に、ヌミノーゼの感情が「生きている」と言う。彼は『バガヴァッド・ギーター』の第二章二五節における語「不可思議な」(acintya) を援用して、「アートマン」は思惟によっては把握できないと言う。[22] それはアートマンが精神の深みにおいて直観されるからである。アートマンは西洋の神秘主義者が言う「魂の底」(Seelengrund)、「内的な深淵」(innere Abgrund) に等しいという。ここには、ヌミノーゼの根源的感情、すなわち「不思議」(āścaryam) や「驚異」(adbhutam) に対する「根源的な戦慄」(Urshauer) や「自己放棄」(Sich-verjagen) が見られるとも言う。

魂の内的な「不思議」は、オットーによれば、それを体験する者にとって「突破」(Durchbruch) あるいは「突然の閃き」(plötzliches Aperçu) をとおして現前するが、その際、それは二つの契機を内包しているという。まず、第一の契機は「霊感の加入あるいは侵入という契機」(das Moment des inspirativen Eintretens oder Eindringens) である。それは突然性、直接性、一回起性といった特徴を伴うが、そのとき「ヌミノーゼの感覚」の深みが直観される。もう一つの契機は「回想、あるものに対する自己想起のそれ(契機)」(das der Anamnesis, des Sicherinnerns an etwas) である。それは魂の不思議を認識する前に、すでに「おぼろげな感情に取りつかれて、それに精通していること」である。彼は『ケーナ・ウパニシャッド』(四・三〇) がブラフマンすなわちアートマンについて言及するとき、すでにこれら二つの契機に言及しているという。[23] すなわち、

さて、アートマンに関しては、
言わば何かが意識の中へ入り込み、

そのことによって、突然、意識を想起するとき、
こうした精神状態（が、アートマン認識の目覚めを示している）

5　「絶対他者」と宗教的コンテクスト

以上、論じてきたように、オットーの宗教論は西洋近代特有のキリスト教的な宗教概念によって構築されているために、さまざまな問題点を抱えている。しかし同時に、そうした問題点は、これまでの宗教研究の成果を踏まえて、今後の宗教研究のあり方を考えるうえで、克服すべき研究課題を端的に提示している。

宗教学者のウィリアム・A・グラハムが指摘しているように、宗教の諸概念は全て、必然的に「暫定的な性格」をもっている。同時に、それらの諸概念や概念的枠組みは歴史的・文化的な偏見をもっている。[24] オットーが言う「絶対他者」の概念がそうであるように、西洋モデルの宗教概念をそれ以外の宗教に適用するとき、そこには常に限界があることを私たちは認識していなければならない。従来の宗教研究において自明視されてきた諸概念や諸理論も、特定の宗教的コンテクストに位置づけたうえで、絶えず修正可能なように開かれたものでなければならない。

オットーの本格的なインド宗教研究は、東洋への旅を契機として始まった。宗教のリアリティを把握しようとするとき、宗教をどのレベルにおいて捉えるのか、あるいは、どの側面に焦点を当て

るのかによって、宗教のリアリティの捉えかた、理解のしかたが違ってくる。オットーが言う「絶対他者」などの宗教概念は、キリスト教の一神教的背景をもっているだけに、その概念を手がかりとしてヒンドゥー教を捉えると、とかく東洋の宗教と西洋の宗教の類似性あるいは平行性に注目しがちになり、そのため、ヒンドゥー教の「一神教」的な断面だけがクローズアップされてしまう。このことは、ヒンドゥー教を理解しようとするとき、一神教的な側面を捉える視座とともに、「多神教」的な側面を捉える視座も必要であることを示唆している。ヒンドゥー教伝統の中には、「一神教」や「多神教」などの西洋近代の宗教概念でいかようにも解釈されるだけの様々な構成要素が有機的かつ重層的に連関している。したがって、「絶対他者」などの西洋文化に由来する宗教概念は、特定の宗教的コンテクストに絶えず引き戻すことで、その妥当性を検証していかなければならない。

オットーの宗教概念を検討することによって、世界のさまざまな宗教伝統を理解しようとするとき、西洋近代の宗教伝統にもとづいて構築された「宗教」の概念的枠組みは、そのまま普遍妥当性をもっているわけではないことを確認することができるだろう。西洋の宗教伝統に由来する宗教の諸概念によって、東洋の宗教伝統のリアリティを捉えようとする場合、宗教研究者はそれぞれ個別の宗教的コンテクストに応じて宗教の諸概念を修正しながら、宗教思想あるいは宗教現象の理解を進めていかなければならない。こうした宗教の解釈学的パースペクティヴが、現在、これまで以上に求められている。

第七章　救済の思想としてのヴェーダーンタ哲学

これまで論じてきたように、オットー宗教論の意義は、宗教の本質を宗教経験あるいは聖なるものの感情に求め、その非合理性を浮き彫りにしたことにある。彼の宗教論は今日、宗教学の領域では広く知られているが、それに対し、オットーが生涯にわたって取り組んだインド宗教思想研究については、あまり知られておらず、それに関する研究もこれまで本格的におこなわれてこなかった。彼がインド宗教研究に積極的に取り組むようになったのは、東洋と西洋の宗教のあいだに、宗教の「展開の平行性」が見られるという、彼自身の比較宗教的な洞察に起因していた。具体的には、一九一一年の秋、インドを訪問した際、彼は初めてインド宗教世界と出会った。その出会いがキリスト教神学研究の枠内に、キリスト教とヒンドゥー教との比較研究という視座を導入する直接的なきっかけとなった。インド宗教思想に関するオットーの著作には、『西と東の神秘主義』と『インドの恩寵の宗教とキリスト教』をはじめ、数多くの論考がある。[01]

本章の目的は、オットーのインド宗教思想研究の中でも、特にヴェーダーンタ哲学の研究とその問題点を明らかにすることにある。すでに述べてきたように、彼はヴェーダーンタ哲学をインドの「神秘主義」思想として捉えた。ここでの論考はオットーのインド宗教思想への比較宗教的な視座を解釈学的に理解するための一つの試みである。

1　世界宗教史の枠組み——東洋と西洋の宗教における展開

オットーは自らが構想した世界宗教史の枠組みの中に、ヴェーダーンタ哲学をいかに位置づけたのかについて確認する作業から始めることにしよう。十九世紀から二十世紀のヨーロッパ世界では、すでに東洋の諸宗教に関する情報がかなり蓄積されており、オットー自身も東洋の宗教文化について、ある程度の知識をもっていた。オットーがドイツ語に翻訳した『バガヴァッド・ギーター』も、すでに十九世紀半ばには英訳されていた。こうした社会・文化的状況において、オットーはルター派神学者として、キリスト教ばかりでなく、東洋の諸宗教にも学問的な関心を向けていた。彼はキリスト教神学者ではあったが、伝統的なキリスト教神学者とは異なり、生涯にわたり宗教哲学研究や比較宗教研究にも関心をもって研究を進めた。それはキリスト教の真理をいっそう深く探究することを意図したものであった。諸宗教の比較研究を中心とした比較宗教研究に関心を抱くようになる一つの重要な転機は、すでに示唆したように、東洋への旅における異文化との出会い、とりわけ、インド文化におけるヒンドゥー教との出会いであった。

オットーは一九一一年一〇月初旬から翌年七月末までの東洋への旅において、実際に東洋の諸宗教に触れた。この旅によって、オットーの宗教研究は諸宗教の具体的な比較研究を包含したものとなった。インドや日本などで過ごし、東洋の神秘主義の世界に接したことは、彼の宗教研究にとって大きな意義をもつことになった。その点について、オットーは東洋への旅をとおしてはじめて、「東洋的な感情や体験と西洋的なそれとの不思議な平行性」に関する見解を自分のものとした。さらにまた、「深い特異性と異質性に関する認識」がオットーにとっていっそう具体的なものになった[02]。

つまり、このときの東洋への旅において、オットーは、東洋と西洋の宗教における「展開の平行性」の視座をより具体的に意識するようになったのである。東洋への旅は、その後の彼の宗教理論の展開にとって重要な意義をもつことになった。それは他宗教の理解をとおしてキリスト教の真理性をいっそう深く理解していくという比較宗教的な視座を自覚的に抱くようになるきっかけになった。さまざまな宗教を信仰する人々との出会いをとおして、異文化における宗教を学ぶことで、自らのキリスト教の教えをいっそう深く理解することができると彼は考えたのである。

すでに述べたように、オットーは日本訪問中の一九一二年四月一一日、日本アジア協会において、東洋と西洋の宗教の比較考察に関する講演、「東洋と西洋の宗教の展開における平行性」をおこなった。その中で、オットーが強調した点は、東洋の宗教（仏教伝統）と西洋の宗教（ユダヤ・キリスト教伝統）の平行性であった。東洋と西洋の宗教はそれぞれほぼ独自に展開しているが、それらの展開が平行性をなしていることにオットーは注目し、人類には「共通の宗教感情」という普遍的な意識が存在しており、世界の諸宗教には類似性が見られると主張したのである。[03] 世界にかつて存在した諸宗教、あるいは現在も存在する諸宗教のあいだには著しい類似点が見られるというテーゼがオットーのその後の宗教研究において、世界の宗教史を捉える基本的な立脚点になった。

オットーは諸宗教の類似性を考えるとき、どれか一つの宗教を尺度として、他の宗教を把捉しようとはしなかった。ある宗教現象が他の宗教現象からの伝播あるいは借用であるとみなすのではなく、それらの宗教現象を平行性において捉えようとしたのである。『ヴィシュヌ＝ナーラーヤナ』や『ラーマーヌジャの教説』などの著書の中で、彼は独自の理論的枠組みを展開した。世界宗教史的パースペクティヴの概要とも言うべき論考「宗教史における平行性と収斂性」を著して、東洋と西洋の宗教における展開の平行性を「展開の平行線の法則」と呼んだ。[04] 世界の諸宗教が平行性をもって展開するという比較宗教的な視点は、オットーの世界宗教史の理論的枠組みがもつ特質であるし、また同時に、ヴェーダーンタ哲学理解への基本的な視点を形成している。

彼が基本的な視点とした東洋と西洋の宗教における「展開の平行性」の視点に照らして世界の諸宗教を捉えると、聖典と伝統の尊重とその調和、聖典の解釈や教義の形成、啓示と理性の関係に関する説明などの「神学的な装置や仕組みの形態」において、東洋と西洋の宗教は類似している。また、世界の宗教史を「有機体の進化」という生物学的な理論になぞらえて考えると、地理的あるいは社会的なコンテクストが異なる地域にも、類似した宗教現象が見られるという。しかし、諸宗教に見られるさまざまな類似点とともに、諸宗教がそれぞれ固有の特徴を備えていることもオットーは認めている。彼自身の言葉によれば、それは、「歴史的に、「宗教」は諸宗教として現れ、これらの宗教はやはり特徴的な相違をもっている」ということになる。また「諸宗教の比較においては、共通の根本的な力が、全ての外見上の平行性にもかかわらず、個別の諸現象の中に全く異なった形態を呈している様子を確かめるのに、われわれはいっそう優れた識別力を用いることを促されている」。さらに「類型的にさまざまな類似点や収斂点が驚くほどあるにもかかわらず、これら二つの精神世界〔インドの精神とパレスチナの精神〕を分ける根本的な精神的価値がある」とオットーは言う。[05]

宗教研究は、宗教現象に共通する構造を明らかにするとともに、それぞれの宗教の具体的な歴史を明らかにするという二つの主要な研究課題をもっている。オットーは宗教現象の本質を「ヌミノーゼ」の感情として捉え、全ての宗教現象の中に人類共通の展開の平行性という一般法則を見て取り、世界宗教史の類型的な枠組みを構想した。ところが、世界宗教史に見られる普遍的な一般法則をあまりに強調したために、個々の宗教がもつ独自の歴史の重要性を認識しながらも、彼の世界宗教史的パースペクティヴはそうした固有の具体的な歴史的展開を捉えるだけの枠組みを提示することができず、結果的にスタティックなものになっていると言わざるを得ない。ともあれ、オットーはこうした比較宗教史的な枠組みを踏まえて、東洋の宗教思想、特にインドの宗教思想への理解を深めることで、その独自な特質を明らかにしようとした。そのうえで、人間存在が共有する宗教経験の不思議な一致を明らかにしようとしたのである。オットーは『聖なるもの』をはじめ、『西と東の神秘主義』や『インドの恩寵の宗教とキリスト教』など、数多くの比較宗教的な著作を発表した。それら全てには、比較宗教史的なパースペクティヴにもとづいて、宗教の本質あるいは人間存在における宗教の意義を明らかにしようとする研究姿勢が貫かれている。そうした研究姿勢は、他宗教との比較研究をとおして、キリスト教の真理をより深く理解しようとするリベラルなキリスト教神学的な視点に根ざしていた。

2　ヴェーダーンタ哲学における神秘主義的経験

宗教研究において「神秘主義」は、一般的に「神秘的合一」の語によって示されるように、絶対者あるいは超越的実在と自己の合一体験を基礎にしていると理解されている。オットーによれば、神秘主義とは「神的なものの内在の経験、神的なものとの本質的合体ないし本質的合一」であるが、それだけでなく、神秘主義的な経験は「神的なものを超越的なものとして経験すること」(Erfahrung des Gottlichen als des Transzendenten) でもあり、一般的に理解される宗教経験とは異なっている。[06] つまり、神秘主義では、「神秘的合一」が強調され、超越的なものと自己が合一することが説かれるが、宗教経験においては、超越的なものと人間存在の関わりにおいて、両者のあいだに無限の懸隔が横たわっていると説かれる。神秘主義と一般的な宗教経験では、「神的なもの」との関係性が異なるのである。

ところが、オットーが言う「神秘主義」の本質は、これまでの一般的な理解とは異なっている。彼はまず、神秘主義と一般的な宗教経験に見られる「神的なもの」と自己の関係性の相違を確認する。その際、重要なのは「神的なもの」(das Gottliche) という語に込められた意味である。同じ「神的なもの」の語であっても、神秘主義の場合、「神的なもの」とは「内在的原理としての「神性」」('Gottheit' als immanentes Prinzip) すなわち「内在的な神」を意味する。それに対して、一般的な宗教経験における「神的なもの」は、敬虔な信仰者にとって信仰対象である「超越的な神」(transzendente Gott) を意味する。このように、同じ語であっても、そこに見られる意味の違いは、神秘主義における宗教経験と一般的な宗教経験が根本的に異なる構造をもっていることを示唆している。つまり、「神的なもの」という語は、宗教的経験の本質の相違を示しているのである。

これら二つの対照的な宗教経験において異なっているのは、「神的なものとの関係」すなわち宗教経験の構造だけではない、とオットーは言う。その点について、彼の言葉を引用しよう。

神秘主義者が神に対して、もう一つ別の新しい関係を持つことが出発点や本質点ではなく、神秘主義者が別種の「神」を持っていること、すなわち、神秘主義者が思考する宗教的対象がそれ自身、別種であるということである。対象の差異が、結果として関係の差異となるわけである。07

ここで、オットーが言う神秘主義における「神的なもの」とは、「様態なき神」(Deus sine modis)、すなわち、非合理的で非人格的な神を意味する。「様態なき神」の概念をもつようになるとき、その人は「神秘主義者」となるという。そこで、オットーは次のように主張する。

また、合一が初めて神秘主義なのではなく、この「絶対他者」である神の驚異のもとで生きることが、すでにおもに神秘主義なのである。[08]

オットーはさらに続けて言う。

人はそのような神の概念を抱くや否や、すでに「神秘主義者」なのであり、しかも、神秘主義者にはよくあるが、「合一」の契機が後退したり、あるいは強調されなくなってもやはりそうである。全く非合理的な性格を持つ素朴な形式の有神論において、信頼されており人格的で変容された神とは異なるこのような神の概念こそが「神秘主義者」たらしめるのである。[09]

したがって、オットーの神秘主義の基本構造においては、神秘的合一の体験があって、そこに初めて神秘主義が成り立つというわけではなく、「全く他のもの」である神の「驚異」(Wunder)のもとで生きることが、神秘主義にとって不可欠な要因なのである。言いかえれば、オットーにとって

「神秘主義」とは、宗教的な感情の関係対象が「非合理的」になるに従って現れるものである。そ
れは宗教的な感情の対象のもつ「非合理的」すなわち「ヌミノーゼ」な契機が支配的に現れ、感情を規定するのに伴って現れるものであり、これがオットーが言う神秘主義の本質である。この本質は諸宗教において、それぞれ異なった特性を内包しており、いわゆる「個別化の多様性」をもっているのである。

オットーが捉えたように「神秘主義」を理解すると、第五章でも指摘したように、神秘主義的経験と一般的に理解されている宗教経験あるいは宗教信仰との境界は、かなり曖昧になってしまう。それは一般的な宗教経験の本質構造が、神などの「非合理的」な超越的実在への関わりから成り立っているのに対して、神秘主義的経験の本質構造が「「絶対他者」である神の驚異のもとで生きること」であって、必ずしも神秘的な合一体験が不可欠であるわけではない、とオットーが強調しているからである。ともあれ、神秘主義的経験と一般的に理解される宗教経験とのあいだに、こうした境界の曖昧性が見られるとしても、その点がむしろ神秘主義的な経験を宗教の核心に置いているオットーの比較宗教的パースペクティヴの本質をいっそう浮き彫りにしていると言えるであろう。

3　シャンカラの哲学へのパースペクティヴ

ルター派神学者であったオットーは、シャンカラの不二一元論ヴェーダーンタ哲学を「神秘主

義」の一類型として把握する際、有神論的な概念的枠組みに依拠していた。これはオットーの宗教論を根本的に特徴づけている。

オットーの分類によれば、神秘主義には「魂の神秘主義」と「神の神秘主義」という二つの形態がある。このことについては、すでに前章で論じたが、改めて確認したうえで、さらに議論を進めていくことにしよう。「神の神秘主義」とは、神がいわゆる「神秘的」実在となるところに成立する。それに対して、「魂の神秘主義」は神の概念を伴うことがないか、あるいは、神の概念がその究極的な体験それ自体にとって重要ではない。それは「魂の本質のヌミノーゼ的要素が生き生きとなる」ものである。そうした「魂の神秘主義」の具体的な形態として、オットーはヨーガと仏教を挙げている。それらは純粋に「魂の神秘主義」、すなわち、「「魂」のヌミノーゼ的意味の過度の高まり」としての宗教現象である。だがその一方で、オットーはヨーガを有神論ヨーガと無神論ヨーガに区別している。有神論ヨーガが神との神秘的合一を説くのに対して、無神論ヨーガでは言うまでもなく、神との「神秘的合一」はありえない。なぜなら、それはヨーガの方法によって全ての誤った結合からアートマンを解き放つことを追求するものだからである。また、仏教は神を否定するが、それは「ヌミノーゼの内に生きている」ので、仏教も宗教として理解できるとする。そのうえで、仏教における涅槃は「完全に非合理的であり、沈黙によってしか語り得ない」ような「神秘的状態」を示しているとし、さらに仏教において、「アートマン」を否定する無我説は神秘主義的な性格をいっそう強めている、と彼は言う。[10]

神秘主義をこのように二類型に分類する一方で、オットーはまた、それらの類型を「内観（Innen-schau）の神秘主義」と「一体観（Einheitsschau）の神秘主義」に類型化する。[11]「内観の神秘主義」は一切の外なるものに背を向け、自己の魂の深みに立ち戻ることをめざすものである。それは「魂の神秘主義」から出発して、ほとんど魂の神秘主義そのものに留まる。一方、「一体観の神秘主義」は自らの魂の神秘主義を必要としない。それは外側の事物の世界へ目を向け、多様性のもとで合一を求める。神秘的直観が既存の有神論の上に懸かるとき、非合理的な根底にある一者は「神」という名称をもつという。

オットーはシャンカラの宗教思想が、西洋のエックハルトの宗教思想と同じように「魂の神秘主義」と「神の神秘主義」、あるいは「内観の神秘主義」と「一体観の神秘主義」が密接に深く浸透し合い結合したものであると捉え、その結合の中に、シャンカラの思想の特質を見いだした。さらに、そうした思想的な結びつきこそが、異なった精神風土において、全く独自のタイプの神秘主義を形成している、とも述べている。一見したところ、「魂の神秘主義」の志向性は「神の神秘主義」のそれとかなり違っており、両者が結びつくことは極めて難しいように見える。しかし、シャンカラの哲学的思惟が

図５　不二一元論ヴェーダーンタ哲学を説いたシャンカラの木製彫像
オットーが 1927 年、インドで入手したもの（マールブルク宗教博物館蔵）

前提としているウパニシャッド思想には、そのことを可能にする存在論的な思想構造が存在している。それは存在世界の最高実在ブラフマンと人間存在の本質アートマンとの一体性という思想構造である。オットーはこうした思想構造の中に、「魂の神秘主義」と「神の神秘主義」、「内観の神秘主義」と「一体観の神秘主義」という二つの相異なる思想的モチーフの共存の可能性があると指摘している。そうしたオットーのシャンカラ理解の一端は、たとえば、次の文章にも明らかである。

シャンカラの『ブラフマ・スートラ注解』の序文によれば、アートマンおよび正しいアートマンの認識の問題が前面に出ているので、何よりもまず、彼を本来的に「魂の神秘主義者」に数え入れなければなるまい。その序文では、この問題だけが論じられるべきもののように見える。ブラフマンは最初は全く問題になっていないのである。[12]

ここで言われる「魂の神秘主義」の思想的モチーフは、インド哲学のコンテクストに沿って言えば、オットーが言うように「アートマン神秘主義」と表現することもできる。ただし、シャンカラの神秘主義はヨーガの純粋な「アートマン神秘主義」とは鋭く対立している。その対立が意味するのは、シャンカラが一般的に言われる「神秘主義者」ではなく、むしろその思想が「魂の神秘主義」と「神の神秘主義」が結びついたユニークなものであるということなのである。言いかえれば、シャンカラの思想は、「特殊に限定された神秘主義」(bestimmt qualifizierte Mystik) なのだとオットーは論じる。これに関連して、オットーが次のような場面を想定して、シャンカラの思想の特質を論じていることは興味深い。すなわち、もしもシャンカラがヨーガの神秘主義とラーマーヌジャの「純粋に人格的な有神論」のどちらか一方を選択すると考えた場合、ラーマーヌジャはシャンカラにとって「偉大なライバル」ではあるが、シャンカラはあえてラーマーヌジャの人格的な有神論を選択するであろう、とオットーは推測している。このように、オットーはシャンカラの思想を有神論的なパースペクティヴに沿って解釈している。それはヨーガの神秘主義思想が理想とする、いわゆる「独存」(kaivalya) という状態が完全な「神なき状態」(Gottlosigkeit) であり、その状態はシャンカラの存在論的枠組みがもつ「神の神秘主義」のモチーフと相容れないと、オットーが捉えているからである。

オットーはシャンカラの思想の本質構造、すなわち、ブラフマンとアートマンの一体性を適確に捉えていた。その点については、たとえば、彼が次のように述べていることからも明らかである。

シャンカラにとっても、ブラフマンは、自己自身のもとへ帰ったアートマンそのもの、すなわちそれ自らに本質的に所属しながらも、無明 (avidyā) により覆い隠されたに過ぎぬそれ自身の栄光のもとでのアートマンに他ならないように見える。ブラフマンとアートマンとは互換名称 (Wechsel-namen) 以外の何ものでもないように見える。アートマンが見出されるところ、まさしくブラフマンが到達される。そして、アートマンがブラフマンの名を持つことにより、アートマンに付け加わるものと見ることは正しくない[13]。

オットーが言葉巧みに表現しようとしているのは、西洋の形而上学的な枠組みではなく、まさにブラフマンとアートマンの一体性というヴェーダーンタ哲学の思想的枠組みである。このように、オットーはシャンカラの思想がもつ存在論的構造に精通していたが、にもかかわらず彼の言説は、詰まるところ、キリスト教伝統に見られる一神教的な概念の枠組みというフィルターによって捉えなおされたものであると言わなければならない。

シャンカラの思想に関するオットーの言説は、有神論的あるいはキリスト教的な視点から読み解かれた解釈である。たとえば、オットーの次の文章からは、そのことが明らかである。

「より高いブラフマン」としてのブラフマン、もしくはそれぞれのアートマンと同一である「最高のアートマン」そのものとしてのブラフマンは、厳密に解すると、「恩寵を授ける」ものではない。しかしながら、人はヨーガ行者のごとく、自己自身からではなく、ブラフマンにおいて、もしくはブラフマンへの到達においてのみ「無憂」(ohne Sorge) であり得る、言いかえれば、浄福であり得るという認識は、どちらかと言えば恩寵説の動機に近いのであって、その点でシャンカラには、ギーターの恩寵説を裏書きしている可能性がある。さらに言えば、人格的な神が認識の道を照らし出すことによって手助けするという意味においてのみならず、時として、「最高のアートマン」自身が「恩寵の証をする」という意味においてもそうなのである。[14]

さらに、オットーは「ブラフマンの内にのみ救いがある」と言う。ここに引用した文章は、オットーがシャンカラの思想を一神教的な思想と相似するものとして理解していることを示している。つまり、オットーが言う「救い」とは、いわゆる「絶対他者」すなわち人格的な神と人間存在のあいだの呼応的な関係構造において、人間存在の信仰に対して、神の「恩寵」がもたらされることを暗黙のうちにその前提としているのである。

4　救済論としてのヴェーダーンタ哲学

オットーはそれがキリスト教の教義であれインドの宗教思想であれ、教義や宗教思想をただ合理的あるいは哲学的思索によるものとして通俗的に理解するのではなく、宗教経験の非合理的な要素、すなわち「ヌミノーゼ」の感情が神学的あるいは哲学的思索によって合理化あるいは倫理化されたものとして理解した。そうした合理化あるいは倫理化のプロセスを、オットーは宗教の「図式化」(Schematisierung) と呼んだ。[15] この「図式化」によって、宗教経験の非合理的な本質は、聖典や教義における合理的な概念レベルへと移されて、神や絶対的実在の属性に関する教義や宗教思想が生み出される。しかし、教義や宗教思想それ自体は、宗教の本来の立場から見れば、第二義的で派生的なものでしかない。

「聖なるもの」は、教義や宗教思想レベルにおいて、人格的な実在すなわち神の概念として、あるいは、非人格的な実在として表現される。オットーは『聖なるもの』でおこなった宗教経験に関する綿密な考察を前提にして、『西と東の神秘主義』や『インドの恩寵の宗教とキリスト教』をはじめ、インド哲学に関する諸論考の中で、キリスト教の思想とインドの宗教思想、特にヴェーダーンタ派の思想を比較検討した。その際、彼が宗教思想の比較研究の射程の中へ不可欠な構成要素として取り込んだのは、すでに述べたように「ヌミノーゼ」の感情とその次元であった。オットーにとって、シャンカラの哲学は、キリスト教のそれと同じように、ただ単に哲学的思惟による形而上学ではなく、聖なるものの体験に根ざした「救済論」(Heilslehre) あるいは「信仰論」(Glaubenslehre) であった。それらは全て、救済への「道」(Weg) を示していると、オットーは理解していた。

インド宗教思想の中で、オットーが関心を抱いたのはシャンカラの思想ばかりではない。最高神ヴィシュヌへの真摯な信仰、すなわち信愛(バクティ bhakti) を強調したラーマーヌジャの思想にも関心をもった。ここで特に注目すべきことは、ヒンドゥー教の代表的な聖典『バガヴァッド・ギーター』に関する注解書をめぐるオットーの議論である。すでに述べたように、ガルベは『ギーター』をドイツ語に翻訳するとともに、その原型が有神論の特徴を具えたバクティの文献であったと論じていた。オットーはガルベの学説に沿って、シャンカラが『ギーター注解』において、不二一元論思想の立場から、無属性ブラフマンすなわち「超人格的ブラフマン」の思想を『バガヴァッド・ギーター』の中に読み取ろうとしたことは、その有神論的な内容をもつ聖典『ギーター』を歪めたと主張している。[16] 一方、ラーマーヌジャは『ギーター』における「最高神」を人格神すなわち世界の創造主として捉えることで、ブラフマンの人格性に関する理解を守ろうとして、シャンカラの不二一元論の立場と対峙していたと、オットーは言う。

彼はキリスト教神学の視点から、キリスト教の教義に親和性をもつラーマーヌジャの思想に強く惹きつけられた。ラーマーヌジャの思想がキリスト教の教義と相似をなしていると捉え、その思想が神への真摯な信仰を強調した点で、ルターの教説に似ていると考えたのである。情緒的な「バクティ」すなわち「信愛の道」(bhakti-mārga) を説いたラーマーヌジャの思想を、オットーは「バクティ神秘主義」(bhakti-Mystik) とも呼んでいる。そうした神秘主義に特有なのは、彼の言葉によれば、「身も心も蕩けるような性愛的感情状態における交歓による感情の横溢のもとでの、最高のものとの「合一」に達すること」である。その場合、「この最高のもの自体は自己の欲求との類比によって考えられている」という。[17] ラーマーヌジャによれば、人格神(イーシュヴァラ)こそが永遠のブラフマンである。この神が「世界の原因」(Ursache der Welt) であり、多様な現実世界を形成し、世界と時間を超越する神として永遠に生き続け、自ら

図6　限定不二一元論ヴェーダーンタ哲学を説いたラーマーヌジャの銅製彫像
オットーが1927年、インドで入手したもの（マールブルク宗教博物館蔵）

の恩寵によって選ばれた者を世界から超世界の場所（天界すなわちヴァイクンタ Vaikuṇṭha）へと救う。その場所において、人々は至福になるという。[18]

オットーは一九二七年のインド滞在時に、マイソール近郊のメールコーティにあるラーマーヌジャ派僧院を訪れた。その僧院はラーマーヌジャが創設したとも再建したとも言われている。そこでオットーは僧院の来客簿に短い手記を書き残している。三十数年後に、その手記をラーマーヌジャ研究者のジョン・B・カーマンがその僧院を訪れたときに見つけた。それは「ドイツへ帰ったら、私はラーマーヌジャについて著書を書くつもりである」[19]というもので、オットー自身の署名が添えられてあった。この著書とは、一九三〇年に出版された『インドの恩寵の宗教とキリスト教』であったと思われる。同書はインドの「恩寵の宗教」について知らないキリスト者向けに書かれたものであるが、マイソールに滞在中、バクティの宗教の代表者たちに会えたことが、インドの恩寵の宗教に対する理解を深めるよい機会となったと、オットーは述べている。

ラーマーヌジャは、インド哲学研究において、ヴェーダーンタ哲学者として知られていた。ところが、オットーはヨーロッパのインド哲学界にラーマーヌジャの思想を紹介するようになると、彼には「哲学者」よりはむしろ「神学者」（Theolog）の名称が相応しいと考えるようになった。オットーはラーマーヌジャについて、次のように述べている。「彼〔ラーマーヌジャ〕にとって問題なのは、「哲学」（Filosofie）ではなく、宗教的な占有物〔宗教経験〕に対する弁明（Apologetik für einen religiosen Besitz）である」[20]。オットーから見れば、ラーマーヌジャの哲学の本質は、合理的な存在論あるいは形而上学的な論理や哲学的思惟にあるのではなく、それが宗教経験のもつ非合理的な価値、すなわち「ヌミノーゼ」的な価値の言語的表現であるという点にあった。また同様に、不二一元論ヴェーダーンタ哲学者のシャンカラも本質的に「哲学者」ではなく、むしろ「神学者」(Theolog) あるいは「救済の教師」(Heilslehrer) とみなしている。それはオットーのキリスト教神学的パースペクティヴに照らせば、シャンカラの関心が世界を学的に説明する形而上学にあったからではなく、むしろ魂の救いに関わる救済論にあったからであるとの解釈にもとづいている。

「聖なるもの」は、オットーによれば、非合理的な要素と合理的な要素が緊密に結びついた複合的なカテゴリーである。また、それら二つの要素の結びつきから成る「聖なるもの」は、キリスト教にも東洋の諸宗教にも、全ての宗教に見いだされる。なぜなら、宗教の違いの背後に、宗教の決定的な要因として、「一定不変な人間の心理作用」が伏在しているからである。加えて、キリスト教神学の立場から、オットーは次のように述べている。

二つの要素〔非合理的な要素と合理的な要素〕が現実に存在していて、しかも健全で完全な調和のもとにあることは、これまた宗教の卓越性を測る尺度であり、さらに言えば本来の宗教的な尺度として、そうである。この尺度から見ても、キリスト教は地球上の姉妹宗教に絶対に勝る宗教である。深い、非合理的な根底の上に、透明で明白なその概念と感情と体験の明るく輝く建物が一際高く聳え立っている。[21]

ここには、キリスト教神学者としてのオットーの立場が明示されている。東洋の諸宗教、特にインドの宗教をキリスト教と比較検討して、世界の諸宗教におけるキリスト教の優越性あるいは卓越性を示そうとした彼の意図が端的に表明されている。すでに述べたように、オットーは宗教経験の次元から、インドのヴェーダーンタ哲学を「聖なるもの」の体験に根ざす「神秘主義」思想として、さらには「救済論」として捉えなおした。こうしたオットーの視点からすれば、シャンカラの言う「規定なきブラフマン」すなわち高次の無属性ブラフマンの中には、「主宰神」（イーシュヴァラ）の概念が現れては消えて、その都度、特別な特徴を残している。たとえば、「最高主宰神」（パラマ・イーシュヴァラ）という語を、シャンカラが極めて多くの箇所で用いていることについて、オットーはその語がシャンカラの言う高次ブラフマンを意味するのか、あるいは低次ブラフマンを意味するのかが不明瞭であると述べている。そのうえで、「この不明瞭さはまさに意図的なものである[22]」と論じ、シャンカラの意図が哲学的思惟の厳密さにあったのではなく、あくまでも魂の救済にあったのだと評している。さらに、ブラフマンは「神（デウス）と純粋に対立するものではなく、それ自身、昇華され神秘化された、過度に高められた神（デウス）である[23]」として、オットーはシャンカラが言うブラフマンを一般的に言う「神」となんら対立するものでないばかりか、そうした神の「神秘主義的な神」として捉えなおした。このようにシャンカラの哲学について、オットーが提示した解釈は、高次の無属性ブラフマンを低次の有属性ブラフマン（主宰神）の過度の高まりとして捉えたうえで、世界と人間存在のあり方を理解するという、まさに有神論的なアプローチであったことがわかる。

オットーはシャンカラの思想が有神論的な基盤をもつことを明らかにしたうえで、シャンカラとエックハルトのあいだに認められる類似性とは、「人格的有神論のうえに「神秘主義」が構築されている」という点だと指摘する。ただし、シャンカラに比べると、エックハルトのほうが人格的有神論と神秘主義の浸透が著しいが、インド文化におけるシャンカラの場合も、本来的に有神論が必然的なものであった、とキリスト教神学に根ざした解釈を提示している。さらに「宗教的に言えば、彼〔シャンカラ〕もまたパウロが「使徒行伝」一四・一七で述べていることに対する証人である」とまで述べている。[24] こうしたオットーのシャンカラ解釈は、ヴェーダーンタ哲学の伝統において、ブラフマンの開展としての世界の実在性を説く実在論的な開展説にむしろ近い把握のしかたである。オットーがもつ西洋の有神論的な概念的枠組みがそのようにさせたのであろうが、彼は少なくとも、シャンカラが不十分ながらも想定していた「無明」（avidyā）や「幻妄」（māyā）に対応する仮現説のモチーフを、彼の一神教的な解釈枠組みの中に十分に取り込むことができなかったと言わざるを得ない。

ともあれ、ヴェーダーンタ哲学の主要な関心は、それがシャンカラであれラーマーヌジャであれ、完璧な哲学体系を構築することにあったのではなく、あくまでも実際に輪廻に苦しむ人々を救済することにあったと、オットーは解釈した。この点については、インド哲学研究の世界的碩学であるダニエル・インゴルス（Daniel H. H. Ingalls 一九一六―一九九九）が、シャンカラの真理への姿勢は哲学的に厳密であるよりも心理的・宗教的であったと指摘していることと考えあわせると、オットーの見解の適確さをあらためて認識することができるだろう。[25] このことは、オットーのヴェーダーンタ哲学に関する有神論的な解釈をインド学的な視点から捉えなおしても、彼の解釈がある程度、妥当性をもっていることを示していると言えよう。

ただし、すでに論じたように、オットーの有神論的な概念的枠組みは、ヴェーダーンタ哲学の構造を理解するうえで、一つの有効な解釈学的視座を提示してはいるが、その一方で、概念的な限界も内包している。これまでの宗教研究では、西洋の社会・文化的コンテクストにおいて構築された宗教の諸概念や枠組みが特に検証されることもなく用いられてきたが、オットーのヴェーダーンタ哲学研究をめぐる諸問題は、従来の概念的枠組みをインド宗教伝統の社会・文化的コンテクストに位置づけて再考すべきことを示唆している。

第八章　新たな宗教理解へ向けて

象徴、制度、教説、慣行などというような宗教の外形は、それだけ切り離して検討することができる。……しかしこれらのものはそれ自体は宗教ではなく、宗教はむしろ、これらのものがそれに関与している人びとに対してもつ意味の中にある。

——ウィルフレッド・C・スミス*
(Wilfred C. Smith　一九一六—二〇〇〇)

現代世界はキリスト教、イスラーム、ユダヤ教、仏教など、さまざまな宗教が多様に存在する宗教的多元性の状況にある。宗教の「多元性」は、現代世界のあり方を捉えるうえで重要な特徴の一つである。現代世界のこうした状況において、諸宗教の価値の共存的なあり方が模索されている。キリスト教世界では、キリスト教以外の諸宗教との関わりを明確にしようとする、いわゆる「諸宗教の神学」の試みが見られる。また、第二バチカン公会議以来、他宗教の真理性を容認するようになったカトリック教会は積極的に「他宗教との対話」をおこなってきた。キリスト教のこうした動きは、特に欧米の宗教学界において、宗教研究のあり方を再考する契機の一つになってきた。宗教学は世界の諸宗教の歴史的展開を把握するとともに、宗教現象の様態を明らかにすることによって、人間の生における宗教の意味を探究する研究分野として広く受け入れられてきた。ところが今日、ＩＴ革命が急速に進み、グローバリゼーションの時代を迎え、これまでのパラダイムの転換が世界中のさまざまなレベルでおこなわれている。たとえば環境問題に見られるように、現代世界において、人類全体は相互連関的な存在となってきている。世界のそうした動きの中で、宗教学も隣接諸科学と同様、洋の東西を問わず、大きな転換期を迎えている。

本書で取り上げたオットーは、現代宗教学の礎を築くことに寄与し、今日もなお宗教研究にさまざまな影響力をもっている。こうした点を踏まえて、本章においては、現代宗教の動向が孕む特徴を踏まえたうえで、これまで論じてきたオットーの宗教論を手がかりに現代世界における宗教の「理解」という、まさに現代の宗教学の根本的かつ今日的な研究課題について考察したい。

1　宗教の理解に向けて――現代宗教学の研究動向

現代の宗教学の文脈でオットーの宗教論を捉えなおすために、宗教学の最近の研究動向に言及したい。今日、宗教学のパラダイム再考に向けた動きの一端は、ＩＡＨＲ世界大会のテーマに象徴的に表現されている。ＩＡＨＲとは「国際宗教学宗教史学会」(The International Association for the History of Religions) の略称で、一九五〇年に設立された世界で最大規模の宗教研究に関する国際学会である。

五年に一度、世界大会が開催されるが、二〇〇〇年八月、南アフリカ共和国のダーバン市において、第一八回IAHR世界大会が開催された。それは一九〇〇年にパリで第一回学術会議が開催されてから、ちょうど百年のまさに節目に当たる国際会議であった。記念大会ということもあって、全体テーマを「宗教学——その起源と展望」（History of Religions: Origins and Visions）としたうえで、さまざまなパネル発表において、従来の宗教研究の諸成果を振り返るとともに、今後の宗教研究のあり方が展望された。二〇〇五年三月には、東京において第一九回IAHR世界大会が大会テーマ「宗教——相克と平和」（Religion: Conflict and Peace）のもと、各国から約七百名の宗教研究者が参加して開催された。二〇一〇年八月には、カナダのトロント市のトロント大学において、第二〇回IAHR世界大会が大会テーマ「宗教——人間の現象」（Religion: A Human Phenomenon）のもと開催された。二〇一五年八月には、ドイツのエアフルト市のエアフルト大学において、第二一回IAHR世界大会が大会テーマ「宗教のダイナミックス——過去と現在」（Dynamics of Religion: Past and Present）のもと開催された。これらのIAHR世界大会は、これまでの宗教学の理論や方法を踏まえながら、人文科学から自然科学にいたるまでの広範囲の概念的枠組みの中で、宗教を人間の営みとして捉え、新たな宗教理解への視座を探究しようとするものであった。[01] ちなみに、第二二回IAHR世界大会は、二〇二〇年八月、ニュージーランドのオタゴ大学において、大会テーマを「中心と周縁」（Centres and Peripheries）として開催されることになっている。

序章で詳しく紹介したとおり宗教学は、西洋に成立した歴史的経緯もあり、長年にわたってその学的枠組みや概念において、キリスト教神学の研究成果を暗黙のうちに前提としてきた傾向がある。今日では、IAHR世界大会の大会テーマからも明らかなように、宗教学の従来の概念的枠組みや概念が再検討されている。宗教的多元性の時代状況において、現代の宗教学は既成の西洋的な概念的枠組みを超えて、いかに世界の諸宗教を理解することができるのだろうか。宗教学は十九世紀後半から二十世紀初頭にかけて、キリスト教神学や宗教哲学から独立し、諸宗教に関するいわゆる「客観的な学」として成立した。宗教学が一つの学問分野として成立する以前には、西洋世界において、神の啓示にもとづく規範的な研究であるキリスト教神学は、世界における諸宗教との出会いのなかで、キリスト教と他宗教を比較することによって、その教えの真理性と絶対的な優位性を主張していた。しかし、宗教の比較研究は、必ずしもキリスト教に対する「護教的な」ものばかりではなかった。諸宗教の比較研究は、合理主義的な研究によって、特定の宗教の絶対性を崩すものでもあった。宗教学が次第に一つの学問として認められ、従来のキリスト教神学とは別個の、諸宗教の比較研究のための枠組みをもつものになるにつれて、おのずとキリスト教神学とは異なる研究成果をもたらしていった。

しかし今日、欧米では、宗教学は伝統的に大学あるいは大学院において、キリスト教神学研究の中に位置づけられている場合が依然として多い。こうした事実は、欧米における宗教学の性格の一面を示している。宗教的多元性の状況において、西洋の「宗教」の概念は西洋以外の宗教現象をそれぞれの文化的脈絡に沿って理解するうえで、必ずしも普遍的に有効なものではない。その点については、たとえば、ジョナサン・Z・スミスが「宗教」（religion）という用語が世界中で広く使用されるようになった経緯に触れて示唆しているところである[02]。こうした点から、現代世界の宗教多元状況において、西洋の宗教伝統に依存してきた従来の宗教学の概念や枠組みは再検討される必要がある。

こうした宗教研究の重要な課題について検討するために、私たちがまず認識しておかなければならないのは、現代の宗教学の成立と展開が、これまで欧米の宗教伝統、とりわけ、キリスト教の神学研究に大きく依存してきたという点である。ジョゼフ・M・キタガワ（Joseph M. Kitagawa 北川三夫一九一五―一九九二）は、すでに「アメリカにおける宗教学の展望」（"The History of Religions in America" 一九六二）という論文において、現代の宗教学が抱えている研究課題を論じている。キタガワは西洋において伝統的に受け継がれてきた「宗教学」が、その根本的な研究方法や態度において、西洋の歴史的・文化的伝統に深く影響されてきた事実を指摘している。西洋の人々が分析的にものを考える傾向があるのに対して、東洋の人々はリアリティを直接的に直観する、あるいは、究極的実在の本質を体験する傾向をもっていると述べ、次のように指摘している。

西洋の宗教学者は、何はともあれ研究対象を「概念化」することに気をとられて、東洋の諸宗教現象を解釈する傾向があった。いいかえると、宗教学の名の下に、地域の特殊性を無視して、自分なりの論理を使ってくみたてた抽象的体系の中に、東洋の諸宗教現象を当てはめてとらえる傾向があった。こうしたことは、事実、いまもなお残っている。[03]

キタガワがすでに一九六〇年代に指摘したこの問題点は、今日もなお、宗教研究が抱えている重要な課題の一つである。宗教がいかに信仰されているのかという宗教現象の具体相を適確に把捉したうえで、宗教現象を理解するという解釈学的な研究態度が、今後ますます求められる。これまで、宗教学は西洋の社会・文化的コンテクストにおいて構築された「宗教」の概念に依拠して、世界の諸宗教現象を捉えてきた。しかし、ウィルフレッド・C・スミスが繰り返し強調したように、宗教を理解するということは、その宗教伝統に生きる信仰の担い手の関わり方を理解することである。宗教研究はそれが学問研究であるかぎり、その研究成果が学的に評価されるものでなければならないが、それと同時に、それが宗教伝統の中で現実に生きる人々によって受け入れられるものでなければならない。[04]筆者が約四〇年前、ハーバード大学大学院において、スミスの宗教学講義や大学院ゼミを受講したとき、彼はこうした点を学生たちに強調した。ハーバード大学の世界宗教研究所における宗教学も、これまでスミスの言う宗教の解釈学的理解をめざしてきた。確かに、スミスの宗教研究の姿勢は、規範的な神学研究との関わりが不明瞭であるとして、批判的に受けとめられてきたきらいもあるが、現代の宗教的多元性の状況において、スミスが強調した宗教の「理解」という解釈学的な問題は、ますます重要なテーマとなっている。

宗教を「理解」するとはいっても、具体的な宗教現象は複雑で多岐にわたる文化現象であり、複雑化する現代世界において、ますます研究対象として捉えにくくなっている。宗教現象をその他の文化現象と明確に識別することは難しい。そうした状況において、宗教を把捉するために、宗教研究の方法論は、宗教史学、宗教現象学、宗教人類学、宗教社会学、宗教心理学などに分かれてきた。宗教現象のさまざまな様相がそれぞれ異なった視点から研究されてきたわけである。こうした現代の宗教研究の特徴は宗教学者ニニアン・スマート（Ninian Smart　一九二七―二〇〇一）の議論を援用することによって、おもに次の五つの点に集約することができるだろう。[05]

第一に、宗教研究は必然的に「多元的」（plural）、すなわち「文化横断的」（cross-cultural）である。したがって、宗教理論は文化横断的に検討する必要がある。私たちは多元的な世界に生きており、宗教研究もおのずとそうした世界の状況を反映したものとなる。第二に、宗教研究は多くの学問分野の方法を用いるという意味において、「多分野的」（multidisciplinary）すなわち「多方法的」（polymethodic）である。たとえば、パウロやブッダ、王陽明などについて論じるためには、歴史学的な視点と方法が必要である。また、現代の都市化との関わりの中で宗教を捉えるためには、社会学や人類学の視点と方法が必要である。さらに、スーフィズムと不二一元論ヴェーダーンタ哲学の類似点と相違点について考察するためには、現象学的な視点と方法が求められる。宗教の歴史的な展開とともに、宗教と社会・文化、あるいは個人との連関に注目したさまざまな研究方法が用いられる。第三に、宗教研究は「文化と結びついた」（culture-bound）学問である。宗教は文化と密接に連関しているので、宗教現象とその他の文化現象を明確に分けることができない。したがって、宗教研究を他の学問領域と切り離されたものとして取り扱うことはできない。つまり、宗教学は他の学問と明確な境界をもってはいないのである。第四に、宗教研究は人間生活の一側面すなわち宗教的な側面を取り扱うので、政治学や経済学などと同じように、それは「一側面的」(aspectual) なものである。したがって、人間生活の一側面を構成する宗教あるいは宗教的なものは、その他の側面との有機的な意味連関の中で把握することが求められる。最後に第五の特徴として、宗教研究は、宗教現象の歴史や記述に向けられるとしても、哲学や神学が扱う省察的な問い、すなわち、規範的な問いを生み出すことになる。このことは、言いかえれば、宗教の記述的な研究と規範的な研究が理論的にいちおう区別されているが、実際の宗教研究では、両者が明確に分かれてはいないことを示している。

これら五つの特徴は、現代の宗教研究の具体的なあり方を適確に表しているが、同時にまた、現代の宗教学の課題を示している。それは、宗教が社会や文化に還元できない「独自性」(sui generis) をもっているか否かという問いとも連関しているが、宗教学はそれ独自の研究方法をもつ学問分野であるのかどうかという点である。宗教の独自性を特に主張したのは、ルードルフ・オットー、ファン・デル・レーウ、ミルチャ・エリアーデなどの宗教現象学的研究を推し進めた宗教学者たちであるが、この問題をめぐって、特に一九八〇年代以後、活発な議論が展開されてきた。宗教現象学は宗教の「独自性」を探究するために、歴史学、社会学、人類学、心理学などの他の諸学問に解消されない宗教学独自の方法を追い求めてきた。その一方で、田丸徳善も指摘しているように、宗教学内の分科として扱われてきた宗教史学や宗教人類学などは、歴史学や人類学などの一部でもあり、それぞれの研究領域の方法によって成り立っている。そうした意味では、宗教学とは特定の方法にもとづくというよりは、むしろ「宗教という共通の対象によって規定される学問」であると言うこともできる。[06] こうした根本的な問題点と密接に連関する具体的な諸問題に対して、これまで宗教学が必ずしも満足すべき理論を提示してこなかったことも事実である。近年、認知科学やカルチュラル・スタディーズなどに刺戟されて、宗教現象を研究しようとする傾向が見られるが、そうした意味では、宗教学が特定の方法をもつ一つの学問領域であるとみなすことは、ますます難しくなってきている。

2　「聖」の概念とその意味

このように現代の宗教研究の動向を把握したうえで、今後の宗教学のあり方を検討するための一つの手がかりとして、オットーの「聖」の概念とその意味を検討してみたい。オットーは、「聖なるもの」の実体が社会であるとみなしたデュルケムとほぼ同じ時期に生きた。これまで論じてきたように、オットーは宗教学の古典的著書『聖なるもの』において、「ヌミノーゼ」に関する独自の宗教論を展開した。同書はキリスト教神学的な意図にもとづく宗教哲学研究であったが、彼は生涯にわたってキリスト教神学あるいは宗教哲学研究とともに、東洋の宗教、特にインド宗教思想の研究にも打ち込み、宗教における「聖なるもの」の本質とその意味を探究した。

オットー宗教論の方法論的な特徴は、すでに考察したように、宗教の非還元性すなわち独自性を明らかにするとともに、宗教の本質を宗教体験レベルにまで掘り下げて探究したことにある。宗教経験は社会、文化、人間の心理など、いかなる他のものにも還元することができない、宗教に独自のものであり、教義の体系や儀礼を根底から支えている。そうした宗教経験の次元に立ち戻って、オットーは宗教の本質を捉えようとした。この点は宗教現象学に対して、オットーがおこなった重要な方法論的貢献であった[07]。

宗教における「聖なるもの」の本来的な意味、すなわち、非合理的で神秘的な経験を示唆するために、オットーは「ヌミノーゼ」(das Numinöse) という造語を用いた。「ヌミノーゼ」の内実は、宗教経験によってのみ感じ取られ、それについて議論することができたとしても、言葉によってそれを理解させることはできない。日常言語あるいは概念に対しては、ただ隠されたままであり、理性の届かない「全く他なるもの」すなわち「絶対他者」(das ganz Andere) である。この「ヌミノーゼの感情」こそが、宗教現象の核心を成しているとオットーは主張するが、この「ヌミノーゼ」は、概念的な把握が全く不可能である宗教の本質であり、元来、解釈されることを拒否するものである。「聖なるもの」に関するこうした認識に立脚するオットーは、宗教における教義を軽視したわけではないが、単なる教義には関心をもたなかった。彼の関心は教義の根幹を成す「ヌミノーゼの感情」に立ち戻って、「生きられた宗教」(gelebte Religion) に向けられた[08]。宗教における教義あるいは宗教思想は、宗教経験の非合理的な要素である「ヌミノーゼの感情」が、神学的あるいは哲学的な思弁によって合理化あるいは倫理化されたものである。その合理化あるいは倫理化のプロセスを、オットーは宗教の「図式化」(Schematisierung) と呼んだ[09]。宗教経験の非合理的な本質は、聖典や教義における合理的な概念へと移されて、神あるいは絶対的実在の属性に関する教義や宗教思想が生み出される。しかしながら、そうしたもの自体は、本来の立場から見れば、第二義的で派生的なものであると彼は言う。

前章で述べたように、こうした議論の前提として、オットーは宗教における「聖なるもの」を非合理的な要素と合理的な要素が緊密に結びついた複合的なカテゴリーとして捉え、そうした宗教の本質を、ユダヤ・キリスト教においてであれ東洋の諸宗教においてであれ、世界の全ての宗教現象の中に見て取った。それは諸宗教の背後に、宗教の決定的な要因として「一定不変な人間の心理作用」が伏在しているからだという[10]。つまり、オットーは全ての人間存在には共通の宗教的感情が存在していると主張したのだ。ただしその一方で、宗教の非合理的な要素と合理的な要素が健全に完全に調和しているかどうかで、宗教の優劣が測られるとし、こうした尺度からみると、キリスト教は他の諸宗教に比べて絶対的に優越していると主張している[11]。こうした言葉の中に、キリスト教神学者としてのオットーの一面を窺い知ることができる。

3　宗教史における展開の平行性

すでに論じたように、オットーは「宗教史における平行性と収斂性」という論文において、東洋と西洋の宗教的多元性を踏まえたうえで、世界の宗教史に関する独自の解釈を試みた。[12] オットーの宗教理論は、現代の宗教的多元性の状況を考えるうえで貴重な示唆を与えてくれる。彼の解釈の基本的な枠組みは、一九一二年に日本アジア協会でおこなった「東洋と西洋の宗教の展開における平行性」という講演の中に見られる。すでにたびたび言及したが、この講演では、おもにユダヤ・キリスト教と仏教を比較し、東洋と西洋の宗教がほとんど全く独立して展開しており、それらのあいだに見られる類似性が「共通の宗教感情」に根ざしていることを指摘している。[13] この点については、前章において述べたが、「東は西であり、西は東である」という言葉に象徴的に表現されるように、オットーは神秘主義という宗教現象が時代や場所を超えて、常に同じであると考えていた。彼は世界にかつて存在した諸宗教のあいだに、あるいは、現在も存在する諸宗教のあいだに、著しい類似性を見ており、こうした類似性を、どれか一つの宗教を尺度として他の宗教を測ったりするのでも、また、一方の現象が他方からの伝播あるいは借用であるとみなす借用論でもなく、あくまでも両者の平行関係において捉えようとした。しかも、諸宗教の平行関係は世界の歴史の中に偶然に見いだされるのではなく、普遍的な事実として、一つの法則性をもつ現象であることを論証しようとした。

「聖なるもの」に関する比較宗教学的な視点に立って、『西と東の神秘主義』と『インドの恩寵の宗教とキリスト教』などの論考において、キリスト教とインドの宗教思想、特にヴェーダーンタ派の思想を比較検討した際、オットーは「ヌミノーゼの感情」の次元を射程に入れて考察をおこなった。前章で論じたように、オットーによれば、インドの宗教思想は、キリスト教の思想と同じように、ただ単に哲学的思惟のための形而上学ではなく、聖なるものの体験に根ざした「救済論」(Heilslehre) あるいは「信仰論」(Glaubenslehre) であるという。つまり、それらは救済への「道」(Weg) を示している。たとえば、オットーが西洋世界において、はじめて本格的に研究対象として取り上げたラーマーヌジャは、シャンカラと同様、インドの著名なヴェーダーンタ哲学者であるが、オットーはラーマーヌジャにとって問題なのは「哲学」(Filosofie) ではなく、宗教に特有なもの、すなわち、宗教体験に対する「弁証」(Apologetik) である、と述べている。[14] また、西洋と東洋の代表的な神秘主義思想家であるエックハルトとシャンカラを比較して、原理的な「神秘的直観」(intuitus mystica) がシャンカラおよびエックハルトの教義の根底に一致して存在しており、それが「二人の特異な主張や高いパトスの本来の源泉にもなっている」と指摘している。しかし、オットーによれば、「二人はその弁証法においては、この事実に覆いをかけている。これもまた両者の間の一種の平行である」[15] ということになる。

両者の宗教思想においては、合理的な存在論あるいは形而上学的な論理よりも、「神秘的直観」

すなわち全く非合理的な「ヌミノーゼ」的価値の次元がその深みに存在していると指摘し、オットーは次のように言う。二人の「教師」すなわちエックハルトとシャンカラにおいては、純粋なる「存在」(Sein)、すなわち、シャンカラの言う「サット」(sat 最高実在ブラフマン)とエックハルトの言う「エッセ」(Esse)は、存在の本質に近づくために、概念あるいは理性(ratio)が示すことのできる最大限のものにすぎない。しかし、存在の本質には届かず、結局のところ、ヌミノーゼの単なる合理的な「図式」になっている。[16] さらに、インドのウパニシャッドにおいて、最高実在ブラフマンと個的人間の本質アートマンの一体性を言説する神秘的文章、すなわち、「汝はそれなり」(tat tvam asi)あるいは「われはブラフマンなり」(ahaṃ brahmāsmi)について、オットーは「これはいずれもむしろ感得できる(fühlbar)ものであって、「私は純粋存在となった、私は存在そのものである」という合理的な叙述とは「全く別のもの」である」と言う。そして、「エックハルトが高貴な人間(homo nobilis)、すなわち「神となった人」(vergotteter Mensch)について語るときも、これと全く同じである。これもまた、真の存在(Esse)となった人という以上のものである。ここでも概念はいずれも全く役に立たない[17]」と述べている。

オットーの宗教論の重要な特徴の一つは、彼が「ヌミノーゼ」の経験を表現する言語、とりわけ、教義を「概念」あるいは合理的な「図式」として捉えている点である。オットーによれば、「すべての言説は、そもそも語句から成り立っている以上、何よりも概念を伝えようとする[18]」。そのため、合理的な属性による理解が前景に出てくるが、それは非合理的なものに関わっているので、「聖なるもの」の本質を汲み尽してはいない。オットーの言う「ヌミノーゼ」の本質は非合理的である。それは「概念においては解明され得ないものであるから、それを体験する心情の中にそれが呼び起こす特殊な感情反応（Gefühls-reaktion）を通じてのみ示唆されるほかない[19]」。

オットーが言う「聖なるもの」は、すでに述べたように、合理的ならびに非合理的な構成要素によって合成されたアプリオリなカテゴリーである。合理的なものが私たちの熟知し定義することができる概念に属するものであるのに対して、非合理的なものは概念以前の、概念を超える感情によって経験することはできるが、概念的な思惟によっては理解することができない。合理的な概念としての言葉は、聖なるものの本質を汲み尽すことができない。なぜなら、宗教経験が「非合理的」なものであるからである。しかし、神観念を一方的に合理化するという、いわゆる「合理化的傾向」が前景に出てくるときには、合理的な概念が全てであるかのように見えてしまう。

オットーのこうしたパースペクティヴを意味論的に捉えなおすと、彼は「聖なるもの」を非合理的なものと合理的なものの関係において把握し、その意味次元の重層性を認める。つまり、「聖なるもの」は、派生的な意味で用いられる「聖なるもの」と本源的な意味における「聖なるもの」に分けられる。派生的な意味での「聖なるもの」とは、合理的あるいは道徳的な要素を伴うものである。一方、いわゆる「ヌミノーゼ」は本源的な意味における「聖なるもの」を表現するために、彼自身が造った語であり、合理的な要素を差し引いた「聖なるもの」、道徳・倫理的な要素を差し引いた「聖なるもの」を表現しようとするものである。私たちは宗教の非合理的なものを語ることによって、ある程度まで、それを感じることができると、オットーは言う。つまり、彼にとって「聖なるもの」は、非合理的なものそれ自体の意味次元と合理的な要素を伴う意味次元という重層的な意味構造を成している。それらは言語哲学的に言えば、深層的意味レベルと日常言語の表層的意味レベルとして理解することができるだろう。「聖なるもの」が社会・文化的表層において理解されるとき、その意味はおのずと概念的なものになる。しかし、宗教伝統に生きる信仰の担い手にとって、全く同じ「聖なるもの」が必ずしも概念的に表現できるものではなく、多義的な意味連関を内包している。このように、オットーの宗教論を意味論的に捉えなおすと、彼の論考は現代の宗教研究にとって重要な示唆を与えてくれる。

4　聖の意味次元とその重層性――「イデオグラム」を媒介として

オットーが言う「聖なるもの」の意味次元の重層性の中でも、特に「ヌミノーゼ」の経験によって開示される、日常経験的な意味世界の網目構造を脱け出した深層的意味領域を理解するために、ここで私たちはオットーのいわゆる「イデオグラム（表意記号）」（Ideogramm）に注目したい。現代の宗教研究において、オットーの宗教論はさまざまに論じられているが、オットーの「イデオグラム」論については、筆者の知るかぎり、これまでほとんど本格的に議論されたことがなかったように思われる。

オットーは二つの意味次元のあいだに重なり合うかたちで、「イデオグラム」という言語的意味レベルが存在することを認める。オットーが言う「イデオグラム」とは一見、聖なるものの概念のようであるが、決して「概念」ではない。それはあくまでも「概念に類似しているもの」にすぎない。それは概念的に言い表し難いものに使用され、人間の心を動かし、「熱情」を起こさせるものであって、アナロジー的な特徴をもっている。しかし、日常的な意味世界に生きていて、聖なるものの本質が見えない「自然的な」(natürlich) 人間は、「イデオグラム」を「自然的な概念」として、日常的な意味レベルのものと取り違えてしまうと、オットーは言う。社会慣習的な意味の表層において、言葉が記号コード化されるとき、その「意味」はおのずと概念的なものになる。信仰の深みの次元が見えないとき、日常的な意味世界だけが「世界」として捉えられ、概念的あるいは合理的に把握される。オットーは、たとえば「救済」について、次のように言う。

「救い」というのはいつでも、「自然的な」人間にとっては、しばしばほとんど、あるいは全く分からないものであり、「理解している限りのもの」は逆にきわめて退屈で、興味が湧かず、ときには趣味や気性に合わないものである。……そういう人は、救いを表す表現として自分に示されるもの、すなわち解釈のための概念的類似語、したがって感情の表意記号（イデオグラム）に過ぎないものを、心の教師を持っていないために、必然的に自然の概念と取り違えてしまい、感情そのものを「自然的」に理解せざるを得ず、ますます目標から離れていくことになる。[20]

「聖なるもの」の言語としての概念あるいは教義と同じように、聖典において、非合理的で不可解な言語表現も、ヌミノーゼの「自然的」な表現である。さらに、それが聖典において、重要な役割を果たしていることをオットーは認める。「イデオグラム」が意味しているのはそういうものである。それは人間の「心情の領域」(Gemüts-bereiche)から借りたものであり、たいてい「単にアナロジー(類比)的な性格」(bloss analogischen Charakter)をもっているにすぎない。しかし、「イデオグラム」によって、ヌーメンの真正かつ非合理的な要素が適切に感じられ、宗教はその「合理化」(Rationalisierung)から守られる。[21] 日常的な意味世界で使われる言語を使いながらも、その言語に伏在する流動的な意味の深みが示唆されるわけである。オットーの宗教論との連関において、ポール・リクール(Paul Ricœur 一九一三—二〇〇五)の解釈学的研究に触れることにしよう。宗教現象学の課題を「象徴」の解釈として捉えるリクールは、象徴的言語を超越への不可欠の通路とみなし、その言語が文字通りの意味を超える第二の意味を宿しているという象徴的言語の二義性を説いている。「聖なるものの忘却」や「人間の喪失」が言語の場で生起している現代において、象徴的言語の内的生命に関わる理解の段階へと進み、その言語の隠された意味を理解すべきことを、リクールは強調している。リクールの主張をオットーのそれと比較すると、両者のあいだに共通した思想構造を見いだすことができる。[22]

オットーの挙げている具体例は、たとえば、ヌーメン的な畏怖を引き起こす、旧約聖書の「ヤハウェの怒り」(orgḗ)や、新約聖書の「神の怒り」(orgḗ theoŷ)という言葉である。ユダヤ教およびキリスト教を信仰する者にとって、「神の怒り」は決して聖性の「減少」(Minderung)でなく、むしろ「「聖性」それ自体の自然的な表出であり要素」である。この「怒り」(ira)は「怖れ」(tremendum)そのものにほかならない。それ自体が全く非合理的である「怖れ」は、「旧約においては、自然的領域からの、すなわち人間の心情的生活からの、素朴な類推によって理解され、表出されて」いる。しかも、「この類推ははなはだ顕著かつ適切なので、その価値を保持し、今日でも宗教感情を言い表す場合、全くこの言葉を避けることはできない」。「神の怒り」という語は、「本来の合理的な「概念」」ではなく、「概念と類似するもの、すなわち宗教的な体験における独特の感情的要素の表意記号(Ideogramm)ないし純然たる解釈記号(Deute-Zeichen)」なのである。[23] 聖書における「神の怒り」は、本来的に「非自然的な、すなわち、ヌーメン的な怒り」なのであって、とかく人が誤って合理的に理解する「自然的な」神の「怒り」、すなわち合理的あるいは倫理的なレベルのものではない。聖書においては、本来的で超自然的なものとそれを充たす日常的あるいは合理的な意味とが結びついた一つの合成体を成している。「神の怒り」の中に、非合理的な要素が顕示され、自然的な怒りでは生じさせることができない怖れを引き起こさせるのである。

さらにオットーは「イデオグラム」の具体例として、東洋の宗教思想を特徴づけている「無」や「空」(śūnyatā)を挙げている。それらはいわゆる「絶対他者」の「イデオグラム」であり、「驚き」

(mirum) そのものであるが、同時に、「パラドックス（背理）的なもの」と「アンチノミー（二律背反）的なもの」へと高められる。[24]「絶対他者」としての「驚き」は把握できないもの、理解できないものであり、日常言語の「範疇を超越している」。したがって、それは「概念とならないもの」である。このように、オットーは「ヌミノーゼ」それ自体とその概念的認識とのあいだに、非概念的な認識のための言語として、「イデオグラム」を位置づけている。ところが、オットーは聖典の言語と神学あるいは哲学的思惟の言語について、意味論的分析を明確におこなっていなかった。

現代の宗教的多元性の状況において、宗教研究者が自らの文化（あるいは宗教）以外の宗教を理解しようとする場合、特に留意すべき点は、聖典の言語が詩的あるいは神話表象的に、オットーの表現を援用すれば、「ヌミノーゼ」の経験を表現した「イデオグラム」によって織りだされたものであるということである。聖典の言語は「合理化」された概念によって構成されているのでもなければ、「ヌミノーゼの感情」そのものでもない。聖典の言語は「ヌミノーゼ」の感情を言語化した、いわば根源的な言語なのである。宗教の領域に現れてくる特異で非合理的な価値こそが、根源的な「聖なるもの」であり、もしそれを欠くならば、宗教が宗教でなくなってしまう本質的なものである。それが神学的あるいは哲学的な思惟によって概念化されると、神学体系あるいは哲学体系が成立する。オットーが言う「合理化的傾向」は、キリスト教神学の領域ばかりでなく、神話や諸宗教に関するこれまでの宗教研究にも見られた。

また、「ヌミノーゼ」との連関において注目すべき点は、オットーが自ら北アフリカ、エルサレム、インド、ビルマ、中国、日本に旅し、西洋以外の世界において諸宗教の生きた信仰に触れ、旅の書簡や日記などを書き残したことである。それは彼がおこなった、いわば「フィールドワーク」のデータを示すものであった。オットーは信仰が語られている異文化の宗教伝統に身を置き、信仰の言葉や行為の意味をできるだけパロール的な状況の中で理解しようとした。信仰の生きた現実を自分の目で見ることによって、聖典や教義あるいは宗教思想などのエクリチュールによる研究だけでは、とうてい理解することができない宗教信仰の具体相をはじめ、信仰の深みの理解へといざなわれていった。第二章で触れたとおり、オットーは一九一一年、モロッコのシナゴーグで、「聖なるかな」の三唱を聞き、そのときの感動が宗教経験の核心すなわち「聖なるもの」の原体験となった。こうした体験をとおして、彼は現代の宗教学における重要な鍵概念の一つである「ヌミノーゼ」の概念を索出したのだ。オットーが旅を繰り返したことは、現代の宗教研究者にとって、宗教伝統に直接触れることが宗教文献研究による理解を補完するばかりでなく、宗教の深層的意味の理解にとっても極めて重要な意味をもっていることを示すという点で、きわめて意義深いと言える。[25]

ところで、オットーの宗教理論は、彼の聖概念を批判的に継承したエリアーデによって、世界のさまざまな宗教現象を射程に入れて展開された。エリアーデはオットーの聖概念を踏まえて、諸宗教の歴史をさまざまな「聖なるもの」の顕現、すなわち「ヒエロファニー」(hierophany 聖体示現)によって成り立っているとみなした。聖なる石や樹木といった聖なるものの顕現から、キリスト教における神の顕現に至るまで、無数の聖なるものの顕現はすべて同一の構造を示していると、エリアーデは論じた。エリアーデにとって、人間は「象徴を駆使する人間」(homo symbolicus) であると同時に、「宗教的人間」(homo religiosus) でもある。人間が「聖なるもの」と結びつけられるとき、象徴は弁証法的に「ヒエロファニー」となり、「聖なるもの」の意味が日常の俗なる空間と時間に顕示される。「聖なるもの」の顕現の形態は、民族や文明において違ってはいるが、いずれの「聖なるもの」の現れも、それらが常に「聖なるもの」の顕在化であるかぎり等価的であり、人類の宗教現象は本質的に断絶していない。このように、宗教の多元的状況において、エリアーデは無数の聖体示現の構造とその弁証法が、構造論的に同一であると主張した。

宗教における「聖なるもの」は、これまで歴史的所与の「事実」として表面的に理解されがちであった。宗教研究者は自分の生まれ育った文化における「内的地平」において、とかく具体的な宗教現象のコンテクストを脱落させたまま、さまざまな宗教現象を理念的に把握してきた傾向がある。しかし、現代の宗教的多元性の状況において、私たちは宗教の表層的意味レベルでの理解を超えて、宗教現象のパロール的状況の中で、その深層的意味レベルでの理解へと進まなければならない。私たちの研究の地平を可能なかぎり宗教現象のコンテクストへとずらしながら、歴史的な「事実」としての宗教現象の背後にひそむ意味と意味連関構造を共感的に理解しようとする解釈学的な研究態度が、現在求められているのである。また、オットーは哲学者の理解のしかたを例に挙げて、次のように説明する。哲学者の神は「単に合理的な思弁や定義」であるが、哲学者はいつも「イデオグラム」を「擬人論」(Anthropomorfismus) であると考えている。しかし、「ヌミノーゼ」のもつ真の非合理的な契機が正しく感得され、「イデオグラム」によって宗教が合理化されないかぎり、哲学者の思索は適切であるとは言えない。この指摘は、現代の宗教研究において、「聖なるもの」の深みの次元を射程に入れることなく、とかく宗教言語を言語の文字通りの表層的あるいは日常的な意味レベルで把握しがちな合理主義的な宗教研究にも当てはまるであろう。そうした理解のしかたでは、宗教言語の平板化をもたらし、宗教の隠された意味の深みへの途は閉ざされたままであろう。

宗教の思想や信仰における意味の深みは、ただ知的に理解される水平的な意味世界ではない。それは、社会制度的に固定的な意味志向性を抑え、宗教現象の理解を深化させるに伴い、少しずつ拓かれていく垂直的な意味世界である。それは合理的で、概念知によって把握される表層的意味と違って、いわゆる「深層の知」の光によってはじめて照らし出される。

現代の宗教研究において、オットーが提示した「聖なるもの」の概念は広く定着している。「聖なるもの」の体験に根ざしたパースペクティヴにおいて、宗教研究者はユダヤ・キリスト教ばかりでなく、仏教やヒンドゥー教などの多種多様な宗教現象を、いわゆる「聖なるもの」の経験とその意味世界として把握している。その意味でも、オットーの神学的パースペクティヴは宗教学における先駆的な研究業績であった。彼の視座の中で、特に注目すべき点は「聖なるもの」の体験に根ざした宗教言語の二義性である。宗教言語の文字通りの意味レベルだけに注目すると、存在の深みすなわち意味の深みは見失われてしまう。この点はリクールも象徴的言語の二義性をめぐって主張しているところである。グローバル化が急速に進む現代世界において、オットーの「聖なるもの」の理論を意味論的な解釈学の立場からさらに展開することによって、現代世界の宗教的多元性の状況において、宗教研究の一つの重要な方向性を見いだすことができるように思われる。

近年の言語哲学や人文諸科学が明らかにしているように、言語は文化や認識の根拠であり、また、言語の構造は文化の構造や認識の構造と不可分に結びついている。意味論的解釈学の視点から見れば、言語も文化も、社会制度的に表層的な意味レベルの下に隠れた深層的意味構造をもっている。その深層的意味構造において、言語の意味は流動的かつ浮動的で、本質的に固定されていない。言語意識の底にひそむ意味連関の深みから、多義的で象徴的な意味をもつ言語や文化の諸相の深層的意味を明らかにしようとするパースペクティヴにおいて、宗教現象はオットーのいわゆる「ヌミノーゼ」の体験をとおして言説される複合的な「意味」現象、あるいは意味世界として捉えられる。そのように把捉するとき、宗教の担い手の関わり方にもとづいて宗教現象を一つのコスモロジーとして理解することができるであろう。

宗教的多元性の状況における宗教研究を考える場合、言うまでもなく、これまでおこなわれてきたさまざまな宗教あるいは宗教現象に対する経験科学的な理解のしかたが今後とも重要であることに変わりはない。しかしながら、宗教研究の実証的なアプローチとともに、宗教現象をそのコンテクストへと引き戻しながら、人間存在の深みの次元における意味次元においても理解する必要があろう。そうした複眼的な視座をもつことによって、宗教を「聖なるもの」の意味次元の二重性において理解することができる。現代世界の宗教的多元性の状況において、さまざまな宗教あるいは宗教現象を理解しようとするとき、人間存在の深みの次元を射程に入れながら、さまざまな宗教あるいは宗教的なものに込められた意味を理解しようとする意味論的解釈学の視点からの宗教研究が、今後ますます重要になっていくと言えるだろう。

結論　オットーの三つの顔

本書では、オットーの宗教研究を、いわば「宗教学」の原点として捉えて、彼の宗教研究を可能なかぎりその全貌において考察しようと試みてきた。オットーはドイツのプロテスタント神学者としてキリスト教神学研究に励んだが、それと同時に、宗教哲学者としても、新カント学派の哲学の立場から、宗教の非合理的な要素と合理的な要素の関わりを「ヌミノーゼ」の概念などを作りだすことによって明らかにしようとした。さらには比較宗教的な視点から、東洋の宗教思想の中でも、特にインドの宗教思想に関心をもって、キリスト教と他宗教の比較宗教的研究もおこなった。つまり、オットーはキリスト教のルター派神学者であるとともに宗教哲学者でもあり、さらにインドの宗教とキリスト教の比較研究をおこなう宗教研究者でもあった。まさに三つの〈顔〉をもっていたのだ。

これまで本書で考察してきたように、オットーがもっていた三つの〈顔〉は決して別々に把握できるものではなく、オットーという一人の人物の中に有機的に統合されている。それらは密接不可分に連関しており、本質的にキリスト教の絶対性あるいは真理性を信じるルター派神学者としての〈顔〉へと収斂していく。とはいえ、三つの〈顔〉をもつオットーの宗教研究全体を理解するためには、絶えず複眼的な視座が求められる。彼の神学的思索において、「聖なるもの」は概念的に捉え切れず、言葉で表現できないものである。「聖なるもの」の非合理的な側面を捉えようとして「ヌミノーゼ」という語を造語したように、「聖なるもの」に伏在する信仰の深みを探究したオットーの神学研究は、根本的にルターの神学あるいはオットー自身のルター派信仰へと淵源していく。オットーはルターの神学用語に精通していたことから、それを援用して神学的思索を展開していった。たとえば、ヌミノーゼの一側面すなわち「戦慄すべき」(tremendum) と「優越」(majestas) を表現する際に、ルターの神学用語を用いた。こうしたことはオットーの宗教論の本質を理解するうえで、きわめて重要な点であろう。

本書でも論じてきたように、彼自身は自分をあくまでもルター派神学者と認識していた。オットーが言う「神学」は宗教哲学的あるいは比較宗教的な視座を包摂する、幅広くかつ深いパースペクティヴをもっていた。オットーは宗教をその根底から支えている宗教経験の次元に立ち戻って、宗教の本質を直観的に捉え、宗教の独自性を明らかにしようとした。オットーが「神学的なもの」(die theologische) と呼んだ研究方法は、今日、宗教現象学的な方法として解釈されている。したがって、『聖なるもの』は宗教現象学の嚆矢とみなされもするが、そうした背景には、現象学者のフッサールやシェーラーなどによるオットー解釈があった。シェーラーはオットーが「聖なるもの」をアプリオリな感情の能力とみなしている点について批判的であったが、「聖なるもの」への視座は「現象学的な本質直観」へと導く方法であるとして高く評価していた。このようにオットーは、現代の宗教学では、しばしば宗教現象学者として紹介されるが、彼が「神学的なもの」という語に込めた意味あいは、彼自身の確固たるキリスト教信仰に根ざした真理の探究ということであり、むしろ宗教現象学の枠組みを超えた視野の広がりと洞察の深さをもっていたと言えるだろう。

オットーが強調した宗教の独自性や非合理性あるいは神秘主義という論点は、特に一九八〇年代後半以降、宗教研究者のあいだで問いなおされてきた。それはポスト・エリアーデ宗教学の研究動向において、エリアーデ宗教学批判というかたちで顕著になったが、具体的には、オットーやエリアーデなどの宗教理論が宗教の独自性や非合理性を前提としていたことへの批判であった。エリアーデはオットーの聖と俗の概念的枠組みを継承し、宗教の全貌を聖と俗の関係性において捉えようとしたが、その際、宗教の独自性あるいは非合理性を前提として議論を進めた。そうした宗教学的な視座に内包される神学性が厳しく批判されることになったのだが、これは言いかえれば、宗教現象は社会現象や心理現象に還元することができない独自性をもっているのかどうかという宗教の独自性をめぐる問題であり、宗教学の学問的アイデンティティに関わる根本的な問いをあらためて提起することになった。

宗教現象学者を含む、宗教の体系的な研究をめざす全ての宗教研究者には、それぞれ方法論的な多様性が見られるが、宗教研究全般に共通する点は、一言で言えば、宗教の意味理解にあると言えるだろう。こうした脈絡において、オットーの新たな解釈の一つとして宗教の意味論的視座から、筆者はオットー宗教論を捉えなおすことができると考えている。オットーが言う「聖なるもの」は、非合理的な要素と合理的な要素が緊密に結びついた複合的なカテゴリーである。私たち人間は日常生活の中で、「意味の世界」に生きている。そうした私たちにとって、「意味の世界」における非合理的な要素と合理的な要素の結びつきは、「聖なるもの」における意味の重層性として捉えなおすことができるだろう。つまり、それは合理的あるいは表層的な意味と非合理的あるいは深層的な意味の結びつきとして把握することができる。そのとき、宗教の合理的あるいは表層的な意味の地平だけに視座を限定することなく、宗教の非合理的あるいは深層的な意味の地平にも射程を置けば、宗教現象あるいは宗教的な生を複眼的に捉えることができるだろう。このように、オットーの宗教論は意味論的に捉えなおすことで、宗教あるいは聖なるものを意味の重層性として捉えることを可能にする。

聖なるものの重層的・多層的な意味次元の中でも、「ヌミノーゼ」の経験によって開示される日常経験的な意味世界の網目構造を抜け出した、宗教の深層的意味レベルについては、オットーが言う「イデオグラム」(Ideogramm) をとおして把握することができる。これは、第八章で述べたように、日常言語的な意味の地平と深層的な意味の地平が重なり合って、宗教の独特な感情的要素を表現する「解釈記号」(Deute-Zeichen) のことである。ところが、日常的な意味世界に生きていて、聖なるものの経験をもたない「自然的」(natürlich) な人間は、「イデオグラム」を「自然的な概念」として日常的な意味次元で取り違えてしまうとオットーは言う。社会制度的な意味の表層において、言葉が記号コード化されると、その意味はおのずと概念的なものとして捉えられる。しかし、宗教的生の意味論的解釈学の立場から見れば、オットーが言う「イデオグラム」は「聖なるもの」の概念に類似してはいても、それは概念ではない。それは概念的に言い表し難いものに使用され、人間の心を動かして熱情を起こさせる「アナロジー的な性格」をもつ。「イデオグラム」によって日常的な意味世界に伏在する深層的な意味世界、すなわち、「ヌミノーゼ」によって特徴づけられる意味の深みが示唆される。他者の宗教理解をめざす宗教研究者は、宗教における聖典の言語が「イデオグラム」によって織りだされたものであることに留意しなければならない。オットーの宗教論が示唆する、宗教への複眼的な視座をとおして、宗教は日常言語的な意味連関とともに、日常言語的意識の底にひそむ意味連関の深みからも理解することができるだろう。このようにオットーの宗教論は、今後もなお宗教学の新たな地平を拓く可能性を内包している。

オットーがもつ三つの〈顔〉は、彼の数多くの著作を繙くかぎり、最終的にルター派神学者としての〈顔〉へと収斂していく。それはオットーがルター派信仰に根ざし、キリスト教の真理を他宗教の思想も射程に入れて探究したからである。彼のキリスト教神学研究は、宗教哲学や比較宗教研究の視座も包摂した壮大な広がりと深さをもっている。自身が信仰するキリスト教の教えと信仰を掘り下げて理解するために、オットーは「聖なるもの」の経験の宗教哲学的考察をおこない、さらにインド宗教思想の解釈学的研究を試みた。異文化への旅の中でも、特にインドへの旅において、自分と信仰を異にするインドの人々との生きた出会いをとおして、また同時に、サンスクリット語のインド思想文献を自らドイツ語に翻訳することによって、インドの人々が信仰している宗教思想の内容を少しでも深く理解しようとした。二十世紀から今世紀にかけて、宗教の違いを超えた宗教間対話の重要性が強調されているが、オットーはいわゆる「宗教人類同盟」構想の実現に向けて、異文化の宗教者との対話を積み重ねていった。自らの宗教研究や信仰実践をとおして、オットーは彼自身が信仰するキリスト教の真理をいっそう深く理解しようとした。キリスト教神学者としての視点から、インドの宗教や思想を理解しようとしたこともあって、彼のインド宗教研究は必ずしもインドの人々から共感を得るようなものではなかった。そこにオットーの限界があったと言えるのかもしれない。しかしながら、十九世紀から二十世紀にかけて、宗教学がキリスト教神学から一つの学問分野として分離・独立しようとしていた時代にあって、オットーの宗教研究は、彼自身にとってはあくまでもキリスト教神学研究の意義をもつものであったとしても、現代の宗教研究の地平から捉えかえすとき、まさに時代を先取りした先駆的な宗教研究であった。そうした意味において、オットーの宗教研究は、まさに「宗教学」の原点であったと言えるだろう。

注

はじめに

01　Heinrich Frick, "Rudolf Otto innerhalb der theologischen Situation," *Zeitschrift für Theologie und Kirche* 19, 1938, S. 14. さらに、オットー研究で世界的に知られるマルティン・クラーツ（元マールブルク大学宗教博物館長）は、オットーが友人のヤーコプ・ヴィルヘルム・ハウアー（Jakob Wilhelm Hauer）に宛てた手紙（一九三三年五月二三日付）の中で、自分自身を「いくらかクエーカーのような傾向をもった、現代的で敬虔な色合いのルター派信者」（modernistischer pietistisch angehauchter lutheraner mit gewissen quakerneigungen）と記していたと述べている。Cf. Martin Kraatz, "'[...] meine stellung als 'modernistischer pietistisch angehauchter lutheraner mit gewissen quakerneigungen' ist eigen [...]'-Bio- und Epistolographisches zu Rudolf Otto," in Jörg Lauster, et al., *Rudolf Otto: Theologie-Religionsphilosophie-Religionsgeschichte*（Berlin: De Gruyter, 2014), S. 13–14.

　この手紙の中で、オットーが自分自身を「いくらかクエーカーのような傾向」をもっていると記している背景には、オットーが個人的にクエーカー教徒の「沈黙の礼拝」に関心を抱いていたことがある。彼はその礼拝形式がルター派ばかりでなく、全てのプロテスタント教派に導入されることを熱望していた。マルティン・クラーツによれば、新たな礼拝形式を整えるに当たり、オットーは親友のスウェーデン人の教会史学者エマヌエル・リンダーホルム（Emanuel Linderholm 一八七二―一九三七）に協力したという。オットーは一九二〇年にクエーカー教徒の礼拝に関する論文「沈黙の礼拝」（Schweigender Dienst）を雑誌『キリスト教世界』（Die Christliche Welt）

に発表している。ちなみに、その論文はオットーの著書『罪と原罪』（*Sünde und Urschuld* 一九三二）に、「サクラメントとしての沈黙」（Sakramentales Schweigen）と改題して所収されている。詳しくは、Rudolf Otto, “Schweigender Dienst.” *Die Christliche Welt* 36, 561–565, 1920; “Sakramentales Schweigen,” *Sünde und Urschuld und andere Aufsätze zur Theologie*, München: Verlag C.H. Beck, 1932, S. 185–189. を参照されたい。

さらに、キリスト教典礼学の研究者カタリナ・ヴィーフェル＝ジェンナー（Katharina Wiefel-Jenner 一九五八―）は、著書『ルードルフ・オットーの典礼』（*Rudolf Ottos Liturgik*）の中で、オットーが「経験の宗教」（Religion der Erfahrung）と理解されるクエーカー教の礼拝に関心を抱いたのは、偶然ではなかったと述べている。それはクエーカー教徒にとって、信仰の主要な内容が教義をとおして明らかになるのではなく、経験によってのみ伝わるからであるという。詳しくは、Katharina Wiefel-Jenner, “Der Schweigende Dienst,” in *Rudolf Ottos Liturgik* (Göttingen: Vandenhoeck & Ruprecht, 1997), S. 190–203. を参照されたい。

02　エラノス会議については、拙論「（解説）エラノス会議と井筒「東洋哲学」」井筒俊彦『東洋哲学の構造――エラノス会議講演集』（澤井義次監訳）慶應義塾大学出版会、二〇一九年、五一一―五三〇頁を参照。また、『エラノス叢書』全十一巻・別巻、ただし、第七巻と第十一巻は欠番、平凡社、一九九〇―九五年も参照。

序章

01　近代ヨーロッパとインドの具体的な関わりについては、山下博司『ヒンドゥー教とインド社会』山川出版社、一九九七年、五六―六五頁を参照。

02　以下を参照。Rudolf Otto, *Die Gnadenreligion Indiens und das Christentum: Vergleich und Unterscheidung* (Gotha: L. Klotz, 1930); Rudolf Otto, *India's Religion of Grace and Christianity: Compared and Contrasted* (London: Student Christian Movement Press, 1930; New York: Macmillan, 1930).

03　Philip C. Almond, *Rudolf Otto: An Introduction to His Philosophical Theology* (Chapel Hill: The University of North Carolina Press, 1984), p. 123. 以下を参照。Rudolf Otto, "Rāmānuja," *Die Religion in Geschichte und Gegenwart* 4, 1930.

04　Rudolf Otto, *Vischnu-Nārāyana: Texte zur indischen Gottesmystik* (Jena: E. Diederich, 1917), S. 1–4. オットーは一九一一年の最初のインド訪問において、ヴィシュヌ派信仰に出会ったことについて、以下の論考の冒頭でも記している。Rudolf Otto, "Parallelen und Konvergenzen in der Religionsgeschichte," in: *Das Gefühl des Überweltlichen: Sensus numinis* (München: C.H. Beck, 1932), S. 1–2.

05　Hans Rollmann, "Rudolf Otto and India," *Religious Studies Review* 5, 1979, p. 199.

06　Joachim Wach, *Types of Religious Experience: Christian and Non-christian* (Chicago: The University of Chicago Press, 1951), p. 215. トレルチのキリスト教神学の視座については、Ernst Trœltsch, *Zur religiösen Lage, Religionsphilosophie und Ethik*, Gesammelte Schriften II (Tübingen: J.C.B. Mohr, 1922). エルンスト・トレルチ（森田雄三郎・高野晃兆他訳）『宗教哲学』トレルチ著作集1、ヨルダン社、一九八一年、および同（高野昭訳）『神学の方法』トレルチ著作集2、ヨルダン社、一九八六年を参照されたい。

　とりわけ、「宗教史学派」という語によって特徴づけられる、宗教学的視座を射程に入れたトレルチのキリスト教神学の論考「「宗教史学派」の教義学」("Die Dogmatik der "religionsgeschichtlichen Schule") については、Ernst Trœltsch, *Zur religiösen Lage, Religionsphilosophie und Ethik* (Gesammelte Schriften II, S. 500–524), 邦訳書『神学の方法』トレルチ著作集2、二〇九—二四〇頁を参照されたい。さらに、宗教学とキリスト教神学の関わりに関するトレルチの論考「宗教ならびに宗教学の本質」("Wesen der Religion und der Religionswissenschaft") については、Ernst Trœltsch, Gesammelte Schriften II, S. 452–499（『宗教哲学』トレルチ著作集1、一五九—二二五頁）を参照されたい。

ちなみに藁科智恵は、十九世紀のキリスト教神学状況におけるオットーの著作『聖なるもの』の意味を明らかにするために、おもにトレルチの論考「学問としての神学半世紀の回顧」("Rückblick auf ein halbes Jahrhundert der theologischen Wissenschaft" 一九〇八) にもとづいて、フリードリヒ・シュライアーマッハー、リッチュル学派、宗教史学派などのドイツ神学とその特徴を論じている。藁科智恵「神学と宗教学の狭間で——R・オットー『聖なるもの』をめぐって」(博士論文)、二〇一七年、八八—一一一頁を参照。なお、トレルチの論考「学問としての神学半世紀の回顧」については、Ernst Trœltsch, "Rückblick auf ein halbes Jahrhundert der theologischen Wissenschaft" (Gesammelte Schriften II, S. 193–226), 邦訳書『神学の方法』トレルチ著作集2、一二三—一六六頁を参照。

07 Jonathan Z. Smith, *Imagining Religion: From Babylon to Jonestown* (Chicago: The University of Chicago Press, 1982), p. xi.

08 以下を参照。Gustav Mensching, "Rudolf Otto und die Religionsgeschichte," in: *Rudolf Ottos Bedeutung für die Religionswissenschaft und Theologie heute* (Leiden: Brill, 1971), S. 49–69. 田丸徳善『宗教学の歴史と課題』山本書店、一九八七年、二五〇—二五一頁を参照。なお、メンシングには次の主著がある。Gustav Mensching, *Die Religion: Erscheinungsformen, Strukturtypen und Lebensgesetze* (Goldmann Wilhelm GmbH., 1984), グスタフ・メンシング (下宮守之・田中元訳)『宗教とは何か——現象形式・構造類型・生の法則』法政大学出版局、一九八三年。

09 ハイラーの主著には、Friedrich Heiler, *Das Gebet: Eine religionsgeschichtliche und religionspsychologische Untersuchung*, 5. Auflage (1923) (München: Ernst Reinhardt Verlag, 1969), フリードリヒ・ハイラー (深澤英隆監修)『祈り』国書刊行会、二〇一八年、がある。ハイラー研究としては、宮嶋俊一『祈りの現象学——ハイラーの宗教理論』ナカニシヤ出版、二〇一四年、および拙論「ハイラーの宗教学的パースペクティヴ再考」『天理大学おやさと研究所年報』第一九号、二〇一三年、三五—四七頁を参照。

10 Cf. Joachim Wach, *The Comparative Study of Religions*, edited with an Introduction by Joseph M. Kitagawa (New York: Co-

lumbia University Press, 1958), pp. xxi-xxii. ヨアヒム・ヴァッハ（渡辺学、保呂篤彦、奥山倫明訳）『宗教の比較研究』法藏館、一九九九年、九頁。ワッハはオットー宗教学について、次の論文において詳論している。Joachim Wach, "Rudolf Otto and the Idea of the Holy," in: J. Wach, *Types of Religious Experience: Christian and Non-Christian* (Chicago: The University of Chicago Press, 1951), pp. 209–227.

11　その点については、次の著書を参照されたい。Mircea Eliade, *Das Heilige und das Profane: Vom Wesen des Religiösen* (Hamburg: Rowohlt, 1957), S. 7–8; *The Sacred and the Profane: the Nature of Religion*, translated from the French by Willard R. Trask（New York: A Harvest Book, Harcourt, Brace & World, Inc., 1959), pp. 8–10. ミルチャ・エリアーデ（風間敏夫訳）『聖と俗——宗教的なるものの本質について』法政大学出版局、一九六九年、一—三頁。

12　オットー研究に関する国際会議「ルードルフ・オットー——神学・宗教哲学・宗教史学」(Rudolf Otto: Theologie-Religionsphilosophie-Religionsgeschichte）を主催したのは、かつてオットーが教壇に立ったマールブルク大学の組織神学講座を担当していたヨルク・ラウスター（Jörg Lauster　一九六六—。当時・マールブルク大学教授、現在・ミュンヘン大学教授）であった。この会議の初日、基調講演をおこなったのは、オットー研究で世界的に知られ、現在、『オットー書簡集』の編集を進めているマルティン・クラーツ（Martin Kraatz　一九三三—、元マールブルク大学宗教博物館長）と、オットーの自伝的な手記や諸論文などを英訳・編集したことで知られるグレゴリー・アッレス（Gregory D. Alles 米国・マックダニエル大学教授）であった。彼らはそれぞれの専門領域の視点から、オットーの宗教研究の特徴について論じた。まず、クラーツはマールブルク大学宗教博物館長として、長年にわたってオットーの書簡や日記を整理・編集してきた経験を踏まえて、オットーがキリスト教神学者であるとともにインド宗教思想研究を中心とした宗教学者でもあったこと、また、彼が旅をとおして得たものやマールブルク大学宗教博物館の設立への経緯などを論じた。さらにアッレスは、オットーがキリスト教神学とはそのまま「宗教学」(Religionswissenschaft) であると考えていたという彼独自のオットー理解を述べ、そのうえで、それら二つの研究分野を分けて、オットーの宗教研究と、近年注目されている「宗教の認知科学」(the cognitive science of religion) との「対話」的考察を試みた。

筆者の講演後、オットー研究で世界的に知られるマルティン・クラーツや会議の主催者のヨルク・ラウスター、グレゴリー・アッレスから、今後、オットーのインド宗教思想研究の特徴を明らかにしていくことが、ますます重要になってきたとのコメントをいただいた。オットーに関するこの国際会議の成果は、二〇一三年、『ルードルフ・オットー——神学・宗教哲学・宗教史学』(*Rudolf Otto: Theologie-Religionsphilosophie-Religionsgeschichte*, Berlin: De Gruyter, 2013) として出版された。

13　Yoshitsugu Sawai, "Rudolf Otto's View of Indian Religious Thought," in Jörg Lauster, et al., *Rudolf Otto: Theologie-Religionsphilosophie-Religionsgeschichte* (Berlin: De Gruyter, 2014), S. 539–550.

14　アメリカ宗教学会におけるこの学会パネル「ヌミノーゼの系譜」(Genealogies of the Numinous) は、マールブルク大学での国際会議にも参加したグレゴリー・アッレスが、中心となって企画したものである。彼が現在、国際宗教学宗教史学会 (International Association for the History of Religions 略称ＩＡＨＲ) の学術雑誌『ヌーメン』(*Numen*) の編集長を務めていることも、この企画の背景にあった。筆者の研究発表の原題は、次のとおりであった。"Rudolf Otto's Perspective of Indian Religious Thought as a Type of Mysticism."

15　Wolfgang Gantke und Vladislav Serikov hrsg., *100 Jahre "Das Heilige": Beiträge zu Rudolf Ottos Grundlagenwerk*, Theion: Studien zur Religionskultur, Band 32 (Frankfurt am Main: Peter Lang GmbH., 2017).

16　『聖なるもの』(一九一七) 出版から百周年の記念版として出版されたのは、次の著書である。Rudolf Otto, *Das Heilige: Über das Irrationale in der Idee des Göttlichen und sein Verhältnis zum Rationalen*, mit einer Einführung zu Leben und

Werk Rudolf Ottos von Jörg Lauster und Peter Schüz und einem Nachwort von Hans Joas（München: C.H. Beck, 2014）. この著書の「あとがき」には、ハンス・ヨアスのエッセイが掲載されている。Hans Joas, Nachwort: “Säkulare Heiligkeit: Wie aktuell ist Rudolf Otto?” S. 257.

17　華園聰麿『宗教現象学入門』平凡社、二〇一六年。前田毅『聖の大地――旅するオットー』国書刊行会、二〇一六年。木村俊彦『ルドルフ・オットーと禅』大東出版社、二〇一一年。藤原聖子『「聖」概念と近代――批判的比較宗教学に向けて』大正大学出版会、二〇〇五年。藁科智恵「神学と宗教学の狭間で――R・オットー『聖なるもの』をめぐって」東京外国語大学・博士学位論文、二〇一七年。

第一章

01　前田毅『聖の大地――旅するオットー』国書刊行会、二〇一六年、一七頁。オットーの履歴書からの引用文は、同書におけるオットー手稿類（HS（Handschriften Otto-Nachlaß Universitäts-Bibliothek, Marburg）797/582.）S. 2. より引用。

02　Philip C. Almond, *Rudolf Otto: An Introduction to His Philosophical Theology*（Chapel Hill and London: The University of North Carolina Press, 1984）, p. 11.

03　Gregory D. Alles ed., *Rudolf Otto: Autobiographical and Social Essays*（Berlin: Mouton de Gruyter, 1996）, p. 54. Friedrich Schleiermacher, *Über die Religion: Reden an die Gebildeten unter ihren Verächtern*, ed. Rudolf Otto（Göttingen: Vandenhoeck & Ruprecht,［1799］1899）.

04　Rudolf Otto, *Die Anschauung vom heiligen Geiste bei Luther: Eine historisch-dogmatische Untersuchung*（Göttingen: Vandenhoeck & Ruprecht, 1898）.

05 Rudolf Otto, *Leben und Wirken Jesu nach historisch-kritische Auffassung*（Göttingen: Vandenhoeck & Ruprecht, 1902）, S. 5; Rudolf Otto（tr. Henry James Whitby）, *Life and Ministry of Jesus According to the Historical and Critical Method*（Chicago: The Open Court Publishing Co., 1908）, Preface. Cf. Friedrich Heiler, "The Experience of the Divine," *Journal of the Liberal Ministry*, vol. I, no. 1, 1961, p. 3.

06 私講師という不安定な立場にあったオットーは、進むべき道について悩んでいたとき、ハイデルベルクのトレルチに手紙を送って相談した。トレルチはオットーに励ましの手紙を送り、彼をハイデルベルクに招いている。トレルチの手紙の詳細な内容については、藁科智恵とフィリップ・アルモンドの論考、および、マールブルク大学オットー・アルヒーフに保存されているトレルチのオットー宛の手紙（一九〇四年一一月一七日付）を参照されたい。藁科智恵「神学と宗教学の狭間で」、二二一―二四頁。Philip C. Almond, *Rudolf Otto*, pp. 15–16. Cf. HS 797/800. Trœltsch an Otto. Nov. 17. 1904.

07 Robert F. Davidson, *Rudolf Otto's Interpretation of Religion*（Princeton: Princeton University Press, 1947）, p. 134.

08 ギフォード講義への招待を辞退したことについては、Gregory D. Alles ed., *Rudolf Otto: Autobiographical and Social Essays*（Berlin: Mouton de Gruyter, 1996）, p. 253 を参照されたい。また、インドのカルカッタ大学からの招聘を断ったことについては、Friedrich Heiler, "The Experience of the Divine," *Journal of the Liberal Ministry*, vol. I, no. 1, 1961, p. 3 を参照されたい。

09 Philip C. Almond, *Rudolf Otto*, pp. 24–25.

10 Ibid., p. 25. Cf. HS 797/170.

11 Ibid., p. 25. Cf. HS 797/171.

12 Rudolf Otto, *Kantisch-Fries'sche Religionsphilosophie und Ihre Anwendung auf die Theologie*（Tübingen: J.C.B. Mohr, 1921）, S.

195.

13 Rudolf Otto, *Religious Essays: A Supplement to "The Idea of the Holy"* (London: Oxford University Press, 1931), p. 30.

14 Rudolf Otto, *Kantisch-Fries'sche Religionsphilosophie und Ihre Anwendung auf die Theologie*, S. 192.

15 Rudolf Otto, *Vischnu-Nārāyana: Texte zur indischen Gottesmystik* (Jena: E. Diederich, 1917), S. 7.

16 Kurt Rudolph, "Religionsgeschichtliche Schule," *Encyclopedia of Religion*, edited by Mircea Eliade, vol. XII (New York: Macmillan, 1987), pp. 294–295.

17 久保田浩「「宗教史」の宗教性――宗教運動としての宗教史学派とその「布教」戦略」（市川裕・松村一男・渡辺和子編『宗教史とは何か』上巻、リトン、二〇〇八年）、六九―七〇頁。また、宗教史学派の展開とその特徴については、Kurt Rudolph, "Religionsgeschichtliche Schule," *Encyclopedia of Religion*, vol. XII, pp. 293–296 を参照。

18 同右論文、七〇頁。

19 Rudolf Otto, *Die Gnadenreligion Indiens und das Christentum: Vergleich und Unterscheidung* (Gotha: L. Klotz, 1930), S. 42–43. ルードルフ・オットー（立川武蔵・立川希代子訳）『インドの神と人』人文書院、一九八八年、七八頁。訳文は部分的に修正した。

20 Adolf von Harnack, "Die Aufgabe der theologischen Fakultäten und die allgemeine Religionsgeschichte," Berlin: Gistav Scjade (Otto Francke), 1901. Cf. Kurt Nowak ed., *Adolf von Harnack als Zeitgenosse: Reden und Schriften aus den Jahren des Kaiserreichs und der Weimarer Republik*, vol. 1 (Berlin: de Gruyter, 1996), S. 797–815. Cf. Eric J. Sharpe, *Comparative Religion: A History*, (Illinois: Open Court, Second edition: 1986), pp. 127–128.

21 久保田浩「政治・宗教・学問の狭間で――ナチズム期ドイツの「宗教学」」（磯前順一・タラル・アサド編『宗教を語りなおす――近代的カテゴリーの再考』みすず書房、二〇〇六年、五八―五九頁。

22 Adolf von Harnack, "Die Bedeutung der theologischen Fakultäten," Kurt Nowak ed., *Adolf von Harnack als Zeitgenosse*, vol. 1, S. 856–874.

23 久保田浩「政治・宗教・学問の狭間で」、五九―六〇頁。

24 Rudolf Otto, *Das Gefühl des Überweltlichen: Sensus numinis* (München: C.H. Beck, 1932), S. 58.

25 田丸徳善『宗教学の歴史と課題』山本書店、一九八七年、一三九頁。

26 Rudolf Otto, *Kantisch-Fries'sche Religionsphilosophie und Ihre Anwendung auf die Theologie*, S. 83.

27 Jakob Friedrich Fries, *Wissen, Glaube und Ahndung* (Jena, 1805; Göttingen: Verlag "Öffentliches Leben," 1931), S. 176. とりわけ、フリースが言う「知識」「信仰」「感得」の連関については、Ibid., S. 61–76を参照されたい。

28 Ibid., S. 76.

29 Ibid., S. 176–177.

30 Rudolf Otto, *Kantisch-Fries'sche Religionsphilosophie und Ihre Anwendung auf die Theologie*, S. 8–9.

31 藁科智恵「神学と宗教学の狭間で――R・オットー『聖なるもの』をめぐって」東京外国語大学・博士学位論文、二〇一七年、一一七―一二〇、一五六頁。

32 前田毅『聖の大地』、一三九―一四〇頁。

33 Todd A. Gooch, *The Numinous and Modernity: An Interpretation of Rudolf Otto's Philosophy of Religion*, (Berlin: Walter de Gruyter, 2000), p. 54. Cf. J. Wendland, "Neufriesianismus," *Die Religion in Geschichte und Gegenwart*, 2nd ed., Vol. IV, Tübingen: Mohr/Siebeck, 1930), columns 499–500.

34 Nathan Söderblom, "Holiness," J. Hastings ed., *Encyclopædia of Religion and Ethics*, VI, 1913, pp. 740, 731. Cf. Eric J. Sharpe, *Comparative Religion: A History* (Illinois: Open Court, second edition: 1986), pp. 159–160; Eric J. Sharpe, *Nathan Söderblom*

and the Study of Religion（Chapel Hill: The University of North Carolina Press, 1990）, pp. 168–170.

第二章

01　オットーの旅の詳細な内容については、前田毅『聖の大地——旅するオットー』国書刊行会、二〇一六年を参照。

マールブルク大学の宗教学者ハンス＝ユルゲン・グレシャット（Hans-Jürgen Greschat 一九二七—）は、当時のドイツのキリスト教神学界にあって、オットーが研究資料を収集するために旅に出かけたのは特異なことであったと指摘している。Hans-Jürgen Greschat, "On Rudolf Otto the Traveller," *Religious Studies in Dialogue: Essays in Honour of Albert C. Moore*, edited by Maurice Andrew, Peter Matheson and Simon Rae（Faculty of Theology, University of Otago, Dunedin, New Zealand, 1991）, pp. 1–8.

02　Reinhard Shinzer, "Rudolf Otto—Entwurf einer Biographie," *Rudolf Ottos Bedeutung für die Religionswissenschaft und die Theologie Heute*, hrsg. von Ernst Benz（Leiden: Brill, 1971）, S. 3.

03　前田毅「聖の原郷」『宗教研究』三一四号、一九九七年、二頁。

04　前田毅「聖の原郷」、一八—一九頁。

05　HS（Handschriften Otto-Nachlaß Universitäts-Bibliothek, Marburg）797/572, 19. Otto an Johanne Ottmer. Nov. 7. 1911.

06　OA 379. S. 8f. 前田毅『聖の大地』、一九三頁より引用。引用にあたり本書の文脈にあわせて訳語を一部変更した。

07　Rudolf Otto, *The Original Gītā: The Song of the Supreme Exalted One*, translated and edited by J.E. Turner（London: George Allen and Unwin Ltd., 1939）, pp. 9–14. Cf. Eric J. Sharpe, *Comparative Religion: A History*（London: Gerald Duckworth &

Co. Ltd., 1975), p. 167, note 50.

オットーによる『バガヴァッド・ギーター』の翻訳には、次の三つの著作がある。*Die Urgestalt der Bhagavad-Gītā* (Tübingen: J.C.B. Mohr, 1934); *Der Sang des Hehr-Erhabenen: Die Bhagavad-Gītā* (Stuttgart: W. Kohlhammer, 1934); *Die Lehrtraktate der Bhagavad-Gītā* (Tübingen: J.C.B. Mohr, 1934). この注記の最初に挙げた英訳書は、彼の没後、一九三九年に出版されている。

08 ガルベの学説については、ガルベの『バガヴァッド・ギーター』ドイツ語訳の序を参照されたい。Richard Garbe, *Die Bhagavadgītā* (Leipzig: H. Hæssel Verlag, 1905), S. 6–18. Rudolf Otto, *Die Gnadenreligion Indiens und das Christentum: Vergleich und Unterscheidung* (Gotha: L. Klotz, 1930), S. 16. オットー（立川武蔵・立川希代子訳）『インドの神と人』、三〇頁。

ガルベの学説に関する当時のインド哲学界の反応については、辻直四郎『バガヴァッド・ギーター』講談社、一九八〇年、三三九―三四一頁、Franklin Edgerton, *The Bhagavadgītā* (Cambridge: Harvard University Press, 1944), pp. xiii–xiv; S. Radhakrishnan, "Introductory Essay," *The Bhagavadgītā* (New York: Harper & Row, 1948), pp. 14–15 を参照されたい。たとえば、エドジャートンは『ギーター』英訳書の注記の中で、「ガルベの弟子であった故ルードルフ・オットーは、比較的に最近、『ギーター』をかなり極端なまでに解体している。私は彼の著作〔オットーの『ギーター』ドイツ語訳〕は無視してもよいと思う」と記している。さらに、オットーの『ギーター』ドイツ語訳に関する議論については、デュベイ（S.P. Dubey）が『ルードルフ・オットーとヒンドゥー教』の中で詳説している。S.P. Dubey, *Rudolf Otto and Hinduism* (Varanasi: Bharatiya Vidya Prakashan, 1969).

ちなみに、チューリッヒ大学教授（インド学）のアンジェリカ・マリナーによれば、ガルベの『ギーター』翻訳とその解釈は、『ギーター』研究に関する最も生産的な時期の始まりを示すものであり、『ギーター』を構成する異なるテクスト層を再構成しようというガルベの見解は、その後、幅広く議論されることになったという。Angelika Malinar, "Bhagavadgītā," *Brill's Encyclopedia of Hinduism*, vol. II: Sacred Texts and Languages, Ritual Traditions, Arts, Concepts（Leiden: Brill, 2010）, pp. 104–105.

09 Rudolf Otto, *Das Heilige: Über das Irrationale in der Idee des Göttlichen und sein Verhältnis zum Rationalen*（1917; München: C.H. Beck, 2014, 1963）, S. 170–171. ルードルフ・オットー（華園聰麿訳）『聖なるもの——神的なものの観念における非合理的なもの、および合理的なものとそれとの関係について』創元社、二〇〇五年、二七一頁。強調は原文通り。

10 Rudolf Otto, *Sünde und Urschuld und andere Aufsätze zur Theologie* (München: C.H. Beck'sche Verlagsbuchhandlung, 1932), S. 61. ルードルフ・オットー（山谷省吾訳）『聖なるもの』岩波書店、一九六八年所収の「附属論文一　預言者の神体験」、二七一頁。邦訳を部分的に修正した。

11 Rudolf Otto, *Vischnu-Nārāyana: Texte zur indischen Gottesmystik* (Jena: E. Diederich, 1917), S. 7.

12 『六大新報』四四五号、明治四五（一九一二）年四月七日号、九〇頁を参照。

13 オットーの高野山訪問については、『六大新報』四五二号、明治四五（一九一二）年五月二六日号、九〇頁を参照。なお、『六大新報』の記事については、高野山大学の奥山直司教授のお世話になった。心よりお礼を申し上げたい。

14 Rudolf Otto, "Numinoses Erlebnis im Zazen," in *Das Gefühl des Überweltlichen*, München: C.H. Beck, 1932, S. 243. ルードルフ・オットー（華園聰麿訳）「付録　仏教におけるヌミノーゼなもの」『聖なるもの』、三二七頁。この論文は、訳者（華園）が『超世界的なものの感情』に収録された論文「仏教におけるヌミノーゼ・非合理的なもの」（Das Numinos-irrationale im Buddhismus）の一部「坐禅におけるヌミノーゼな体験」を「仏教におけるヌミノーゼなもの」と題して、『聖なるもの』の「付録」として収録したものである。

15 木村俊彦『ルドルフ・オットーと禅』大東出版社、二〇一一年、一七頁。木村によれば、オットーは禅に関する正確な情報を鈴木大拙の論文“The Meditation Hall and the Monkish Discipline”（*The Eastern Buddhist*, vol. II, 1–2, 1922）から得ているという。

ちなみに、オットーが京都で対話した禅の老師とは、建仁寺の竹田默雷であったと木村は確認している。昭和五（一九三〇）年一二月、竹田默雷の示寂を受けて、法嗣の竹田益州老師は遺品（Andenken）をマールブルクへ贈っていることなどから明らかであるという。詳細な内容については、木村の前掲書、二七頁を参照されたい。

16 Schûej Ôhasama, *Zen: Der lebendige Buddhismus in Japan*（Gotha: Leopold Klotz Verlag, 1925）. ハイデルベルクの日本人留学生、大峡秀榮については、山田奨治『禅という名の日本丸』弘文堂、二〇〇五年、一二八―一三九頁を参照。

17 Martin Kraatz, “Wirkungsstätten der Religionswissenschaft: die Religionskundliche Sammlung in Marburg,” *Deutsche Vereinigung für Religionsgeschichte* 12, Mitteilungsblatt, 1979, S. 3. 前田毅『聖の大地』、二六六―二六七頁より引用。

ちなみに、筆者は宗教理解のためのマテリアリティ（物質性）の重要性を明らかにするために、オットーが創設したマールブルク宗教博物館と天理教の中山正善二代真柱によって創設された天理大学附属天理参考館を比較して論じたことがある。Yoshitsugu Sawai, “The Significance of Materiality for Religious Studies,” in Saburo S. Morishita ed., *Materiality in Religion and Culture: Tenri University-Marburg University Joint Research Project*（Zürich: LIT Verlag, 2016）, pp. 15–24.

18 Martin Kraatz, “Religionskundliche Sammlung 60 Jahre alt,” *Universität Zeitung*, Nr. 191, Nov. 12, 1987. 前田毅『聖の大地』、二六七頁より引用。

19 前田毅『聖の大地』、二六八頁。

20　Religionskundliche Sammlungを、前田は「宗教学資料館」と訳しているが、本書では、一般的な呼称である「宗教博物館」を用いる。

21　Rudolf Otto, *Das Gefühl des Überweltlichen: Sensus numinis* (München: C.H. Beck, 1932), S. 58. 前田毅『聖の大地』、二五八頁。

22　Philip C. Almond, *Rudolf Otto*, p. 5. Ernst Benz, "Rudolf Otto als Theologe und Persönlichkeit," in: *Rudolf Ottos Bedeutung für die Religionswissenschaft und die Theologie Heute*, herausgegeben von Ernst Benz (Leiden: E.J. Brill, 1971.), S. 32–33. 前田毅『聖の大地』、二七一頁を参照。

23　Rudolf Otto, "Ist eine Universalreligion wünschenswert und möglich? Und wenn, wie kann man sie erreichen?" *Die Christliche Welt*, Jg. 27. 1913. S. 1237–1243. 前田毅『聖の大地』、二六五—二六六頁、および久保田浩「宗教学的宗教運動——R・オットーとW・ハウアーを事例として」『宗教研究』三三九号、二〇〇四年、一六一—一六三頁を参照。

24　Rudolf Otto, "Menschheitsbund, Religiöser" in *Die Religion in Geschichte und Gegenwart*, Zweite Auflage, Dritter Band, (Tübingen: J.C.B. Mohr, 1929), S. 2122–2123. Cf. Philip C. Almond, *Rudolf Otto*, pp. 20–21; Gregory D. Alles, "Rudolf Otto and the Politics of Utopia," *Religion*, no. 21, pp. 235–256. 久保田浩「非キリスト教的ドイツの中のオットー」『宗教研究』三五一号、二〇〇七年、八一—八二頁。また、オットーの具体的な活動の主旨や目的については、前田毅『聖の大地』、二六五—二六六頁、二七三—二七四頁。華園聰麿「あとがき」（オットー『聖なるもの』）、三四一—三四六頁を参照されたい。

25　"Von Celon zum Himalaya von Birger Forell," Uppsala, 1929; aus dem Schwedischen übertragen von Ursula Lorenz, 1987. *Report* from Dr. Rudolf Otto and Rev. Birger Forell on their work for the Universal Religious Peace Conference, 1927, HS. 797/725. 前田毅『聖の大地』、二二〇—二三一頁。ちなみに、オットーの旅に同伴したバーガー・フォーレルの

生涯については、マルティン・クラーツのベルリン講演（二〇〇八年七月七日）を参照。Martin Kraatz, "Birger Forell: Der Mensch - in seinen Marburger Wurzeln und in dem, was daraus wuchs," (Berlin, Vaterunser-Kirchengemeinde, 7. Juli 2008). さらにクラーツは、フォーレルに関する次のエッセイも記している。Martin Kraatz, "Birger Forell 1893–1993," in alma mater philippina (Marburger Universitätsbund, Sommersemester 1994), S. 4–8.

26 華園聰麿「あとがき」（オットー『聖なるもの』）、三四六頁を参照。

27 Eric J. Sharpe, *Nathan Söderblom and the Study of Religion* (Chapel Hill: The University of North Carolina Press, 1990).

第三章

01 藤原聖子『「聖」概念と近代——批判的比較宗教学に向けて』大正大学出版会、二〇〇五年。Joachim Ritter ed., "Heilig," *Historisches Wörterbuch der Philosophie*, Bd. 3 (Basel/Stuttgart: Schwabe & Co. Verlag, 1974).

02 Friedrich Heiler, "The Experience of the Divine," *Journal of the Liberal Ministry*, vol. I, no. 1, 1961, p. 4.

03 Ernst Trœltsch, *Die Absolutheit des Christentums und die Religionsgeschichte* (Tübingen: J.C.B. Mohr, 1912). Friedrich Heiler, "The Experience of the Divine," *Journal of the Liberal Ministry*, vol. I, no. 1, 1961, p. 3. オットーの主著『聖なるもの』とその歴史的コンテクストの関わりについては、藁科智恵が当時の歴史的状況に位置づけて、『聖なるもの』と当時のキリスト教神学的議論の関係性を明らかにしている。詳しくは、藁科智恵「歴史的コンテクストからみたR・オットー『聖なるもの』」『言語・地域文化研究』（東京外国語大学大学院博士後期課程論叢）一六号、二〇一〇年、二一五—二三二頁を参照。

04 『聖なるもの』の邦訳書は、一九二七年にイデア書院（後に岩波文庫）から出版された。訳者は山谷省吾であった。その後、山谷は一九六八年、同じく岩波文庫から現代風に改訳した版を出版した。それ以後は、華園聰麿が二〇〇五年に新訳を創元社から出版し、また久松英二が二〇一〇年に岩波文庫から新訳版を出版している。ここでは、原則として華園訳を用いるが、邦訳を部分的に修正している。

また、オットーにとって『聖なるもの』が神学的な著書であることについては、藁科智恵「神学と宗教学の狭間で――R・オットー『聖なるもの』をめぐって」東京外国語大学・博士学位論文、二四〇頁を参照。

05 華園聰麿『宗教現象学入門』平凡社、二〇一六年、四三頁。

06 この点については、華園聰麿もオットーが宗教現象学の先駆者の一人とみなされるようになったのには、マックス・シェーラーの影響が大きかったと推測している。同右書、四四頁。

07 HS (Handschriften Otto-Nachlaß Universitäts-Bibliothek, Marburg) *797/794*: Edmund Husserl, Brief an Rudolf Otto (5.3.1919). H.-W. Schütte, *Religion und Christentum in der Theologie Rudolf Ottos* (Berlin: de Gruyter, 1969), S. 139–142. 前田毅『聖の大地――旅するオットー』国書刊行会、二〇一六年、二七二―二七三頁を参照。

08 Max Scheler, *Vom Ewigen im Menschen*, 1921, Gesammelte Werke Band 5（Bern: Francke Verlag, 1954）, S. 141.

09 Rudolf Otto, *Das Heilige: Über das Irrationale in der Idee des Göttlichen und sein Verhältnis zum Rationalen*（1917; München: C.H. Beck, 1963）, S. 7. ルードルフ・オットー（華園聰麿訳）『聖なるもの――神的なものの観念における非合理的なもの、および合理的なものとそれとの関係について』創元社、二〇〇五年、一八―一九頁。

10 Max Scheler, *Vom Ewigen im Menschen*, Maria Scheler ed., Gesammelte Werke 5（Bern 1954）, S. 141, 167.

11 Douglas Allen, *Structure and Creativity in Religion*（The Hague: Mouton Publishers, 1978）, p. 60.

12 Kurt Rudolf, *Die Religionswissenschaft an der Leipziger Universität*（Leipzig, 1962）, S. 55f.; "Die Problematik der Religionswissenschaft als akademisches Lehrfach," *Kairos* 9, S. 34. 田丸徳善『宗教学の歴史と課題』山本書店、一九八七年、二三五頁。

13 Robert F. Davidson, *Rudolf Otto's Interpretation of Religion* (Princeton: Princeton University Press, 1947), p. 9.

14 田丸徳善『宗教学の歴史と課題』、二三八頁。

15 Robert F. Davidson, *Rudolf Otto's Interpretation of Religion*, pp. 10–11.

16 Philip Almond, "Rudolf Otto and the Kantian Tradition," *Neue Zeitschrift für Systematische Theologie und Religionsphilosophie* 25, 1983, S. 52–53. アルモンドは、『聖なるもの』の前半部（『聖なるもの』の英訳書における第一三章までの現象学的分析）と後半部（同英訳書における第一四章から始まる哲学的分析）のあいだには、鋭い断絶があると言われてきたことにも言及している。この点については、P. Seifert, *Die Religionsphilosophie bei Rudolf Otto* (Düsseldorf: C.H. Nolte, 1936), S. 90f. も参照されたい。

17 Rudolf Otto, *The Idea of the Holy* (London: Oxford University Press, 1923), p. xxi. Cf. Rudolf Otto, *Sünde und Urschuld* (München: C.H. Beck, 1932), S. 190. 強調は原文。

18 Mircea Eliade, *The Sacred and the Profane: The Nature of Religion*, translated by Willard R. Trask (New York: Harcourt, Brace & World, 1959), pp. 8–10. 強調は原文。

19 Rudolf Otto, *Das Heilige*, S. 5. オットー（華園聰麿訳）『聖なるもの』、一六頁。強調は原文。

20 Ibid., S. 6. 同右書、一七頁。

21 Ibid., S. 6–7. 同右書、一八―一九頁。

22 Ibid., S. 13. 同右書、二七頁。

23 Ibid., S. 11. 同右書、二四頁。

24 Ibid., S. 11. 同右書、二四頁。Rudolf Otto, *Das Gefühl des Überweltlichen: sensus numinis* (München: C.H. Beck, 1932), S. 327. なお、この点については、華園聰麿『宗教現象学入門』、五二頁、六六―六七頁、および華園聰麿「聖の経

験とその根柢——ルドルフ・オットーの所論をめぐって」『宗教研究』一九五号、一九六八年、七五—一〇〇頁を参照されたい。

25 Rudolf Otto, Introduction, *Religious Essays: A Supplement to "The Idea of the Holy"* (London, Oxford University Press, 1921), p. vi. Cf. Rudolf Otto, "Foreword by the Author," *The Idea of the Holy*, p. xxi.

26 Rudolf Otto, *Das Heilige*, S. 1、オットー（華園聰麿訳）『聖なるもの』、九頁。

27 Ibid., S. 1. 同右書、一〇頁。

28 Ibid., S. 1–2. 同右書、一〇頁。

29 Ibid., S. 2. 同右書、一〇—一一頁。

30 Jörg Lauster, "Religion as Feeling: Schleiermacher's Program as a Task for Theology," Dietrich Korsch and Amber L. Griffioen eds., *Interpreting Religion: The Significance of Friedrich Schleiermacher's Reden über die Religion for Religious Studies and Theology* (Tübingen: Mohr Siebeck, 2011), p. 81.

31 Rudolf Otto, *Das Heilige*, S. 10. オットー（華園聰麿訳）『聖なるもの』、二三頁。部分的に訳を修正した。

32 Ibid., S. 12. 同右書、二六頁。

33 Jakob Friedrich Fries, *Wissen, Glaube und Ahndung* (Göttingen: Öffentliches Leben, 1931), S. 175, 235; Rudolf Otto, *Kantisch-Fries'sche Religionsphilosophie und ihre Anwendung auf die Theologie* (Tübingen: J.C.B. Mohr, 1921), S. 111–113. アルモンドも指摘しているように、「感得」（Ahndung）という語は、現代ドイツ語 Ahnung の古典的な用語である。オットーは『カントとフリースの宗教哲学とその神学への適用』では、Ahnung を用いているが、『聖なるもの』やその後の著作では、Ahndung を用いるようになっている。この点については、Philip C. Almond, "Rudolf Otto and the Kantian Tradition," p. 57. も参照されたい。

34 Philip C. Almond, "Rudolf Otto and the Kantian Tradition," p. 58.

35 Rudolf Otto, *Das Heilige*, S. 42. オットー（華園聰麿訳）『聖なるもの』、七四頁。部分的に訳を修正した。

36 Ibid., S. 42. 同右書、七四頁。

37 Ibid., S. 16. 同右書、三二―三三頁。

38 Rudolf Otto, *Das Gefühl des Überweltlichen: sensus numinis*, S. 203. 華園聰麿『宗教現象学入門』、七八頁。

39 華園聰麿『宗教現象学入門』、七七頁。

40 Rudolf Otto, *Das Heilige*, S. 29. オットー（華園聰麿訳）『聖なるもの』、五四頁。

41 Ibid., S. 31. 同右書、五六頁。

42 Ibid., S. 122–123. 同右書、一九七頁。

43 Ibid., S. 59–60. 同右書、一〇二頁。

44 Ibid., S. 138. 同右書、二二一―二二二頁。強調は原文。

45 華園聰麿『宗教現象学入門』、五八頁。ちなみに、オットーの「アプリオリ」論をめぐって、宗教学者のマイケル・パイ（Michael Pye 一九三九―）は、『聖なるもの』において、オットーは「極めてカント的ではない（un-Kantian）方法で、ヌミノーゼの感覚が非合理的なアプリオリ（an *irrational a priori*）であることを論じようとした」という。それは宗教的観念を形成するアプリオリな法則が理性に存在するというトレルチの見解とは異なっている、とパイは指摘している。詳しくは、Michael Pye, "Trœltsch and the Science of Religion," in *Ernst Trœltsch: Writings on Theology and Religion*, translated and edited by Robert Morgan and Michael Pye (Atlanta: John Knox Press, 1977), p. 241. を参照されたい。

また藁科智恵は、オットーとトレルチが「宗教的アプリオリ」について問題意識を共有していたものの、そのアプローチには違いがあると論じる。つまり、トレルチは「宗教的アプリオリ」を「合理性と非合理性との相互の行き来を保った形で修正され続ける合理性として」、「合理性が常に抽象され続けていくもの」として捉えている。一方、オットーの場合、「宗教的アプリオリ」は「宗教に関する学問が可能となるための基礎として想定されて」いると論じている。藁科智恵「R・オットーにおける「宗教的アプリオリ」理解——トレルチとの対比において」『宗教研究』三八二号、二〇一五年、四二頁参照。

46　Philip C. Almond, "Rudolf Otto and the Kantian Tradition," p. 63.

47　Bernard Häring, "'Das Heilige' Rudolf Ottos in der neueren Kritik," *Geist und Leben*, vol. 24, 1951, S. 66; Philip C. Almond, "Rudolf Otto and the Kantian Tradition," p. 63. オットーの「図式化」に関する批判については、たとえば、次の研究を参照されたい。Philip C. Almond, *Rudolf Otto: An Introduction to His Philosophical Theology*（Chapel Hill: The University of North Carolina Press, 1984）, pp. 97–102; Robert F. Davidson, *Rudolf Otto's Interpretation of Religion*（Princeton: Princeton University Press, 1947）, pp. 187–192; Melissa Raphael, *Rudolf Otto and the Concept of Holiness*（Oxford: Clarendon Press, 1997）, pp. 121–126.

48　Rudolf Otto, *Das Heilige*, S. 61. オットー（華園聰麿訳）『聖なるもの』、一〇五頁。

49　Ibid. 同右書、一〇五頁。

50　Joachim Wach, "Rudolf Otto and the Idea of the Holy," in *Types of Religious Experience: Christian and Non-Christian*（Chicago: The University of Chicago Press, 1951）, p. 222.

51　Philip C. Almond, "Rudolf Otto and the Kantian Tradition," pp. 66–67.

第四章

01 Kurt Rudolph, "Religionsgeschichtliche Schule," *Encyclopedia of Religion*, edited by Mircea Eliade, vol. XII（New York: Macmillan, 1987）, pp. 294–295.

02 久保田浩「「宗教史」の宗教性——宗教運動としての宗教史学派とその「布教」戦略」（市川裕・松村一男・渡辺和子編『宗教史とは何か』上巻、リトン、二〇〇八年）、六九—七〇頁。また、宗教史学派の展開とその特徴については、Kurt Rudolph, "Religionsgeschichtliche Schule," *Encyclopedia of Religion*, vol. XII, pp. 293–296. を参照。

03 R. Otto, *Das Gefühl des Überweltlichen: sensus numinis*（München: C.H. Beck, 1932）, S. 58. Cf. Robert F. Davidson, *Rudolf Otto's Interpretation of Religion*（Princeton: Princeton University Press, 1947）, p. 10. また華園聰麿「宗教現象学における人間学的理解——マックス・ミューラーとオットーを中心にして」『東北大学文学部研究年報』四九号、二〇〇〇年、一四頁、および田丸徳善『宗教学の歴史と課題』山本書店、一九八七年、二三八—二三九頁を参照。

04 拙論「宗教概念としての「絶対他者」とその地平—ルードルフ・オットーの宗教理論再考」『宗教学年報』（大正大学宗教学会）第二五輯、二〇〇五年を参照。

05 Rudolf Otto, *Naturalistische und religiöse Weltansicht*（Tübingen: J. C. B. Mohr, 1904）, S. 30.

06 Ibid., S. 212–278. 田丸徳善『宗教学の歴史と課題』山本書店、一九八七年、二四〇頁を参照。

07 Rudolf Otto, *Kantisch-Fries'sche Religionsphilosophie und ihre Anwendung auf die Theologie*（Tübingen: J. C. B. Mohr, 1921）, S. 197.

08 Ibid., S. 195. たとえば、E・トレルチの著書『キリスト教の絶対性と宗教史』（E. Trœltsch, *Die Absolutheit des Christentums und die Religionsgeschichte*, Tübingen: J.C.B. Mohr, 1902）も、キリスト教と諸宗教の関わりを比較宗教学の方法によって考察したものであるが、本質的にキリスト教の絶対性を主張している。

09　Rudolf Otto, "Parallels and Convergences in the History of Religion," in Rudolf Otto, *Religious Essays: A Supplement to "The Idea of the Holy"* (London: Oxford University Press. 1931), p. 107; Rudolf Otto, "Parallelen und Konvergenzen in der Religionsgeschichte," in Rudolf Otto, *Das Gefühl des Überweltlichen: Sensus Numinis* (München: C.H. Beck'sche Verlag, 1932), S 296.

10　Rudolf Otto, "Parallels and Convergences in the History of Religion," p. 108. Cf. Rudolf Otto, "Parallelen und Konvergenzen in der Religionsgeschichte," S. 297.

11　Ibid., pp. 108–109. Cf. Rudolf Otto, "Parallelen und Konvergenzen in der Religionsgeschichte," S. 298.

12　田丸徳善『宗教学の歴史と課題』、一三四—一三六頁を参照。

13　同右書、二四六頁。

14　Rudolf Otto, "Parallels and Convergences in the History of Religion," p. 96. Cf. Rudolf Otto, "Parallelen und Konvergenzen in der Religionsgeschichte," S. 284. また『聖なるもの』（*Das Heilige: Über das Irrationale in der Idee des Göttlichen und sein Verhältnis zum Rationalen*, 1917; München: C.H. Beck, 1963）の第一七章を参照。

15　Rudolf Otto, "Parallels and Convergences in the History of Religion," pp. 99–100. Cf. Rudolf Otto, "Parallelen und Konvergenzen in der Religionsgeschichte," S. 287. オットーの宗教史的視座に関する議論については、華園聰麿「宗教史における平行論とその根底——R・オットーの所論を中心として」『東北印度学宗教学論集』創刊号、一九六八年を参照。

16　Rudolf Otto, "Parallels and Convergences in the History of Religion," p. 103. Cf. Rudolf Otto, "Parallelen und Konvergenzen in der Religionsgeschichte," S. 291.

17　Rudolf Otto, *Siddhānta des Rāmānuja: Ein Text zur indischen Gottesmystik* (Jena: E. Diederich, 1917), S. 2.

18 Rudolf Otto, *Die Gnadenreligion Indiens und das Christentum: Vergleich und Unterscheidung*（Gotha: L. Klotz, 1930）, S. 6. ルードルフ・オットー（立川武蔵・立川希代子訳）『インドの神と人』人文書院、一九八八年、一七―一八頁。ちなみに、シャンカラのヴェーダーンタ哲学に関するオットーの議論とその問題点については、本書の第七章を参照されたい。

19 Rudolf Otto, *Kantisch-Fries'sche Religionsphilosophie*, S. 195. Cf. Wilhelm Haubold, *Die Bedeutung der Religionsgeschichte für die Theologie Rudolf Ottos*（Leipzig: Leopold Klotz Verlag, 1940）, S. 60.

20 Rudolf Otto, "Parallels and Convergences in the History of Religion," p. 95. 田丸徳善『宗教学の歴史と課題』、一三四―一三五頁を参照。

21 Philip C. Almond, "Rudolf Otto and Buddhism," in Peter Masefield and Donald Wiebe ed., *Aspects of Religion: Essays in Honour of Ninian Smart*（New York: Peter Lang, 1994）, pp. 60–61.

22 Rudolf Otto, "Parallelisms in the Development of Religion East and West,"『日本アジア協会紀要』第三九、四〇巻所収、一九一二年（翻刻版一九六四年）、一五三―一五八頁。

23 Dietz Lange ed., *Nathan Söderblom: Brev-Lettres-Briefe-Letters: A Selection from His Correspondence*（Göttingen: Vandenhoeck & Ruprecht, 2006）, p. 425. Cf. Rudolf Otto, *Die Gnadenreligion Indiens und das Christentum: Vergleich und Unterscheidung*, Vorwort, S. iii. ルードルフ・オットー（立川武蔵・希代子訳）『インドの神と人』、七頁。

24 Friedrich Heiler, "Die Bedeutung Rudolf Ottos für die vergleichende Religionsgeschichte," in Birger Forell, Heinrich Frick, Friedrich Heiler, *Religionswissenschaft in neuer Sicht*（Marburg: N.G. Elwert, 1951）, S. 15–16.

25 Rudolf Otto, "Briefe Rudolf Ottos von seiner Fahrt nach Indien und Ägypten," *Die christliche Welt* 52, no. 24（1958）, cols. 986–987. Cf. *Rudolf Otto: Autobiographical and Social Essays*, translated and edited by Gregory D. Alles（Berlin: Mouton de

Bruyter, 1996), pp. 94–96.

26　*Report from Dr. Rudolf Otto and Rev. Birger Forell on their work for the Universal Religious Peace Conference*, HS (Handschriften Otto-Nachlaß Universitäts-Bibliothek, Marburg) . 797/725, p. 6, 8, Marburg University, 1927.

オットーがインドのマイソールに滞在しているあいだに、ヴィシュヌ派のパラカーラ僧院の法主に出会ったことについては、同伴者フォーレルの報告記が残っている。ところが、シャンカラ派伝統の総本山であるシュリンゲーリ僧院の法主、「世師」(Jagadguru) すなわち「シャンカラーチャーリヤ」(Śaṅkarācārya) に出会ったとの記録はない。オットーは世師との出会いを望んだと考えられるが、マイソール滞在中、世師はちょうど僧院を不在にしていたと思われ、世師との面会は実現しなかったようだ。ただし、マールブルク大学の宗教博物館には、シュリンゲーリ僧院から贈られた第三三代の世師すなわち「サッチット・アーナンダ・シヴァービナヴァ・ヌリシンハ・バーラティー」の肖像画 (Saccidānandaśivābhinavanṛsiṃhabhāratī 出家遊行　一八六六年、離身解脱　一九一二年) と、オットーがインドで入手したシャンカラ像が収蔵されている。

オットーは『インドの恩寵の宗教とキリスト教』(一九三〇) の冒頭において、パラカーラ僧院の法主が肖像画や神像をマールブルク大学の宗教博物館に寄贈したこと、およびシュリンゲーリ僧院の世師から同じく肖像画や神像が寄贈されたことについて、謝辞を述べている。このことはオットーがパラカーラ僧院の法主とともに、シュリンゲーリ僧院の法主とも連絡を取っていたことを示している。この点に関しては、Rudolf Otto, *Die Gnadenreligion Indiens und das Christentum*, S. iv. を参照。ちなみに、シャンカラ派伝統のシュリンゲーリ僧院の伝統については、拙著『シャンカラ派の思想と信仰』慶應義塾大学出版会、二〇一六年を参照されたい。

27　Rudolf Otto, *Die Gnadenreligion Indiens und das Christentum*, S. 10.

28　ラーマーヌジャ思想などについて、オットーに教示したのは、マイソール在住で、当時、八〇歳のアルコーンダヴィリ・ゴーヴィンダーチャーリヤ師（Alcondavilli Govindācārya）であった。オットーの旅に同伴したバーガー・フォーレルは、旅行報告記「セイロンからヒマラヤまで」の中で、次のように記している。「最も興味深かったのは、八〇歳のゴーヴィンダーチャーリヤ師との出会いであった。彼はヒンドゥー教の神学について書いてきたし、多年にわたってオットー教授とラーマーヌジャをめぐって交流してきた。この出会いを私たち〔オットーとフォーレル〕は期待して心待ちにしていた」(Birger Forell, "Von Ceylon zum Himalaya," aus dem Schwedischen übertragen von Ursula Lerenz, 1987（Rudolf Otto-Archiv), S. 31)。

ラーマーヌジャ研究で知られるカーマンによれば、『インドの恩寵の宗教とキリスト教』の出版を多くのヒンドゥー教の人々が期待していただけに、キリスト教的な枠組みから捉えられたヒンドゥー教理解は彼らを失望させたという。詳しくは、John B. Carman, *Majesty and Meekness: A Comparative Study of Contrast and Harmony in the Concept of God*（Michigan: William B. Eerdmans Publishing Company, 1994), pp. 34–35. を参照されたい。

29 ウィリアム・A・グラハム「比較宗教学再考」『宗教研究』三三九号（第六二回学術大会紀要特集）、二〇〇四年、三〇―三一頁。William Graham, *Beyond the Written Word: Oral Aspects of Scripture in the History of Religion*（Cambridge: Cambridge University Press, 1987).

30 Wilfred Cantwell Smith, "Comparative Religion: Whither — and Why?" in: *The History of Religions: Essays in Methodology*, edited by Mircea Eliade and Joseph M. Kitagawa（Chicago: The University of Chicago Press, 1959), pp. 31–58. ウィルフレッド・C・スミス「これからの比較宗教学のあり方」（M・エリアーデ、J・M・キタガワ編〔岸本英夫監訳〕『宗教学入門』東京大学出版会、一九六二年）、四七―八四頁を参照。

01 John B. Carman, "Conceiving Hindu 'Bhakti' as Theistic Mysticism," *Mysticism and Religious Traditions*, edited by Steven T. Katz (New York: Oxford University Press, 1983), p. 194.

02 Leigh Eric Schmidt, "The Making of Modern 'Mysticism'," *Journal of the American Academy of Religion*, vol. 71, 2003, pp. 276–277.

03 Ibid., pp. 289–290.

04 深澤英隆「「宗教」の生誕――近代宗教概念の生成と呪縛」(『宗教とはなにか』岩波書店、二〇〇三年)、四一―四二頁。

05 Louis Bouyer, "Mysticism: An Essay on the History of the Word," *Understanding Mysticism*, edited by Richard Woods (New York: A Division of Doubleday & Company, Inc., 1980), p. 43. P・ディンツェルバッハー編(植田兼義訳)『神秘主義事典』教文館、二〇〇〇年、二二七頁。

06 Margaret Smith, "The Nature and Meaning of Mysticism," *Understanding Mysticism*, edited by Richard Woods, p. 20.

07 Leigh Eric Schmidt, "The Making of Modern 'Mysticism'," p. 283. Cf. Robert Alfred Vaughan, *Hours with the Mystics: A Contribution to the History of Religious Opinion*, 2 vols. (London: Slark, 1856; 5th edition, 1888).

08 Philip C. Almond, *Mystical Experience and Religious Doctrine: An Investigation of the Study of Mysticism in World Religions* (Berlin: Walter de Gruyter & Co., 1982), p. 120.

09 Margaret Smith, "The Nature and Meaning of Mysticism," p. 20.

10 Steven T. Katz ed., *Mysticism and Philosophical Analysis* (New York: Oxford University Press, 1978). Wayne Proudfoot, *Religious Experience* (Berkeley: University of California Press, 1985). ここに挙げたスティーヴン・T・カッツ編の研究書などを端緒として、「神秘主義」概念が本格的に再検討されるようになった。

11 Hans H. Penner, "The Mystical Illusion," *Mysticism and Religious Traditions*, edited by Steven T. Katz (Oxford: Oxford University Press, 1983), p. 89.

12 Ibid., pp. 90–91.

13 Ibid., pp. 92–93.

14 Grace M. Jantzen, *Power, Gender and Christian Mysticism* (Cambridge: Cambridge University Press, 1995), pp. 24–25.

15 Steven M. Wasserstrom, *Religion after Religion: Gershom Scholem, Mircea Eliade, and Henry Corbin at Eranos* (Princeton: Princeton University Press, 1999), pp. 239–241.

16 Rudolf Otto, *West-östliche Mystik* (Gotha: L. Klotz, 1926; München: Verlag C.H. Beck, Dritte Auflage, 1971), S. viii. R・オットー（華園聰麿他訳）『西と東の神秘主義』人文書院、一九九三年、二頁。オットーの神秘主義に関する議論については、ヒンドゥー教の視点から、デュベイが考察をおこなっている。Cf. S. P. Dubey, *Rudolf Otto and Hinduism* (Varanasi: Bharatiya Vidya Prakashan, 1969).

17 Cf. Rudolf Otto, "Parallels and Convergences in the History of Religion," in: Rudolf Otto, *Religious Essays: A Supplement to "The Idea of the Holy"* (London: Oxford University Press, 1931).

18 Rudolf Otto, *Das Heilige: Über das Irrationale in der Idee des Göttlichen und sein Verhältnis zum Rationalen* (1917; München: C.H. Beck, 1963), S. 30–31. ルードルフ・オットー（華園聰麿訳）『聖なるもの――神的なものの観念における非合理的なもの、および合理的なものとそれとの関係について』創元社、二〇〇五年、五六頁。訳の一部を修正している。

19 Rudolf Otto, *West-östliche Mystik*, S. 162. オットー（華園聰麿他訳）『西と東の神秘主義』、一九二―一九三頁。

20 この点に関する詳細な議論については、本書の第七章を参照されたい。

21 Rudolf Otto, *West-östliche Mystik*, S. 163. ルードルフ・オットー（華園聰麿他訳）『西と東の神秘主義』、一九三頁。
22 Ibid., S. 2. 同右書、一八頁。
23 Ibid., S. 3. 同右書、一九頁。
24 Ibid., S. 7. 同右書、二五頁。
25 Ibid., S. 6–7. 同右書、二五頁。
26 Ibid., S. 8–9. 同右書、二六—二七頁。
27 Ibid., S. 9–10. 同右書、二八—二九頁。
28 Ibid., S. 43–60. 同右書、六五—八二頁。
29 Ibid., S. 60. 同右書、八一頁。訳は部分的に修正した。
30 シャンカラを開祖とするシャンカラ派総本山のシュリンゲーリ僧院を中心とした宗教現象については、拙著『シャンカラ派の思想と信仰』（慶應義塾大学出版会、二〇一六年）を参照されたい。また、シャンカラ派における救いの意味構造、および出家遊行者の修行階梯については、以下の拙論を参照されたい。拙論「シャンカラ派における救いの意味構造」『印度学仏教学研究』第六五巻第二号、二〇一七年、一二一—一九頁。拙論「シャンカラ派における聖典の言葉と修行階梯」『印度学仏教学研究』第六七巻第二号、二〇一九年、二七二—二七九頁。
31 Otto, *West-östliche Mystik*, S. 60. オットー（華園聰麿他訳）『西と東の神秘主義』、八一—八二頁。
32 S.P. Dubey, *Rudolf Otto and Hinduism* (Varanasi: Bharatiya Vidya Prakashan, 1969), p. 64.
33 Otto, *West-östliche Mystik*, S. 1. オットー（華園聰麿他訳）『西と東の神秘主義』、一七頁。
34 Ibid., S. 1–2. 同右書、一八頁。
35 シャンカラの哲学における「無明」論については、中村元『シャンカラの思想』岩波書店、一九八九年、五三四―五四三頁、前田專學『ヴェーダーンタの哲学』平楽寺書店、一九八〇年、二三四―二五五頁、さらに、拙論「深層意識の「第四位」――ウパニシャッド意識論への現代的視座」『思想』七五九号、一九八七年、一六―二九頁を参照。

第六章

01 深澤英隆「「宗教」の生誕――近代宗教概念の生成と呪縛」（池上良正他編『宗教とはなにか』岩波書店、二〇〇三年）、二四―二五頁。

02 Rudolf Otto, "The 'Wholly Other' in Religious History and Theology," in Rudolf Otto, *Religious Essays: A Supplement to "The Idea of the Holy"* (London: Oxford University Press, 1931), p. 78.

03 Friedrich Heiler, "Die Absolutheit des Christentums im Lichte der allgemeinen Religionsgeschichte," *Das Wesen des Katholizismus: Sechs Vorträge, gehalten im Herbst in Schweden* (München: Verlag von Ernst Reinhardt, 1920), S. 119.

04 この点については、前田毅がすでにオットーの旅に関する手記や日記に関する詳細な分析をとおして明らかにしている。詳しくは前田毅『聖の大地――旅するオットー』（図書刊行会、二〇一六年）を参照されたい。

05 Rudolf Otto, *Das Heilige: Über das Irrationale in der Idee des Göttlichen und sein Verhältnis zum Rationalen* (1917; München,: C.H. Beck, 1963), S. 170–171. ルードルフ・オットー（華園聰麿訳）『聖なるもの――神的なものの観念における非合理的なもの、および合理的なものとそれとの関係について』創元社、二〇〇五年、二八八―二八九頁。

06 Ibid., S. 31. 同右書、五六―五七頁。

07 Rudolf Otto, "The 'Wholly Other' in Religious History and Theology," p. 78.

08 Ibid., p. 92 note 1.

09 Rudolf Otto, "Das Ganz-Andere in Ausserchristlicher und in Christlicher Theologie und Spekulation," in Rudolf Otto, *Das Gefühl des Überweltlichen: Sensus Numinis* (München: C.H. Beck'sche Verlag, 1932), S. 231.

10 オットーの立場について、田丸徳善は的確に次のように指摘している。「私見によれば、それは宗教一般、そしてとくにはキリスト教の固有の意味を明らかにしようとの努力であったとみることができる。その限り、かれの立場は基本的に護教論的であり、神学的であったといっても差し支えない。このことは、組織神学の教授というかれの置かれていた位置からすれば、はなはだ当然のことながら、オットーの学説をめぐる従来の論議においては、ややもすると看過されがちであった点の一つでもある」。田丸徳善『宗教学の歴史と課題』山本書店、一九八七年、二三七頁を参照。

11 拙著「ヒンドゥー教における多神性と一神性」（天理やまと文化会議編『Ｇ-ＴＥＮ』五三号、一九九〇年）、四三―四七頁を参照。

12 服部正明『古代インドの神秘思想』講談社現代新書、一九七九年、一四―三〇頁。冨澤かな「イギリス紳士のインド論争――一八世紀末「オリエンタリスト」のインド理解と宗教理解」（島薗進・鶴岡賀雄編『〈宗教〉再考』ぺりかん社、二〇〇四年）、二九八―三〇〇頁。Cf. Richard King, *Orientalism and Religion: Postcolonial Theory, India and the "Mystic East"* (London, New York: Routledge, 1999), pp. 122–123.

13 John B. Carman, *Majesty and Meekness: A Comparative Study of Contrast and Harmony in the Concept of God* (Michigan: William B. Eerdmans Publishing Company, 1994), pp. 34–35.

14 Rudolf Otto, *Die Gnadenreligion Indiens und das Christentum: Vergleich und Unterscheidung* (Gotha: L. Klotz, 1930), S. 6. ルードルフ・オットー（立川武蔵・立川希代子訳）『インドの神と人』人文書院、一九八八年、一七―一八頁。

15 Rudolf Otto, *Das Heilige*, S. 164. オットー（華園聰麿訳）『聖なるもの』、二六〇頁。

16 Rudolf Otto, *Das Gefühl des Überweltlichen*, S. 261.

17 Rudolf Otto, *Das Heilige*, S. 79. オットー（華園聰麿訳）『聖なるもの』、一三〇頁。

18 Rudolf Otto, *Das Gefühl des Überweltlichen*, S. 261.

19 Rudolf Otto, *Das Heilige*, S. 116. オットー（華園聰麿訳）『聖なるもの』、一八八頁。

20 *Bhagavadgītābhāṣya with Śāṅkarabhāṣya*. Works of Śaṅkarācārya in Original Sanskrit, vol. II. (Poona: Motilal Banarsidass, 1929; reprint ed., Delhi: Motilal Banarsidass, 1978), II. 29, p. 24.

21 Rudolf Otto, *Das Gefühl des Überweltlichen*, S. 263.

22 Ibid., S. 262.

23 Ibid., S. 264.

24 ウィリアム・A・グラハム「比較宗教学再考」『宗教研究』三三九号（第六二回学術大会紀要特集）、二〇〇四年、三〇―三一頁。Cf. William Graham, *Beyond the Written Word: Oral Aspects of Scripture in the History of Religion* (Cambridge: Cambridge University Press, 1987).

第七章

01 Rudolf Otto, *West-östliche Mystik: Vergleich und Unterscheidung zur Wesensdeutung* (Gotha: L. Klotz, 1926; München: Verlag C.H. Beck, Dritte Auflage, 1971). Rudolf Otto, *Die Gnadenreligion Indiens und das Christentum: Vergleich und Unterscheidung* (Gotha: L. Klotz, 1930). オットーのインド宗教研究については、本書の第三章におけるインド宗教思想研究リストを参照されたい。

02 Rudolf Otto, *West-östliche Mystik*, S. VIII. R・オットー（華園聰麿他訳）『西と東の神秘主義』人文書院、一九九

三年、二頁。訳は部分的に修正した。

03 Rudolf Otto,“Parallelisms in the Development of Religion East and West,” *The Transactions of the Asiatic Society of Japan*, 40, 1912, p. 154.『日本アジア協会紀要』（翻刻第三九、四〇巻、一九六四年）所収。

04 Rudolf Otto,“Parallels and Convergences in the History of Religion,” in: Rudolf Otto, *Religious Essays: A Supplement to “The Idea of the Holy”*（London: Oxford University Press, 1931）; “Parallelen und Konvergenzen in der Religionsgeschichte,” in: Rudolf Otto, *Das Gefühl des Überweltlichen: sensus numinis*（München: C.H. Beck）, 1932.

05 Rudolf Otto,“Parallels and Convergences in the History of Religion,” *Religious Essays*, pp. 108–109.

06 Rudolf Otto, *West-östliche Mystik*, S. 162. ルードルフ・オットー（華園聰麿他訳）『西と東の神秘主義』、一九二頁。

07 Ibid., S. 163. 同右書、一九三頁。

08 Ibid. 同右書、一九三頁。

09 Ibid. 同右書、一九三頁。

10 Ibid., S. 164–165. 同右書、一九四―一九五頁。

11 Ibid., S. 43–60. 同右書、六五―八二頁。

12 Ibid., S. 167–168. 同右書、一九七頁。

13 Ibid., S. 169. 同右書、一九八頁。

14 Ibid., S. 171–172. 同右書、二〇一―二〇二頁。

15 Rudolf Otto, *Das Heilige: Über das Irrationale in der Idee des Göttlichen und sein Verhältnis zum Rationalen*,（1917; München: C.H. Beck, 1963）, S. 60–65. ルードルフ・オットー（華園聰麿訳）『聖なるもの――神的なものの観念における非合理的なもの、および合理的なものとそれとの関係について』創元社、二〇〇五年、一〇四―一一〇頁。

16 Rudolf Otto, *West-östliche Mystik*, S. 120. ルードルフ・オットー（華園聰麿他訳）『西と東の神秘主義』、一四七頁。

17 Ibid., S. 35. 同右書、五七頁。

18 Ibid., S. 177–178. 同右書、二〇六―二〇七頁。ちなみに、筆者はラーマーヌジャのウパニシャッド聖典解釈の特徴について、シャンカラの思想と比較検討しながら論じたことがある。詳しくは、Yoshitsugu Sawai, "Rāmānuja's Hermeneutics of the Upaniṣads in Comparison with Śaṅkara's Interpretation," *Journal of Indian Philosophy*（Dordrecht: Kluwer Academic Publishers）, vol. 19, no. 1, 1991. を参照。

19 John B. Carman, *Majesty and Meekness: A Comparative Study of Contrast and Harmony in the Concept of God*（Michigan: William B. Eerdmans Publishing Company, 1994）, p. 34.

20 Rudolf Otto, *Die Gnadenreligion Indiens und das Christentum*, S. 18.

21 Rudolf Otto, *Das Heilige*, S. 170–171. ルードルフ・オットー（華園聰麿訳）『聖なるもの』、二七一頁。

22 Rudolf Otto, *West-östliche Mystik*, S. 184. ルードルフ・オットー（華園聰麿他訳）『西と東の神秘主義』、二一三頁。

23 Ibid., S. 178. 同右書、二一一頁。

24 Ibid., S. 143. 同右書、一七〇頁。

25 Daniel H.H. Ingalls, "Śaṁkara on the Question: Whose Is Avidyā?," *Philosophy East and West*, vol. 3, no. 4, 1953, p. 72.

第八章

* Wilfred C. Smith, "Comparative Religion: Whither - and Why?" in: *The History of Religions: Essays in Methodology*, edited by Mircea Eliade and Joseph M. Kitagawa（Chicago: The University of Chicago Press, 1959）, p. 35. ウィルフレッド・キャントウェル・スミス「これからの比較宗教学のあり方」（M・エリアーデ、J・M・キタガワ編、岸本英夫監訳

『宗教学入門』東京大学出版会、一九六二年）、五一―五二頁。

01　ＩＡＨＲ世界大会の中でも、特に二〇〇五年に東京で開催されたＩＡＨＲ世界大会（東京大会）の内容については、「特集　宗教――相克と平和」『宗教研究』三四五号、二〇〇五年、島薗進・ヘリー・テル＝ハール・鶴岡賀雄編『宗教――相克と平和〈国際宗教学宗教史会議東京大会（ＩＡＨＲ２００５）の討議〉』秋山書店、二〇〇八年、およびGerrie ter Haar and Yoshio Tsuruoka ed., *Religion and Society: An Agenda for the 21st Century* (Leiden/Boston: Brill, 2007)を参照されたい。また、ＩＡＨＲ世界大会（トロント大会）については、拙論「宗教研究の新たな展開へ――第二〇回ＩＡＨＲ世界大会（トロント大会）報告」『宗教研究』三六六号、二〇一〇年、一六二―一七〇頁を参照されたい。

02　Jonathan Z. Smith, "Religion, Religions, Religious," in: *Critical Terms for Religious Studies*, edited by Mark C. Taylor (Chicago and London: The University of Chicago Press, 1998), pp. 269–284.

03　Joseph M. Kitagawa, "The History of Religions in America," in: *The History of Religions: Essays in Methodology*, ed. by Mircea Eliade and Joseph M. Kitagawa (Chicago: The University of Chicago Press, 1959), p. 22. ジョゼフ・キタガワ「アメリカにおける宗教学の展望」（Ｍ・エリアーデ、Ｊ・Ｍ・キタガワ編『宗教学入門』東京大学出版会、一九六二年）、三二―三三頁。訳は部分的に修正した。

04　Wilfred C. Smith, *The Meaning and End of Religion* (New York: Harper & Row, 1962); W. C. Smith, "Comparative Religion: Whither - and Why?" in: *The History of Religions: Essays in Methodology*, ed. by Mircea Eliade and Joseph M. Kitagawa (Chicago: The University of Chicago Press, 1959), pp. 31–58. ウィルフレッド・キャントウェル・スミス「これからの比較宗教学のあり方」（Ｍ・エリアーデ、Ｊ・Ｍ・キタガワ編『宗教学入門』東京大学出版会、一九六二年）、四七―八四頁などを参照。

05 Ninian Smart, *Reflections in the Mirror of Religion*, ed. by John P. Burris (London: Macmillan Press, 1997), pp. 175–176.

06 田丸徳善『宗教学の歴史と課題』山本書店、一九八七年、八四頁。

07 Douglas Allen, *Structure and Creativity in Religion* (The Hague: Mouton Publishers, 1978), p. 60.

08 Cf. Rudolf Otto, *Die Gnadenreligion Indiens und das Christentum* (Gotha: Leopold Klotz Verlag, 1930) S. 29. ルードルフ・オットー（立川武蔵・立川希代子訳）『インドの神と人』人文書院、一九八八年、五三頁参照。

オットーは宗教の非合理的な要素を強調しているが、『聖なるもの』の副題が「神的なるものの観念における非合理的なるものとその合理的なるものとの関係について」(Über das Irrationale in der Idee des Göttlichen und sein Verhältnis zum Rationalen) となっていることが暗示しているように、決して宗教における合理的な要素を軽視したわけではないことを、あらためてここに確認しておきたい。

09 Rudolf Otto, *Das Heilige: Über das Irrationale in der Idee des Göttlichen und sein Verhältnis zum Rationalen* (1917; München: C.H. Beck, 1963), S. 60–65, 165–171. ルードルフ・オットー（華園聰麿訳）『聖なるもの——神的なものの観念における非合理的なもの、および合理的なものとそれとの関係について』創元社、二〇〇五年、一〇四—一一〇頁、二六二—二七二頁。

10 Rudolf Otto, “Parallels and Convergences in the History of Religion,” in: R. Otto, *Religious Essays: A Supplement to “The Idea of the Holy”* (London: Oxford University Press, 1931), p. 96.

11 Rudolf Otto, *Das Heilige*, S. 170–171. オットー（華園聰麿訳）『聖なるもの』、二七一頁。

12 Rudolf Otto, “Parallelen und Konvergenzen in der Religionsgeschichte,” in: Rudolf Otto, *Das Gefühl des Überweltlichen: sensus numinis* (München: C.H. Beck, 1932), S. 282. 華園聰麿「宗教史における平行論とその根底——R・オットーの所論を中心として」『東北印度学宗教学論集』創刊号、一九六八年、二一八—二一九頁参照。

13 Rudolf Otto, "Parallelisms in the Development of Religion East and West," *The Transactions of the Asiatic Society of Japan*, 40.『日本アジア協会紀要』第三九、四〇巻所収、一五三―一五八頁。

14 Rudolf Otto, *Die Gnadenreligion Indiens und das Christentum*, S. 18. ルードルフ・オットー（立川武蔵・希代子訳）『インドの神と人』、三五頁参照。

15 Rudolf Otto, *West-östliche Mystik: Vergleich und Unterscheidung zur Wesensdeutung* (München: Verlag C. H. Beck, 1971) S. 41. ルードルフ・オットー（華園聰麿他訳）『西と東の神秘主義』人文書院、一九九三年、六三頁。

16 Ibid., S. 31–32. 同右書、五二―五三頁。

17 Ibid., S. 32. 同右書、五三頁。

18 Rudolf Otto, *Das Heilige*, S. 2. ルードルフ・オットー（華園聰麿訳）『聖なるもの』、一一頁。

19 Ibid., S. 13. 同右書、二七頁。

20 Ibid., S. 47–48. 同右書、八三―八四頁。

21 Ibid., S. 27–28. 同右書、五一頁。

22 Paul Ricœur, *La symbolique du mal* (Paris: Aubier, 1960). リクールにとって、この『悪のシンボリズム』は解釈学への転回点となり、それ以後、二重の意味をもつ象徴の解釈が、彼のおもな関心事となった。杉村靖彦『ポール・リクールの思想』創文社、一九九八年、および、長谷正当「宗教現象学と解釈学」（梅原猛・竹市明弘編『解釈学の課題と展開』晃洋書房、一九八一年）参照。

23 Rudolf Otto, *Das Heilige*, S. 21. ルードルフ・オットー（華園聰麿訳）『聖なるもの』、三九頁。

24 Ibid., S. 35. 同右書、六二頁。

25 オットーの旅の書簡や日記などの資料を中心に、オットー宗教学を捉えなおす研究としては、前田毅『聖の大地――旅するオットー』（国書刊行会、二〇一六年）がある。また、オットーのインド宗教研究の詳細な内容については、拙稿「オットーとインド宗教研究――オットー研究覚書」（『研究報告会報』一〇号、天理大学おやさと研究所、一九九四年）を参照。

あとがき

オットーの著書『聖なるもの』（一九一七）は、宗教学の古典的名著と言われてきた。彼の宗教研究は、宗教学の進展に大きく寄与し、今日もなお、宗教研究者のあいだでさまざまな議論を喚起している。彼が説いた「ヌミノーゼ」や「絶対他者」などの宗教概念は、現代の宗教学の方法や理論を再検討するうえでも、常に注目されている。

これまで長年にわたって、オットー研究者のあいだばかりでなく、多くの宗教研究者たちのあいだで、オットーの宗教論は議論の対象とされてきた。ところが、オットー宗教論の理解が十分に進んだかと言えば、必ずしもそうではなかったように思われる。彼は宗教学に大きな足跡を残したが、その足跡があまりに大きく多面的であったこともあって、彼の宗教研究のどの側面に光を当てるかによって、その評価が分かれてきたとも言えるだろう。

本書の中で繰り返し論じたように、オットーは三つの〈顔〉をもっていた。三つの〈顔〉とは、ルター派神学者でマールブルク大学の組織神学教授としての〈顔〉、『カントとフリースの宗教哲学とその神学への適用』などの著作を著した宗教哲学者としての〈顔〉、さらにインド宗教思想に関心をもって比較宗教的な研究をおこなった宗教研究者としての〈顔〉である。本書では、オットーのこうした三つの〈顔〉をできるだけ連関させることによって、彼の宗教研究のパースペクティヴをその全貌において解明しようと試みた。とりわけ、彼が特に関心を抱いたインド宗教思想に焦点を当てながら考察した。しかし、オットーの宗教論を丹念に掘り下げて考察していくにつれて、オットーの幅広さと奥深さをますます痛感するようになった。オットー研究は、掘り下げた考察を進めていくにつれて、次々と新たな課題が明らかになってくる。したがって、オットー宗教論の理解には、残念ながら、まだほど遠いと言わざるを得ない。実を言えば、本書は刊行するにはまだ早すぎる試作である。しかし結果的に、たとえ不十分な内容であったとしても、オットー宗教論の理解に向けた一つの研究の歩みとして、曲がりなりにも纏めることができたことに、今のところは満足すべきであろう。

本書における考察を終えるまえに、私がそもそもオットーの宗教論に関心を抱くようになった契機について、少し触れて筆を擱きたい。それはハーバード大学大学院の留学時代にまで遡る。その当時、ハーバード大学の世界宗教研究所（Center for the Study of World Religions）の所長であったジョン・B・カーマン先生は、筆者のアカデミック・アドバイザーであった。カーマン先生はインドのヴェーダーンタ哲学の中でも、限定不二一元論ヴェーダーンタ哲学で知られるラーマーヌジャ思想の研究者であると同時に、オットーやウィリアム・B・クリステンセン（William Brede Kristensen 一八六七―一九五三）などの宗教現象学に精通した、世界でもよく知られた宗教学者であった。またハーバードには、二十世紀後半、世界の宗教学界をリードしたウィルフレッド・C・スミス先生もおられ、大学院博士課程の基幹ゼミを担当されていた。スミス先生からも、宗教研究のあり方や宗教理解とその意義について教えていただいた。

一九八四年の夏、ハーバード大学に提出する博士論文を書き終えたある日のこと、恩師のカーマン先生から次のような助言をいただいた。「オットーはプロテスタント神学者でありながら、インドの宗教思想を深く研究した。インド宗教思想の研究をとおして、キリスト教の教えと信仰を深く理解しようとしたのだ。ヨシ（筆者のこと）も天理教の信仰をもちながら、インド宗教思想を研究している。ある意味で、オットーとよく似た立場にあるので、彼の宗教論を掘り下げて研究すると、とても興味深い独自のオットー研究ができるのでは、と思う」。アメリカ留学を終えて帰国してからも、カーマン先生のこの言葉が心に残っていた。そこで、オットーを研究する機会を見つけて、ぜひオットー研究をおこなってみたいと思っていた。そういうわけで、日本宗教学会の学術大会などの機会に、これまで長年にわたって、オットーについての研究発表を少しずつおこなうことを心がけてきた。

オットー研究を進めるうえで、筆者が教えてきた天理大学は、オットーがキリスト教神学を教えていたマールブルク大学と姉妹校の関係にあり、両大学間の学術交流が盛んにおこなわれてきたことも、とても有難かった。オットー研究で世界的に知られるマルティン・クラーツ先生（前マールブルク大学宗教博物館長）がマーゴット夫人を伴って、何度か天理大学を訪問されたことがあり、また私自身も、天理大学とマールブルク大学との共同研究プロジェクトや世界のオットー研究者が一堂に会した国際会議での講演に招かれるなど、これまで数回、マールブルク大学を訪問する機会もあった。そうした度ごとに、クラーツ先生ご夫妻から直接、いろいろとご教示いただくことができたことはとても有難かった。

また、本書に挿入している写真については、マールブルク大学の宗教学者エディス・フランケ先生（Edith Franke 一九六〇―、マールブルク宗教博物館長）をはじめ、同大学図書館の方々よりご高配を賜わった。マールブルク大学の先生がたに心よりお礼を申し述べたい。さらに、オットー研究で知られる東北大学宗教学研究室の先輩である華園聰麿先生や前田毅先生からも、オットーの宗教論について多くのご教示をいただくことができた。そのほか、オットー研究を進めるうえで、多くの先生がたや友人のみなさんにも、さまざまなお力添えをいただいた。あらためて心より感謝の意を表したい。さらに本書の出版にあたり、多くの適確な助言をいただき、本書の刊行へと導いてくださった慶應義塾大学出版会の片原良子さんに、心よりお礼を申し述べたい。最後に、筆者のこれまでの研究を支えてくれた両親と家族にも、心から感謝している。なお、本書の刊行に当たっては、天理大学より二〇一九年度学術図書出版助成を受けた。ここに記して心より謝意を表したい。

二〇一九年一〇月

澤井義次

慶應義塾大学出版会

シャンカラ派の思想と信仰

澤井義次著　インド最大の哲学者といわれるシャンカラの宗教的著作の言葉は、彼を信仰する人びとにどのような意味世界を与え、また、それらは彼らの具体的宗教伝統とどのように接合されうるのか。新たな宗教学的パースペクティブを提示する画期的な一冊。　◎8,000円

ジャン＝ジョゼフ・スュラン
―一七世紀フランス神秘主義の光芒

渡辺優著　17世紀フランス最大の神秘家スュランの劇的な魂の道程をたどり、同時代の思想潮流に位置づけることで、従来の神秘主義理解を刷新し、宗教哲学・思想研究の水準を一段押し上げる野心的論考。2017年度日本宗教学会賞、第34回渋沢・クローデル賞本賞受賞。　◎7,500円

フランツ・ローゼンツヴァイク
―生と啓示の哲学

丸山空大著　自らの内部のドイツ性とユダヤ性の二重性と向き合い、啓示の意味、すなわち人間と神との関係を探究した思想家の、生涯にわたる思想的展開とその到達点を明らかにする。2019年度日本宗教学会賞受賞。　◎7,000円

表示価格は刊行時の本体価格(税別)です。

澤井 義次（さわい よしつぐ）

1951年生まれ。天理大学名誉教授。現在，天理大学おやさと研究所・嘱託研究員。専門は宗教学・インド学・天理教学。
おもな著作に『シャンカラ派の思想と信仰』（慶應義塾大学出版会，2016年），『宗教學的省思』（増補版，台灣宗教與社會協會，2017年），『井筒俊彦の東洋哲学』（鎌田繁との共編，慶應義塾大学出版会，2018年），Izutsu Toshihiko, *The Structure of Oriental Philosophy*, 2 vols（編著，Keio University Press, 2008），監訳に井筒俊彦『東洋哲学の構造——エラノス会議講演集』（金子奈央・古勝隆一・西村玲訳，慶應義塾大学出版会，2019年）。

ルードルフ・オットー　宗教学の原点

2019年12月20日　初版第1刷発行
2020年 5 月20日　初版第2刷発行

著　者————澤井義次
発行者————依田俊之
発行所————慶應義塾大学出版会株式会社
〒108-8346　東京都港区三田2-19-30
TEL〔編集部〕03-3451-0931
〔営業部〕03-3451-3584〈ご注文〉
〔　〃　〕03-3451-6926
FAX〔営業部〕03-3451-3122
振替　00190-8-155497
http://www.keio-up.co.jp/
装　丁————Boogie Design
印刷・製本——株式会社理想社
カバー印刷——株式会社太平印刷社

Printed in Japan　ISBN 978-4-7664-2645-8

参考文献

❖オットーの主要な著作

1898 *Die Anschauung vom heiligen Geiste bei Luther: Eine historisch-dogmatische Untersuchung*. Göttingen: Vandenhoeck & Ruprecht.

1899 *Über die Religion: Reden an die Gebildeten under ihren Verächtern*. Von Friedrich Schleiermacher. Neu hrsg. von Rudolf Otto. Göttingen.

1902 *Leben und Wirken Jesu nach historisch-kritische Auffassung*. Göttingen: Vandenhoeck & Ruprecht.

Life and Ministry of Jesus According to the Historical and Critical Method. Translated by Henry James Whitby. Chicago: The Open Court Publishing Co., 1908.

1904 *Naturalistische und religiöse Weltansicht*. Tübingen: J. C. B. Mohr, 1904.

Naturalism and Religion. Translated by J. Arthur Thomson, Margaret R. Thomson. Edited by W.D. Morrison. London: Williams & Norgate Ltd., 1907.

1909 *Kantisch-Fries'sche Religionsphilosophie und Ihre Anwendung auf die Theologie*. Tübingen: J.C.B. Mohr, 1921.

1912 "Parallelisms in the Development of Religion East and West." *The Transactions of the Asiatic Society of Japan* 40.

『日本アジア協会紀要』第 39・40 巻所収（翻刻版 1964 年）。

1913 "Parallelen der Religionsentwicklung." *Frankfurter Zeitung*, April 1.

"Ist eine Universalreligion wünschenswert und möglich? Und wenn, wie kann man sie erreichen?" *Die Christliche Welt*, Jg. 27.

1916 *Dīpikā des Nivāsa: Eine indische Heilslehre*. Tübingen: J.C.B. Mohr.

"Aller Meister Lehren, aus dem Sanskrit." *Zeitschrift für Missionskunde und Religionswissenschaft* 31.

"Artha-pañcaka oder die fünf Artikel." *Theologische Studien und Kritiken* 89.

"Von indischer Frömmigkeit." *Die Christliche Welt* 30.

1917 *Das Heilige: Über das Irrationale in der Idee des Göttlichen und sein Verhältnis zum Rationalen*. München: C.H. Beck, 1963; 2014.

The Idea of the Holy: An Inquiry into the non-rational factor in the idea of the divine and its relation to the rational. Translated by John W. Harvey. London: Oxford University Press, 1923.

ルードルフ・オットー（華園聰麿訳）『聖なるもの』創元社、2005年。山谷省吾訳『聖なるもの』、岩波書店、1968年。久松英二訳『聖なるもの』、岩波書店、2010年。

Vischnu-Nārāyana: Texte zur indischen Gottesmystik. Jena: E. Diederich.

Siddhānta des Rāmānuja: Ein Text zur indischen Gottesmystik. Jena: E. Diederich.

"Bhakti-Hundertvers（Bhakti-Śatakam）von Rāma-Candra." *Zeitschrift für Missionskunde und Religionswissenschaft* 32.

1920 "Schweigender Dienst." *Die Christliche Welt* 36.

1922 "Aus Rabindranath Takkurs väterlicher Religion." *Die Christliche Welt* 36.

"Zum Verhältnisse von mystischer und gläubiger Frömmigkeit." *Zeitschrift für Theologie und Kirche* 3.

1923 *Aufsätze das Numinose betreffend*. Munich: C.H. Beck.

1923 "Östliche und westliche Mystik." *Logos* 13.

1925 "Meister Eckhart's Mystik im Unterschiede von östlicher Mystik." *Zeitschrift für Theologie und Kirche* 6.

"Indischer Theismus." *Zeitschrift für Missionskunde und Religionswissenschaft* 40.

1926 *West-östliche Mystik: Vergleich und Unterscheidung zur Wesensdeutung*. Gotha: L. Klotz.

ルードルフ・オットー（華園聰麿・日野紹運・J・ハイジック訳）『西と東の神秘主義——エックハルトとシャンカラ』人文書院、1993年。

1928 "Zum Verständnis von Rabindranath Tagore: Ein Stück altindischer Theolo-

gie." *Die Hilfe* 34.

"Christianity and the Indian Religion of Grace: A Comparison." *National Christian Council Review*, New Series 6.

1929 "Menschheitsbund, Religiöser." *Die Religion in Geschichte und Gegenwart.* Zweite Auflage, Dritter Band, 1929.

Christianity and the Indian Religion of Grace. Madras: Christian Literature Society for India.

"Ein Stück indischer Theologie, Übertragen aus Yāmunamuni's 'Dreifacher Erweis'." *Zeitschrift für Theologie und Kirche* 10.

"Bewusstseins-Phänomenologie des personalen Vedānta." *Logos* 18.

"Die Methoden des Erweises der Seele im personalen Vedānta." *Zeitschrift für Religionspsychologie* 2.

1930 *Die Gnadenreligion Indiens und das Christentum: Vergleich und Unterscheidung.* Gotha: L. Klotz.

India's Religion of Grace and Christianity Compared and Contrasted. London: Student Christian Movement Press; New York: Macmillan. ルードルフ・オットー（立川武蔵・希代子訳）『インドの神と人』人文書院、1988 年。

"Rāmānuja." *Die Religion in Geschichte und Gegenwart* 4.

"In Brahmas Tempel." *Münchener Neueste Nachrichten*, 1, April 7.

"Der verlorene Sohn in Indien? Ähnlichkeit und Unterschied indischer und christlicher Religion." *Münchener Neueste Nachrichten*, 3, October 9.

1931 *Rabindranath Tagore's Bekenntnis*. Tübingen: J.C.B. Mohr.

Religious Essays: A Supplement to "The Idea of the Holy." London: Oxford University Press.

"Parallels and Convergences in the History of Religion," in Rudolf Otto, *Religious Essays*. London: Oxford University Press.

"'Meine Religion' von Rabindranath Tagore." *Westermanns Monatshefte* 75.

1932 *Gottheit und Gottheiten der Arier*. Giessen: Alfred Topelmann.

Mysticism East and West: A Comparative Analysis of the Nature of Mysticism.

New York: Macmillan.

Das Gefühl des Überweltlichen: sensus numinis. München: C.H. Beck.

"Parallelen und Konvergenzen in der Religionsgeschichte." *Das Gefühl des Überweltlichen: Sensus numinis*. München: C.H. Beck.

"Hymne an Varuna." *Die Christliche Welt*, 46.

Sünde und Urschuld und andere Aufsätze zur Theologie, Münschen: C.H. Beck.

1934 *Die Urgestalt der Bhagavad-Gītā*. Tübingen: J.C.B. Mohr.

"Nārāyana, seine Herkunft und seine Synonyme." *Zeitschrift für Missionskunde und Religionswissenschaft* 49.

"Mystische und gläubige Frömmigkeit." *Commemoration Volume of the Science of Religion in Tokyo Imperial University*, Tokyo: Herald Press.

1935 *Der Sang des Hehr-Erhabenen: Die Bhagavad-Gītā*. Stuttgart: W. Kohlhammer.

Die Lehrtraktate der Bhagavad-Gītā. Tübingen: J.C.B. Mohr.

"Krishna's Lied." *Zeitschrift für Missionskunde und Religionswissenschaft* 50.

1936 *Die Katha-Upanishad*. Berlin: Alfred Topelmann.

"Die Katha-Upanishad in ihrer Urgestalt." *Zeitschrift für Missionskunde und Religionswissenschaft* 51.

"Vom Naturgott zur Brautmystik." *Zeitschrift für Missionskunde und Religionswissenschaft* 51.

❖没後の出版

1938 "Briefe Rudolf Ottos von seiner Fahrt nach Indien und Ägypten." *Die Christliche Welt* 52.

1939 *The Original Gītā: The Song of the Supreme Exalted One*, translated and edited by J.E. Turner, London: Allen and Unwin.

1948 *Varuna-Hymnen des Rig-Veda*. Religionsgeschichtliche Texte, Heft 1.

1951 *Mystique d'Orient et mystique d'Occident*. Paris: Payot.

1958 "Briefe Rudolf Ottos von seiner Fahrt nach Indien und Ägypten." *Die*

Christliche Welt 52, no. 24.

1981 *Aufsätze zur Ethik*. Hrsg. von Jack Stewart Boozer. München: C.H. Beck.

2014 *Das Heilige: Über das Irrationale in der Idee des Göttlichen und sein Verhältnis zum Rationalen*, mit einer Einführung zu Leben und Werk Rudolf Ottos von Jörg Lauster und Peter Schüz und einem Nachwort von Hans Joas. München: C.H. Beck.

❖オットーに関する手紙・報告書・新聞

HS（Handschriften Otto-Nachlaß Universitäts-Bibliothek, Marburg）797/800. Troeltsch an Otto. Nov. 17. 1904.

HS 797/572, 19. Otto an Johanne Ottmer. Nov. 7. 1911.

OA 379. October 12, 1911.

HS.797/725. *Report* from Dr. Rudolf Otto and Rev. Birger Forell on their work for the Universal Religious Peace Conference, 1927.

HS797/794: Edmund Husserl, Brief an Rudolf Otto. March 5, 1919.

Birger Forell, "Von Celon zum Himalaya." Aus dem Schwedischen übertragen von Ursula Lerenz（Rudolf Otto-Archiv）, 1987.

『六大新報』445号、明治45（1912）年4月7日号。

『六大新報』452号、明治45（1912）年5月26日号。

❖オットーに関する主要な参考文献

Allen, Douglas. *Structure and Creativity in Religion*. The Hague: Mouton Publishers, 1978.

Alles, Gregory D. ed. *Rudolf Otto: Autobiographical and Social Essays*. Berlin: Mouton de Gruyter, 1996.

――――. "Rudolf Otto and the Politics of Utopia." *Religion*, no. 21, 2011.

Almond, Philip C. *Mystical Experience and Religious Doctrine: An Investigation of the Study of Mysticism in World Religions*. Berlin: Walter de Gruyter & Co., 1982.

――――. "Rudolf Otto and the Kantian Tradition." *Neue Zeitschrift für Systematicsche Theologie und Religionsphilosophie* 25, 1983.

————. *Rudolf Otto: An Introduction to His Philosophical Theology*. Chapel Hill: The University of North Carolina Press, 1984.

————. "Rudolf Otto and Buddhism." In Peter Masefield and Donald Wiebe ed., *Aspects of Religion: Essays in Honour of Ninian Smart*. New York: Peter Lang, 1994.

Benz, Ernst. "Rudolf Otto als Theologe und Persönlichkeit." In: *Rudolf Otto's Bedeutung für die Religionswissenschaft und die Theologie Heute*, herausgegeben von Ernst Benz. Leiden: E.J. Brill, 1971.

Bhagavadgītābhāṣya with Śāṅkarabhāṣya. Works of Śaṅkarācārya in Original Sanskrit, vol. II. Poona: Motilal Banarsidass, 1929; reprint ed., Delhi: Motilal Banarsidass, 1978.

Bouyer, Louis. "Mysticism: An Essay on the History of the Word." *Understanding Mysticism*, edited by Richard Woods. New York: A Division of Doubleday & Company, Inc., 1980.

Carman, John B. "Conceiving Hindu'Bhakti' as Theistic Mysticism." *Mysticism and Religious Traditions*, edited by Steven T. Katz. New York: Oxford University Press, 1983.

————. *Majesty and Meekness: A Comparative Study of Contrast and Harmony in the Concept of God*. Michigan: William B. Eerdmans Publishing Company, 1994.

Davidson, Robert F. *Rudolf Otto's Interpretation of Religion*. Princeton: Princeton University Press, 1947.

Dubey, S.P. *Rudolf Otto and Hinduism*. Varanasi: Bharatiya Vidya Prakashan, 1969.

Edgerton, Franklin. *The Bhagavadgītā*. Cambridge: Harvard University Press, 1944.

Eliade, Mircea. *Das Heilige und das Profane: Vom Wesen des Religiösen*. Hamburg: Rowohlt, 1957. *The Sacred and the Profane: the Nature of Religion*. Translated from the French by Willard R. Trask. New York: A Harvest Book, Harcourt, Brace & World, Inc., 1959. ミルチャ・エリアーデ（風間敏夫訳）『聖と俗——宗教的なるものの本質について』法政大学出版局、1969 年。

Forell, Birger. "Von Celon zum Himalaya von Birger Forell," Uppsala, 1929; aus dem Schwedischen übertragen von Ursula Lorenz, 1987.

Frick, Heinrich. "Rudolf Otto innerhalb der theologischen Situation." *Zeitschrift für Theologie und Kirche* 19, 1938.

Fries, Jakob Friedrich. *Wissen, Glaube und Ahndung.* Jena, 1805; Göttingen: Verlag "Öffentliches Leben," 1931.

Gantke, Wolfgang und Serikov, Vladislav. hrsg. *100 Jahre "Das Heilige:" Beiträge zu Rudolf Ottos Grundlagenwerk.* Theion: Studien zur Religionskultur, Band 32. Frankfurt am Main: Peter Lang GmbH, 2017.

Garbe, Richard. *Die Bhagavadgītā.* Leipzig: H. Haessel Verlag, 1905.

Gooch, Todd A. *The Numinous and Modernity: An Interpretation of Rudolf Otto's Philosophy of Religion.* Berlin: Walter de Gruyter, 2000

Graham, William. *Beyond the Written Word: Oral Aspects of Scripture in the History of Religion.* Cambridge: Cambridge University Press, 1987.

Greschat, Hans-Jürgen. "On Rudolf Otto the Traveller." *Religious Studies in Dialogue: Essays in Honour of Albert C. Moore*, edited by Maurice Andrew, Peter Matheson and Simon Rae. Faculty of Theology, University of Otago, Dunedin, New Zealand, 1991.

Häring, Bernard. "'Das Heilige' Rudolf Ottos in der neueren Kritik." *Geist und Leben*, vol. 24, 1951.

Harnack, Adolf von. "Die Aufgabe der theologischen Fakultäten und die allgemeine Religionsgeschichte." Berlin: Gistav Scjade (Otto Francke), 1901.

————. "Die Bedeutung der theologischen Fakultäten." in Kurt Nowak ed., *Adolf von Harnack als Zeitgenosse*, vol. 1, 1996.

Haubold, Wilhelm. *Die Bedeutung der Religionsgeschichte für die Theologie Rudolf Ottos.* Leipzig: Leopold Klotz Verlag, 1940.

Heiler, Friedrich. "Die Absolutheit des Christentums im Lichte der allgemeinen Religionsgeschichte." *Das Wesen des Katholizismus: Sechs Vorträge, gehalten im Herbst in Schweden.* München: Verlag von Ernst Reinhardt, 1920.

————. "Die Bedeutung Rudolf Ottos für die vergleichende Religionsgeschichte." In Birger Forell, Heinrich Frick, Friedrich Heiler, *Religionswissenschaft in neuer Sicht.* Marburg: N.G. Elwert, 1951.

———. *Das Gebet: Eine religionsgeschichtliche und religionspsychologische Untersuchung*, 5. Auflage（1923）, München: Ernst Reinhardt Verlag, 1969. フリードリヒ・ハイラー（深澤英隆監修）『祈り』国書刊行会、2018 年。

———. "The Experience of the Divine." *Journal of the Liberal Ministry*, vol. I, no. 1, 1961.

Ingalls, Daniel H.H. "Śaṁkara on the Question: Whose Is Avidyā?" *Philosophy East and West*, vol.3, no.4, 1953.

Jantzen, Grace M. *Power, Gender and Christian Mysticism*. Cambridge: Cambridge University Press, 1995.

Joas, Hans. Nachwort: "Säkulare Heiligkeit: Wie aktuell ist Rudolf Otto?" in Rudolf Otto, *Das Heilige: Über das Irrationale in der Idee des Göttlichen und sein Verhältnis zum Rationalen*, mit einer Einführung zu Leben und Werk Rudolf Ottos von Jörg Lauster und Peter Schüz. München: C.H. Beck, 2014.

Katz, Steven T. Ed. *Mysticism and Philosophical Analysis*. New York: Oxford University Press, 1978.

King, Richard. *Orientalism and Religion: Postcolonial Theory, India and the 'Mystic East.'* London, New York: Routledge, 1999.

Kitagawa, Joseph W. "The History of Religions in America." In: *The History of Religions: Essays in Methodology*, ed. by Mircea Eliade and Joseph M. Kitagawa. Chicago: The University of Chicago Press, 1959. ジョゼフ・キタガワ「アメリカにおける宗教学の展望」（M・エリアーデ、J・M・キタガワ編『宗教学入門』東京大学出版会、1962 年。）

Kraatz, Martin. "Wirkungsstätten der Religionswissenschaft: die Religionskundliche Sammlung in Marburg." *Deutsche Vereinigung für Religionsgeschichte* 12, Mitteilungsblatt, 1979.

———. "Religionskundliche Sammlung 60 Jahre alt." *Universität Zeitung*, Nr.191, Nov. 12, 1987.

———. "'[...] meine stellung als 'modernistischer pietistisch angehauchter lutheraner mit gewissen quakerneigungen' ist eigen [...]'-Bio- und Epistolographisches zu Rudolf Otto." in Jörg Lauster, et al., *Rudolf Otto: Theologie-Religions-*

philosophie-Religionsgeschichte, Berlin: De Gruyter, 2014.

————. "Birger Forell: Der Mensch - in seinen Marburger Wurzeln und in dem, was daraus wuchs." Berlin, Vaterunser-Kirchengemeinde, 7. Juli 2008.

Lange, Dietz. Ed., *Nathan Söderblom: Brev-Lettres-Briefe-Letters, A Selection from His Correspondence*. Göttingen: Vandenhoeck & Ruprecht, 2006.

Lauster, Jörg. "Religion as Feeling: Schleiermacher's Program as a Task for Theology." In Dietrich Korsch and Amber L. Griffioen eds., *Interpreting Religion: The Significance of Friedrich Schleiermacher's Reden über die Religion for Religious Studies and Theology*. Tübingen: Mohr Siebeck, 2011.

————. Et al. *Rudolf Otto: Theologie-Religionsphilosophie-Religionsgeschichte*. Berlin: De Gruyter, 2014.

Malinar, Angelika. "Bhagavadgītā." *Brill's Encyclopedia of Hinduism*, vol. II: Sacred Texts and Languages, Ritual Traditions, Arts, Concepts. Leiden: Brill, 2010.

Mensching, Gustav. "Rudolf Otto und die Religionsgeschichte." in: *Rudolf Ottos Bedeutung für die Religionswissenschaft und Theologie heute*, Leiden: Brill, 1971.

————. *Die Religion: Erscheinungsformen, Strukturtypen und Lebensgesetze*, Goldmann Wilhelm GmbH, 1984. グスタフ・メンシング（下宮守之・田中元訳）『宗教とは何か——現象形式・構造類型・生の法則』法政大学出版局、1983年。

Nowak, Kurt. Ed. *Adolf von Harnack als Zeitgenosse: Reden und Schriften aus den Jahren des Kaiserreichs und der Weimarer Republik*, vol. 1, Berlin: de Gruyter, 1996.

Ôhasama, Schûej. *Zen: Der lebendige Buddhismus in Japan*, Gotha: Leopold Klotz Verlag, 1925.

Penner, Hans H. "The Mystical Illusion." In *Mysticism and Religious Traditions*, edited by Steven T. Katz. Oxford: Oxford University Press, 1983.

Proudfoot, Wayne. *Religious Experience*. Berkeley: University of California Press, 1985.

Pye, Michael. "Troeltsch and the Science of Religion." In *Ernst Troeltsch: Writings on Theology and Religion*, translated and edited by Robert Morgan and Michael Pye. Atlanta: John Knox Press, 1977.

Radhakrishnan, S. "Introductory Essay." *The Bhagavadgītā*. New York: Harper & Row, 1948.

Raphael, Melissa. *Rudolf Otto and the Concept of Holiness*. Oxford: Clarendon Press, 1997.

Ricoeur, Paul. *La symbolique du mal*. Paris: Aubier, 1960.

Ritter, Joachim. Ed., "Heilig." *Historisches Wörterbuch der Philosophie*. Bd. 3. Basel/ Stuttgart: Schwabe & Co. Verlag, 1974.

Rollmann, Hans. "Rudolf Otto and India." *Religious Studies Review* 5, 1979.

Rudolph, Kurt. "Religionsgeschichtliche Schule." *Encyclopedia of Religion*. Edited by Mircea Eliade, vol. XII, New York: Macmillan, 1987.

————. *Die Religionswissenschaft an der Leipziger Universität*. Leipzig, 1962.

————. "Die Problematik der Religionswissenschaft als akademisches Lehrfach," *Kairos* 9, 1967.

Sawai, Yoshitsugu. "Rāmānuja's Hermeneutics of the Upaniṣads in Comparison with Śaṅkara's Interpretation." *Journal of Indian Philosophy*, vol. 19, no.1. Dordrecht: Kluwer Academic Publishers, 1991.

————. "The Significance of Materiality for Religious Studies." In Saburo S. Morishita ed., *Materiality in Religion and Culture: Tenri University-Marburg University Joint Research Project*. Zürich: LIT Verlag, 2016.

————. "Rudolf Otto's View of Indian Religious Thought." in Jörg Lauster, et al., *Rudolf Otto: Theologie-Religionsphilosophie-Religionsgeschichte*. Berlin: De Gruyter, 2014.

Scheler, Max. *Vom Ewigen im Menschen*. 1921, Gesammelte Werke Band 5. Bern Francke Verlag, 1954.

Schleiermacher, Friedrich. *Über die Religion: Reden an die Gebildeten unter ihren Verächtern*. Edited by Rudolf Otto. Göttingen: Vandenhoeck & Ruprecht, [1799] 1899.

Schmidt, Leigh Eric. "The Making of Modern 'Mysticism'." *Journal of the American Academy of Religion*, vol. 71, 2003.

Sharpe, Eric J. *Comparative Religion: A History*. Illinois: Open Court, Second edi-

tion: 1986.
————. *Nathan Söderblom and the Study of Religion*. Chapel Hill: The University of North Carolina Press, 1990.

Seifert, P. *Die Religionsphilosophie bei Rudolf Otto*. Düsseldorf: C.H. Nolte, 1936.

Shinzer, Reinhard. "Rudolf Otto—Entwurf einer Biographie." *Rudolf Otto's Bedeutung für die Religionswissenschaft und die Theologie Heute*. Hrsg. von Ernst Benz. Leiden: Brill, 1971.

Schütte, H.-W. *Religion und Christentum in der Theologie Rudolf Ottos*. Berlin: de Gruyter, 1969.

Smart, Ninian. *Reflections in the Mirror of Religion*, edited by John P. Burris. London: Macmillan Press, 1997.

Smith, Jonathan Z. *Imagining Religion: From Babylon to Jonestown*. Chicago: The University of Chicago Press, 1982.

————. "Religion, Religions, Religious." In: *Critical Terms for Religious Studies*, ed. by Mark C. Taylor. Chicago and London: The University of Chicago Press, 1998.

Smith, Margaret. "The Nature and Meaning of Mysticism." *Understanding Mysticism*, edited by Richard Woods. New York: A Division of Doubleday & Company, Inc., 1980.

Smith, Wilfred Cantwell. "Comparative Religion: Whither—and Why?" In: *The History of Religions: Essays in Methodology*, edited by Mircea Eliade and Joseph M. Kitagawa. Chicago: The University of Chicago Press, 1959. ウィルフレッド・C・スミス「これからの比較宗教学のあり方」『宗教学入門』（M・エリアーデ、J・M・キタガワ編〔岸本英夫監訳〕）東京大学出版会、1962 年。

————*The Meaning and End of Religion*. New York: Harper & Row, 1962.

Söderblom, Nathan. "Holiness." J. Hastings ed., *Encyclopaedia of Religion and Ethics*, VI, 1913.

Suzuki, Daisetz Teitaro. "The Meditation Hall and the Monkish Discipline." *The Eastern Buddhist*, vol. II, 1–2, 1922.

ter Haar, Gerrie and Tsuruoka, Yoshio. Ed., *Religion and Society: An Agenda for the*

21th Century. Leiden/Boston: Brill, 2007.

Troeltsch, Ernst. *Zur religiösen Lage, Religionsphilosophie und Ethik*. Gesammelte Schriften II. Tübingen: J.C.B. Mohr, 1922.

———. *Die Absolutheit des Christentums und die Religionsgeschichte*, Tübingen: J.C.B. Mohr, 1902.

Vaughan, Robert Alfred. *Hours with the Mystics: A Contribution to the History of Religious Opinion*, 2 vols. London: Slark, 1856; 5th edition, 1888.

Wach, Joachim. *Types of Religious Experience: Christian and Non-christian*. Chicago: The University of Chicago Press, 1951.

———. Edited with an Introduction by Joseph M. Kitagawa. *The Comparative Study of Religions*. (New York: Columbia University Press, 1958. ヨアヒム・ヴァッハ（渡辺学、保呂篤彦、奥山倫明訳）『宗教の比較研究』法蔵館、1999 年。

Wasserstrom, Steven M. *Religion after Religion: Gershom Scholem, Mircea Eliade, and Henry Corbin at Eranos*. Princeton: Princeton University Press, 1999.

Wendland, J. "Neufriesianismus." *Die Religion in Geschichte und Gegenwart*. 2nd ed., Vol. IV, Tübingen: Mohr/Siebeck, 1930.

Wiefel-Jenner, Katharina. "Der Schweigende Dienst," in *Rudolf Ottos Liturgik*. Göttingen: Vandenhoeck & Ruprecht, 1997.

木村俊彦『ルドルフ・オットーと禅』大東出版社、2011 年。

久保田浩「宗教学的宗教運動――R・オットーと W・ハウアーを事例として」『宗教研究』339 号、2004 年。

———「政治・宗教・学問の狭間で――ナチズム期ドイツの「宗教学」」(磯前順一・タラル・アサド編『宗教を語りなおす――近代的カテゴリーの再考』みすず書房、2006 年。

———「非キリスト教的ドイツの中のオットー」『宗教研究』351 号、2007 年。

———「『宗教史』の宗教性――宗教運動としての宗教史学派とその「布教」戦略」（市川裕・松村一男・渡辺和子編『宗教史とは何か』上巻、

リトン、2008 年。

グラハム（ウィリアム・A.）「比較宗教学再考」『宗教研究』339 号（第 62 回学術大会紀要特集）、2004 年。

澤井義次「深層意識の「第四位」――ウパニシャッド意識論への現代的視座」『思想』9 月号、1987 年。

――――「ヒンドゥー教における多神性と一神性」（天理やまと文化会議編『G-TEN』53 号、1990 年。

――――「オットーとインド宗教研究――オットー研究覚書」『研究報告会報』10 号、天理大学おやさと研究所、1994 年。

――――「宗教概念としての『絶対他者』とその地平――ルードルフ・オットーの宗教理論再考」『宗教学年報』（大正大学宗教学会）第 25 輯、2005 年。

――――「宗教研究の新たな展開へ――第 20 回 IAHR 世界大会（トロント大会）報告」『宗教研究』366 号、2010 年。

――――「ハイラーの宗教学的パースペクティヴ再考」『天理大学おやさと研究所年報』第 19 号、2013 年。

――――『シャンカラ派の思想と信仰』慶應義塾大学出版会、2016 年。

――――「シャンカラ派における救いの意味構造」『印度学仏教学研究』第 65 巻第 2 号、2017 年。

――――「（解説）エラノス会議と井筒「東洋哲学」」、井筒俊彦著（澤井義次監訳、金子奈央・古勝隆一・西村玲訳）『東洋哲学の構造――エラノス会議講演集』慶應義塾大学出版会、2019 年。

――――「シャンカラ派における聖典の言葉と修行階梯」『印度学仏教学研究』第 67 巻第 2 号、2019 年。

島薗進・ヘリー・テル＝ハール・鶴岡賀雄（編）『宗教――相克と平和〈国際宗教学宗教史会議東京大会（IAHR2005）の討議〉』秋山書店、2008 年。

杉村靖彦『ポール・リクールの思想』創文社、1998 年。

田丸徳善『宗教学の歴史と課題』山本書店、1987 年。

ディンツェルバッハー（P.）編（植田兼義訳）『神秘主義事典』教文館、

2000 年。

冨澤かな「イギリス紳士のインド論争——一八世紀末『オリエンタリスト』のインド理解と宗教理解」島薗進・鶴岡賀雄編『〈宗教〉再考』ぺりかん社、2004 年。

トレルチ（エルンスト）（森田雄三郎・高野晃兆他訳）『宗教哲学』トレルチ著作集 1、ヨルダン社、1981 年。

————（高野昭訳）『神学の方法』トレルチ著作集 2、ヨルダン社、1986 年。

中村元『シャンカラの思想』岩波書店、1989 年。

長谷正当「宗教現象学と解釈学」（梅原猛・竹市明弘編）『解釈学の課題と展開』晃洋書房、1981 年。

服部正明『古代インドの神秘思想』講談社現代新書、1979 年。

華園聰麿「宗教史における平行論とその根底——R・オットーの所論を中心として」『東北印度学宗教学論集』創刊号、1968 年。

————「聖の経験とその根柢——ルドルフ・オットーの所論をめぐって」『宗教研究』195 号、1968 年。

————「宗教現象学における人間学的理解——マックス・ミューラーとオットーを中心にして」『東北大学文学部研究年報』第 49 号、2000 年。

————『宗教現象学入門』平凡社、2016 年。

深澤英隆「『宗教』の生誕——近代宗教概念の生成と呪縛」『宗教とはなにか』（岩波講座　宗教 1）岩波書店、2003 年。

藤原聖子『「聖」概念と近代——批判的比較宗教学に向けて』大正大学出版会、2005 年。

前田専學『ヴェーダーンタの哲学』平楽寺書店、1980 年。

前田毅「聖の原郷」『宗教研究』314 号、1997 年。

————『聖の大地——旅するオットー』国書刊行会、2016 年。

宮嶋俊一『祈りの現象学——ハイラーの宗教理論』ナカニシヤ出版、2014 年
山下博司『ヒンドゥー教とインド社会』山川出版社、1997 年。

山田奨治『禅という名の日本丸』弘文堂、2005 年。

藁科智恵「歴史的コンテクストからみたR. オットー『聖なるもの』」『言語・地域文化研究』(東京外国語大学大学院博士後期課程論叢) 第16号、2010年。

――――「R・オットーにおける「宗教的アプリオリ」理解――トレルチとの対比において」『宗教研究』382号、2015年。

――――「神学と宗教学の狭間で――R・オットー『聖なるもの』をめぐって」(東京外国語大学・博士学位論文) 2017年。

❖写真クレジット

図1　ルードルフ・オットー
©Universitaetsbibliothek Marburg (ISIL: DE-4), Photographer: unknown, Otto Archiv ca. 1920.

図2　オットーと旅の同伴者フォーレル　1927年、インドのバンガロールにて
©Universitaetsbibliothek Marburg (ISIL: DE-4), Photographer: unknown, Ms. 797/739, 17.

図3　シャンカラ派総本山・シュリンゲーリ僧院第33代の世師 (シャンカラーチャーリヤ) の肖像画
©Religionskundliche Sammlung (ISIL: DE-MUS-091714), Photographer: Heike Luu, Inv.: B-Kp 009.

図4　ヴィシュヌ派のパラカーラ僧院の法主 (パラカーラ・スヴァーミー) の肖像画
©Religionskundliche Sammlung (ISIL: DE-MUS-091714), Photographer: Heike Luu, Inv.: B-Kp 010a.

図5　不二一元論ヴェーダーンタ哲学を説いたシャンカラの木製彫像
©Religionskundliche Sammlung (ISIL: DE-MUS-091714), Photographer: Heike Luu, Inv.: Lp 135.

図6　限定不二一元論ヴェーダーンタ哲学を説いたラーマーヌジャの銅製彫像。
©Religionskundliche Sammlung (ISIL: DE-MUS-091714), Photographer: Heike

参考文献

Luu, Inv.: Lp 136.

❖本書の一部は、以下の既発表論文を大幅に加筆修正したものである。

第二章　東洋への旅　――原点としてのインド

「オットーとインド宗教研究」(『天理大学おやさと研究所　研究報告会報』No. 10、天理大学おやさと研究所、1994 年

第四章　宗教史学派の影響と宗教の展開性

「オットー宗教史学とそのパースペクティヴ再考」市川裕・松村一男・渡辺和子編『宗教史とは何か』リトン、2009 年

第五章　東洋と西洋の宗教における平行性

「宗教概念としての『神秘主義』再考――おもにルードルフ・オットーの『神秘主義』論をめぐって」鶴岡賀雄（研究代表者）『現代世界における「宗教」研究の新動向を巡る調査および検討』（平成 15–17 年度科学研究費補助金（基盤研究（B））研究成果報告書、平成 18 年）

第六章　「絶対他者」の概念とヒンドゥー教

「宗教概念としての『絶対他者』とその地平――ルードルフ・オットーの宗教理論再考」『宗教学年報』第二五輯、大正大学宗教学会、2005 年

「R・オットーにおける深みの体験とその解釈」『宗教研究』359 号、2009 年

第七章　救済の思想としてのヴェーダーンタ哲学

「オットーのヴェーダーンタ哲学への視座」北條賢三博士古稀記念論文集『インド学諸思想とその周延』山喜房佛書林、2004 年

第八章　新たな宗教理解へ向けて

「宗教研究における現代的課題」『宗教研究』329 号、2001 年